名人堂
MINGRENTANG

中国超级经济

ECONOMIC SUPERPOWER —CHINA

（加）Jason Inch（殷敬棠）◎著

中央编译出版社
CCTP Central Compilation & Translation Press

图书在版编目（CIP）数据

中国超级经济 / (加) 殷敬棠 (Inch,J.) 著 .
-- 北京：中央编译出版社，2013.11
ISBN 978-7-5117-1817-4
Ⅰ . ① 中… Ⅱ . ① 殷… Ⅲ . ① 中国经济 – 研究
Ⅳ . ① F12
中国版本图书馆 CIP 数据核字 (2013) 第 244267 号

中国超级经济

出 版 人	刘明清
出版统筹	董 巍
责任编辑	邓永标
责任印制	尹 珺
出版发行	中央编译出版社
地 址	北京西城区车公庄大街乙 5 号鸿儒大厦 B 座（100044）
电 话	（010） 52612345（总编室） （010） 52612371（编辑部） （010） 66161011（团购部） （010） 52612332（网络销售部） （010） 52612316（发行部） （010） 66509618（读者服务部）
网 址	www.cctphome.com
经 销	全国新华书店
印 刷	北京瑞哲印刷厂
开 本	710 毫米 ×1000 毫米
字 数	435 千字 1/16
印 张	21.75
版 次	2013 年 12 月第 1 版第 1 次
定 价	56. 00 元

本社常年法律顾问：北京市吴栾赵阎律师事务所律师 闫军 梁勤
凡有印刷质量问题，本社负责调换。电话：（010） 66509618

目录 CONTENTS

图表 CHAART

献给我的母亲

GLOBAL TIMES

CULTURE

▶ New book that outlines China's lucrative investment opportunities

Show me the money

By Shen Shushu

Jason Inch, the author of *Supertrends of Future China* (2008), has recently issued his latest book, *China's Economic Supertrends*.

This 350-page tome is an upgraded version of the 2008 book and is the first in the three-volume *China Supertrends* series which describes the economic, demographic and political "supertrends" that will supposedly shape the future of China.

The content and the cases used in the new book, however, differ from the 2008 version, presenting the latest information and analysis from an angle which focuses on the potential for business opportunities.

The former book provided a guide for general strategies for corporate executives to make investment decisions. However, this new edition is specially tailored to meet the needs of anyone who has a general interest in China.

The previous two books in the series were *Demographic Supertrends* and *Political Supertrends*. The author believes that looking at China from the differing angles of economics, politics and the individual, offers readers both a macro and micro viewpoint of the current state of China.

Myriad challenges

As the book states, "between now and 2018, there exist myriad challenges and opportunities for business people, investors and individuals who want to profit from China's transformation." This new book interprets the next phase of China's economic development until 2018 from different angles, including such aspects as growth engines and China's five-year "road maps."

One of the four trends in China, according to the book, is urbanization, which relates to China's huge investment in its high-speed rail network. In the past five years, China has invested more than one trillion yuan ($160 billion) in railway construction. Today, it only takes four hours from Shanghai to Beijing, compared to 15 hours previously.

The urbanization rate in China currently suggests that some 700 million people will migrate to cities within the next 20 to 30 years, and such a huge population influx will bring about abundant opportunities in service industries, such as retail, food and hospitality, the author said.

The other trend the book mentions is "affluence." The financial and economic strengths of the country have given it a loud say in international trade and investment. For example, China's car manufacturer Chery has recently taken over Volvo.

And the author predicts that more and more countries will become open to dealing with China in the future.

Such affluence, according to the author, is also reflected in the influence of Chinese cultural products such as the films *Kungfu Panda*, *Pleasant Goat and Big Big Wolf* (a Chinese cartoon television series) and the numerous Confucius Institutes around the world.

Growth engines

Meanwhile, more and more international companies are realizing the advantages of "sinofication." BMW has designed the "LWB" in its 5 series, which is specifically for the Chinese market. KFC does better in China than its competitors because it has promote local-style food, such as rice and milk from its very inception in China. It apparent that the growth engines country have shifted from export foreign investment to consume ed products.

Inch is a 40-year-old auth and columnist from Canad came to China in 2003 an since then he has worke a professor and a business consultant. Resident in Japan and China for se years he can speak both coun guages fluently.

(Above and bottom) **Pictures from the book**

The cover of China's Economic Supertrends

Photos: Courtesy of the author

FRIDAY, JUNE 29, 2012

mic 'supertrends' that propel China f

attended China Europe International Business School in Shanghai. He holds a Bachelor of Arts degree in Asian Studies from the University of Victoria in Canada and speaks fluent Japanese and Mandarin.
The book takes Aug 8, 2008, as its starting point — the day the Olympics began Beijing. Inch sees it as the beginning of at he calls an Olympic decade, a time ing which he predicts China will overthe US to become the world's largest omy when measured by GDP.
h first documented his insights into 's economy, people and leadership 8 in a book called Supertrends of China, which was written with . Yuann. The authors accurately d that China would not only surlobal financial meltdown that n but would thrive.
eory is that China's economic nt will be driven until 2018 by h engines that he deemed tura roadmap and four economic

The growth engines are China's export-driven manufacturing industry, consumption in the domestic market and foreign direct investment. The supertrends are new manufacturing, urbanization, sustainability and affluence. These latter, he argues, are where opportunities lie for investors, businesses and individuals.
The roadmap is best exemplified by the country's 12th Five-Year Plan (2011-15).
This book will be followed by two others, one looking at China's demographics and the other, which will be published after the country's leadership change later this year, will take politics as its subject.
One of the problems with producing a book about a quickly changing country is in ensuring that it is up to date. Inch admirably remains pretty contemporaneous, although admitting that he published before it became clear how deep the recessions would become in Europe and the US.
However, "I do not see the US or European trade dropping enough to affect China's growth", he said. "In the

longer term, that is obviously a big worry. Recently, there has been more trade with Japan, (South) Korea and Southeast Asian nations. In the longer term, that will offset any losses from the US and Europe."
Inch believes there is only a remote possibility of China's economy having a hard landing, as happened to Japan and South Korea.
"China has so many controls," he said. "China is such a large economy. I don't think it is correct to say there will be a hard or soft landing. Some parts of China will be more affected than others — for example, trade and the Yangtze River Delta. Certain sectors will suffer. However, I don't believe in a hard landing for the economy."
As for protectionism, Inch foresees a retrenchment in the solar power industry as the US imposes tariffs on Chinese photovoltaic cells, and possibly bankruptcies and mergers and acquisitions, although he remains "fairly optimistic" about the sector as a whole.
In his conclusions, Inch poses the rhetori-

cal questior business, to
His reply?
"The answ emphatic 'no growth engine map and super forward. They a they are the defi China's Olympic defining part of w China century. Th is shifting to Asia a be focused on Chin why and how to be when is up to you."
For his part, Inch p his mouth is: The 40- in China for another f it is anyone's guess wha the trends appear self-e

The opinions expressed on essarily reflect th

致谢

非常感谢2008年初次出版的《未来中国的超级趋势》的合著者James Yuann（苑广宁）博士所给予的友好支持。您将读到的材料是基于此作品，但为了反映目前的经济环境，已经进行了大幅的改写和更新。

感谢苑博士允许本人再次使用原稿的部分内容及使用我们在2007年共同创造的中国超级趋势这一概念。本人建议读者回顾原作品，以便进一步了解《未来中国的超级趋势》出版后的短短几年内中国是如何取得如此快速的变化。

我还要感谢很多为这本书作出贡献的个人，包括我的编辑，Mike Revzin及由刘家绮领导的InChina Publishing的团队。许多同事认真地审阅了原稿，感谢他们的耐心、支持和意见。

序言

2008 年 8 月 8 日标志着北京奥运会的到来，是中国勇敢自信地展现在国际舞台上的一天。当时，中国似乎是一片繁荣：香港、深圳和上海股票市场奔上了历史高位，经济上，2007 年 GOD 增长达到了 14.2%——虽有点过热，但在经济降温的措施下仍平稳运行——奥运会的筹备工作按部就班在进行——数十亿美元花在奥运场馆上，数十亿美元花在对北京的交通网络、环境和基础设施的提升上。

有多座建筑奇迹令世人瞩目：如奥林匹克体育场——鸟巢——成为新地标，雄伟的平行四边形 CCTV 新总部大楼，还有北京首都国际机场巨大的 3 号航站楼：所有这些建筑都似乎在说：中国是一个发展中国家，但却在做着你意想不到的事情。所有这一切都发生在 2008 年 8 月。

从 2008 年 10 月到 2012 年，世界经济风雨飘摇。美国有可能发生二次衰退，欧盟的政治统一和货币联盟有可能分崩离析。投资者过去逃离美元，增持欧元，而现在全球经济又一次面临着美元和美国债券再次成为世界上唯一公认的安全港。全球股市跌宕起伏、暴涨暴跌，这还不够，阿拉伯之春运动袭卷而来，尼日利亚、利比亚、伊朗和其他非洲和中东国家的社会和政治动荡不安，将全球市场的不确定性推到新的高度。油价持续高企，且势头不减。2012 年，毫不夸张地说，全球经济摇摇欲坠，正处于崩溃的边缘，数十年的一体化和富裕化将从此结束。

尤其是在中国，中国政府发出警告，2012 年对于出口商来说将会是非常艰难的一年；上海的股票市场如云霄飞车一样忽起忽落，从 2008 年的历史高位跌去了一半多的市值，仅 2011 年一年就痛失 20% 多的市值——将收入和退休金托付于股票市场的数千万投资者苦不堪言；住房价格——中国经济的支柱，也由此发展成为世界经济的支柱——开始回落；自 2011 年初开始，通胀平均达到 5%。

甚至仅几年前才建成的建筑奇迹也显露危机之象，这也许正象征着中国的总体经济形势。中国的鸟巢成为鸟类的栖息之所，人影寥寥；一场焰火事故，烧毁了中央电视台总部的一座副楼，之后，就几乎被遗弃；世界上最繁忙的机场之一——北京首都机场，众所周知，它的部分现代屋顶建筑在狂风中飞走——也许在模仿附近的飞机。

尽管发生以上的种种事件，但中国的经济在 2011 年仍然以超过 9% 的速度增长，预计 2012 年至少增长 8%。过去 30 年，中国一直在快速增长，目前仍旧如此，但这些年来的损耗已经开始显山露水。

喧闹的 21 世纪

在某种程度上，中国的民族自信心在 21 世纪第一个十年达到了顶峰。中国承办了 2001 年亚太经合组织峰会等一系列全球政治会议。中国组织并举办了一年一度的博鳌论坛（达沃斯世界经济论坛的中国版）。中国还举行了多个大型体育赛事，例如2007年的女足世界杯、2008年的北京奥运会和2010年的广州亚运会。它甚至在2010年上海举办了世博会，这是一场真正的大型活动：超过7000万人参加了这场为期六个月的旅游和产业博览会。无论是国内的中国人还是海外的中国人都激情洋溢地表达着他们的民族自豪感和任何挫折面前的坚韧性。这种激情也使他们更加乐观。

从2000年到2010年，中国重新崛起于世界舞台这长达十年的过程中，这种民族自信心和坚韧性显而易见。这段时期中，既有着上述的重大成就，又有着众多的国家挑战。首先，1997年的亚洲金融危机发生后，中国快速复苏，随后2001年加入了世界贸易组织，然后又获得2008年北京奥运会举办权。但同一时期，西藏和新疆的社会动乱带来了冲击；四川大地震，造成愈7万人丧生，数百亿美元的损失；呼吸道疾病SARS蔓延。2008年全球金融危机将世界带到经济崩溃的边缘。在整个过程中，中国这个民族，临危不惧。按照中国政治精英的话来说，中国人民和政府坚定地认为，这是中国的十年，或许也将是中国的世纪。

中国的奥运十年

在《未来中国的超级趋势》一书中，我和范博士创造了中国的奥运十年这个词。它指的是2008年至2018年这段时期。中国奥运十年开始于2008年8月8日晚上8点，确切地说，是开始于北京奥运会开幕式。一千个鼓手，动作整齐划一。他们奔跑着、呐喊着、重重击打着圆鼓，仿佛在重新诠释着拿破仑这句话的含义——震撼整个世界。[1]

如果你是个敏锐的观察者，并且了解中国命理学，你肯定会注意到开幕式时间包含很多的数字8： 2008年8月8日晚上8点（而且， 8分钟8秒也很重要。这要取决于你从哪里开始计时开幕式）。中国人认为数字8是幸运的，因为它发音与“发”（致富）字相近，因此这日期对于中国代表着一个崭新、吉利的日期点。为了对应我们的原作，中国奥运十年（增长和扩张的十多年）的开始之日定于此日期。

当时，就在一个月后，雷曼兄弟倒闭。这条新闻成为全球各大报纸的头版头条。人们也因此越来越担心全球金融体系、中国和所有的经济体都将崩溃。读者可能会开玩笑地说，哎呦，这样的开始可根本不吉利呢。

事实上，奥运十年现象曾经是，现在依然是最重要的一次历程，它塑造了我们2010年的世界。范博士和我对中国崛起所做的预测非但没有落空，反而发生地比我们所想象的更快。

几乎令人难以置信的是，中国是世界上唯一能够在随之而来的危机中，始终保持增长的经济大国。今天的很多高管们都觉得十分宽慰，尽管许多西方经济体仍在努力避免双底衰退，而中国却仍在继续增长。对于许多跨国公司，中国就像暴风雨之夜的灯塔。世界各国的公司都在寻找中国这个显然能够“抗衰退”的港湾作为港口，以便继续走上增长之路。这些公司也将新的资金和精力投入到它们的中国业务中。

对于中国政府来说，全球经济危机的结果刺激了国内经济，并将其带入一个全新的、更复杂的增长模式，同时也证明了中国的国家信仰——建设有中国特色的社会主义——绝不是盲目的。没人知道坐在北京中南海的那些中国政治局的委员们是否对西方资本主义国家的损失有些许的嘲笑，但即便如此，在东方崛起、西方衰落之际，他们有一种意外惊喜的感觉，也是情有可原的。

奥运会精彩绝伦的表演，及中国创纪录地夺取51枚金牌的结果，[2]为东道国引来了不少注意力。这场赛事也是公共关系上极为成功的一举。尽管花去了数十亿元，但的确物有所值。奥运会、相关基础设施建设及环境清理都改头换面，改善了外面的世界对中国的印象。中国一直渴望一个“千年”等一回的机会，来展示一个贫穷、落后的东亚病夫已经脱胎换骨，并踏入现代、繁荣国家的行列。因此，奥运和奥运十年透露出一个关键的公共关系讯息，“这是一个全新的中国”，或者，也许就像拿破仑曾经预言的，我们是沉睡的巨人，“我们已经觉醒”。

辉煌30年

2008年非常适合作为奥运十年的起点以及由邓小平规划的从1978年开始的30年改革开放的终点。1978年到2008年，30年的变化中充满着痛苦和奇迹。

在中国国内，每年，每天，政府不断地快速颁布新的法律法规，有时给予毫无戒心的民众们小小的警告，营造出一种颠覆性变革的环境。这种变革快速重塑了自1949后实行共产主义的中国。邓小平改革的主要特点是突破中央计划的屏障，复兴私营企业，摆脱以前闭关自守的经济，开放贸易和新的投资，重组大型国有企业（这些大型国有企业拥有几十万员工，过去给他们提供的是铁饭碗——终身雇用），并且实行了房产重新私有化。而过去，在这块土地上，是不允许有私人财产的。在混乱的“文化大革命”中，甚至于，如果你的祖先是地主，都可能导致你丧命。

20世纪90年代和21世纪的第一个十年，在邓小平之后，改革仍在江泽民和胡锦涛的领导之下继续进行。政府改革了银行和金融体系，改善了环境，并克服重重困难，制定了更为完善的劳动法规，开始提高工资收入，缩小贫富差距。在他们的带领下，中国已成为全球第二大经济体。

辉煌的30年提高了人民的福利，但同时也经常引发巨大的社会变革。有一些变革，尤其是那些同这个13亿人口的国家的社会福利有关的变革，所发生的时间跨度仅仅只有几年甚至几个月。而对于西方经济体，那些希望尚存的变革，哪怕是实现一个，也要花去几十年的时间。另外，中国在不断发生变化。正是这种势头，在奥运十年中推动着中国不断向前发展，为新的趋势做好了准备。而这些新的趋势为我们做商业决定、确定就业机会或紧缩政策，及进行社会运动奠定了基础，进而改变世界理解中国及受中国影响的方式。

什么是超级趋势

本书和此后的两卷——《中国超级人口》和《中国超级政治》——都是关于趋势的，特别是关于如何理解这些趋势并从中受益。事实上，它们不仅仅是一般的趋势，因此我和范博士将它们称为超级趋势。这些超级趋势的影响将会超过其他国家的趋势，并决定中国，乃至全球的发展势头。简而言之，随着中国崛起，成为最超群的经济超级大国，这些超级趋势即使不是永远的，也是世界在21世纪看到的最强的变革力量。

一些学者可以看到这些趋势，甚至可以预测到，但可能缺乏动力或资源表现出来。许多商人可能拥有资源和意向采取行动，但往往又处于令人遗憾的位置，只是简单地跟随趋势，而不是引领趋势的浪潮。不管怎样，两者最终都错过这些趋势的力量。另外，中国的语言一千年以来已经承认趋势的复杂性和力量。

这本书封面内侧上的汉字，“势”，发音像 shirt——“势”用在很多中国文字中，表示趋势的意思。它本身就可以用来表示趋势或力量的意思，但最常见的用法是，搭配其他汉字用在现代词语中。例如，趋势是“trend”一种常见的翻译。“势”这个概念因此对这本书有着特殊的意义，它可以帮助我们理解是如何通过这个汉字的两个组成汉字（执和力）理解这个汉字的象形意义：

执

力

这个汉字的上半部（执）是象形文字，意思是抓住或者执行（计划）。下半部的汉字（力）代表力量。这可以理解为培养力量，或有了力量将掌握趋势，或依靠力量执行。在《关于中国》一书中，亨利·基辛格还讲到，“势”用于孙子的《孙子兵法》[3]中。在这本书中，它的古义指潜在力量。“军事家掌握势类似于水往下流。水自动寻找最快和最容易的路线。成功的指挥官在投入战斗之前都会静待时机。”[4]

为什么读者要费心学习和理解这些超级趋势呢？有一句古老的中国谚语很好地总结了人们如何应对趋势所代表的这些机遇，及人们从这些机遇中可以获得何种利益：

不知不觉 *bu zhi bu jue*

后知后觉 *hou zhi hou jue*

先知先觉 *xian zhi xian jue*

请从左往右，从上往下阅读此处，它大致可以翻译为，“不知不觉，后知后觉，先知先觉。”其大意是指，如果你第一个知道，你就可以第一个采取行动。

现在就让我们来认识这些趋势，了解它们，利用势的力量行动吧。

十亿美元的机会

这些趋势塑造了中国 2012 年不远的将来及 2008 年到 2018 年的整个奥运十年。这些趋势的力量是如此巨大，所以我们可以称它们为超级趋势。它们将带来数十亿美元的机会。这也是《未来中国的超级趋势》一书中原副标题的一部分。

在中国，通常由于人口的关系，经常会附加上十亿这个词。我们把这个概念和机会联系在一起，可以重新诠释温家宝的一句评述：任何一种趋势,乘 13 亿人民,必然会对中国乃至全世界的社会和商业产生深远的影响[5]。十亿是美元的量级。赢者只要首先认识到并经营这些超级趋势所推动的行业，就必定会获利。

在这本书中，中国货币被称为元。中国货币实际上被官方称为人民币（RMB），但在国际市场中也被称为元或中国元（CNY）。[6]

谁应该看这本书

如果有读者想要了解中国经济及其展现的机遇，则可以看《中国超级经济》这本书。

无论你是寻找成长股的投资者，还是寻找战略规划意见的企业高管，或是寻找商业灵感的企业家，或只是生活在国内或国外寻找新的职业道路的个人，遵循本书的一些观点，或受其启发找到自己的观点，你便可以借助中国的超级趋势打开一扇通向成功和财富属于自己的大门。

对于投资者

中国的股票市场目前不对许多类型的外国证券投资开放。然而，也有一些项目允许国外的经纪人运作有大陆股票限额的投资基金。在中国的外国居民尽管投资受到一定限制，但也可以选择购买一些投资产品。然而中国担心太多热钱——非官方的投机外币——进入中国寻求更高的回报。除了QFII（合格境外机构投资者）基金，非中国投资者也可以选择海外上市的中国公司。许多中国股票已在中国香港、纽约和世界其他市场上市。

这么多的基金或公司，投资者应该选择哪些呢？他们应该如何避免选择到烂苹果呢？美国做空者，包括卡森·布洛克（合著了《阿呆系列：如何在中国做生意》）强调了许多海外上市的中国公司所存在的问题。

这些超级趋势表明了一个投资策略：投资决策与中国整体的国家目标保持一致，即实际上对中国政府的智慧进行投资。在对中国利益至关重要的领域，投资者有望看到稳定和增长。中国的中央政府与世界上的其他政府不同。它通过对国有银行和大公司进行财政、货币的直接控制来实施国家政策。

这些国有企业中的大多数——它们当中的许多企业在各自的行业中处于世界前十名，且越来越多地成长为全球性跨国企业——我们都可以在西方交易所中看到它们的身影。还有很多行业的私营企业也将受益于中国的引导，进入这些西方交易所。本书将帮助投资者分辨哪些中国企业在奥运十年中会成长得更快、更强、更成功。

毛泽东的共产主义理论领导中国几十年后，中国在1978年向市场经济改革打开了大门，而邓小平正是此次改革的总工程师。邓小平曾经说过，“……致富光荣”。本书的目的是使投资者从中国蓬勃发展的经济中了解本土知识。这将帮助投资者赢得财富，实现辉煌。

对于高管

全球金融危机的影响在许多发达国家仍挥之不去，中国在跨国公司高管们的眼中，比以往任何时候都更重要。之前一直在场边观望的公司正开始进军中国市场。全球金融危机之前就已经在中国的公司，过去是作为制造商和采购基地，现在则把中国视为消费市场，从而重新定位各自的战略。在许多高管的心中有个问题，那就是，中国下一步准备做什么？答案依然是超级趋势。

2012年的中国并不是1978后改革开放的中国。实际上，有一些新的方面不再是由西方利益决定，中国是一个后现代的发展中国家。后现代的发展便是按照中国的需要而决定的。例如，研究、创新和高附加值的产业，服务和环保清洁能源发电。知道中国想要什么是在中国做商业决策最重要的因素。这本书展示了中国最渴望什么样的产业和商业模式。给予中国这些东西的公司将可以赚取数十亿美元，而那些坚持不变的公司将最终被中国竞争对手所取代或被完全赶出这个市场。

对于专家

从工程师到电气技师到环保人士，每个人都将受到中国供需经济力量的影响。在北京奥运十年结束之前，国内或国外的许多职业选择都未考虑裁员、重组或失业的风险。个人该如何决定追求何种教育，从事何种工作，在哪里发展事业呢？中国超级趋势再一次提供了答案。

今天，实现成功的职业发展的关键条件是有在中国实习过，担任过职务或者拥有过其他商业实践的经验。与以往相比，更多的人在学习普通话，来到中国寻找工作机会，并寻找方法将中国纳入职业规划中。了解中国经济发展目标对于做出更好的决定是很重要的。

对于企业家

中国在全国范围内已经有9100多万家公司。其中很多是在西方国家被称为企业的小型公司，拥有这些公司的人被称为企业家。对于在淘宝（中国版eBay）上经营副业的中国人，做生意几乎已经成为一种消遣。这些人坚定地在中国激烈竞争的市场中谋求财富和地位的实现。甚至那些不想在中国竞争的国外企业家仍可能在互联网上与走向全球的小型中国公司竞争，或从中国供应商购买产品和服务。对于那些确实想要在中国市场获得机会的企业家，可以基于这些超级趋势制定策略，给予中国公司和销售者他们想要的东西。

对于其他所有人

毫无疑问，中国已经让全世界人无法忘怀。中国经济不断增长，已经超过了英国、法国、德国和日本，成为世界上第二大(很快就是第一大)市场，而世界也愈发有兴趣了解中国和中国人民在做什么，于是，媒体关于中国的报道大幅度增加。20年前，中国也许还只是一个充满争议的国家，到5年前，中国正逐渐成为世界的一个奇迹，再到今天， 在任何国际传媒机构中，对中国的报道都是必不可少的。每个人都想多了解一些中国，但中国在经济、人口和政治上的复杂性使其很难被了解。《中国超级经济》这本书试图揭开中国的国家战略，解释这些战略对西方经济体、投资者、企业和个人有什么意义。

敬告

这本书不是针对中国经济进行深度统计和分析的讨论。实际上，关于中国经济，学术界已经有很多有价值的著作。这本书不是关于20世纪80年代以来传统的日本集团的论调中对中国增长的担忧，也不是关于彼得·纳瓦洛和格雷格·奥特瑞在《致命中国：面对中国龙——号召全球采取行动》一书中提出的各发达西方国家将与中国竞争的这个命题。它没有像裴敏欣在《中国转型陷阱》里一样有失偏颇地批评中国经济发展道路，也没有作出迎合中国、赞美中国发展模式优点的论述。

在中国近乎奇迹般地从全球金融危机中复苏过来后，很多作家和评论员也纷纷加入了支持中国的行列，并对中国经济引领世界的前景异常地乐观和积极。当然，所有这类观点在这场争论中都占有一席之地，但为特定的某个观点火上浇油并非这本书的目的。即便在2008年，作者仍对中国在全球经济中的地位保持谨慎地乐观，并相信，从长期而言，投资、建立公司及创立事业，中国将是一个希望之地。

这本书是关于中国的经济大趋势及各商业阶层、各个国家的人如何从经济大趋势中获利。大到跨国公司，小到淘宝卖家，中国的超级趋势影响着所有大大小小的公司。如果你看到的是机会，则它们以一种积极的方式影响你；如果你看到的是威胁，则它们以一种消极的方式影响你。中国太过复杂，无法简单地以黑白加以对待。如果还有什么的话，则应该是一块很大的灰色区域。因此，尽管这本书主要是反映对中国的积极观点，但也不会回避“中国威胁论”的支持者所提出的许多论点。

针对中国经济迅速崛起的负面效应的争论涉及几个关键问题，包括中国碳排放、排污工厂对本土和全球环境的不利影响，及对工人的剥削。很多工人都工作在同样污染的工厂，忍受恶劣的安全条件和低工资；中国的社会问题，包括财富分配、老龄化和缓慢的民主改革进程；在商业领域，问题包括知识产权的保护、中国的贸易保护主义和国外掠夺性定价等。

这些问题经常被视为中国不公平的竞争优势或有些人以怀疑的眼光看待其崛起的原因。有许多最糟糕的情况，比如争夺石油供应，经常被认为是超级大国之间即将到来的冲突之中无法避免的结果。如果要想避免此类冲突，那只有靠国际和中国在政治上互相的协调和努力。

就像19世纪欧洲马尔萨斯的论点（错误地预测严重短缺和痛苦是由于缺少食物和其他有限的资源），许多反华论点经常不承认商业和市场也是可能的解决方案。马尔萨斯那时错了，现在，依然还是错的：这个世界的食品未消费完。相反，生产力的提高所支持的人口比马尔萨斯曾经预想的要大得多。因此，对于中国的环境、社会和政治问题，这本书采取了更平衡的方式，延续我们在序言中的观点，任何大问题除以13亿人民，按人均水平都可能会成为一个非常小的问题。因此，像这种矛盾——中国是世界上最富有的国家之一 ，但它的人民仍处于最贫穷之列，或中国的污染输出是世界最多的，但中国的普通公民使用的资源远比普通西方人少得多。这些反华的论点并不总是站得住脚，而且通常也拒绝承认中国到目前为止已经做出的巨大努力，比如说已使数亿人摆脱贫困并城市化，使他们拥有了更高质量的生活。

负面问题也确实存在，本书将分篇分章进行论述。书中也有一些例子，可以表明在集权之下，中国有着巨大的能力实行正向的改变。不幸的是，中央政府的权力往往会成为“钝斧”。中国中央政府可以也确实经常制定强有力的国家法律和改革——许多情况下，甚至比西方经济体类似的法律和改革更加严格——但是，在地区或当地，并没有有效地进行实施。

这本书重新将争论聚焦于中国自相矛盾的经济发展上，尤其是中国的投资和商业吸引力，以便领会这些超级趋势可以确定的未来关键行业。这些行业将能解决长期以来受西方学者、记者和政客们诟病的问题。之前，商业和市场、生产率的提高和消费者偏好已经解决了经济问题，现在将在中国再度解决这些新的问题。尤其是当下，中国政府怀着强大的决心，广大民众也正努力改善其生活质量。

中国政府和人民通过资本主义改善生活条件的意愿是很强大的，他们的方法也是务实的，因此，到目前为止非常成功。

为什么是经济、人口和政治的超级趋势

《中国超级经济》是2013年出版的三卷书中的第一卷。其他两卷是《中国超级人口》和《中国超级政治》，将相继出版于2014年。

在进行原作《未来中国的超级趋势》相关的介绍和咨询时，我们最频繁收到的请求之一是更加深入地讨论具体趋势和观点。为什么这部作品有三卷，而不只是一卷，主要有两个原因。

在写原作《未来中国的超级趋势》时，我和我的合著者想宽泛地提供有关现代中国环境的一份指南，并关注一些中国机会，因此它的副标题是“中国奥运十年中价值十亿美元的商业机会”，写这样一个指南有一些固有的局限性，其中之一是选择那些与商业读者最相关的内容。因此，我们不得不放弃对这些机会的挑战和后果进行更深入的探讨。

分三卷写这本书的另外一个原因是为了更精确地捕捉变化中的中国的景象。现在的中国变化得尤为迅速。2012年， 在经济、人口和政治转型上达到一个关键点。首先，2012年第十二个五年是第十二个五年规划中第一个完整的一年（官方计算开始于2011年，但需要几个月时间加速）。你将看到，这个五年规划将深刻影响中国的经济发展。其次，2010年，中国完成了每十年一次的人口普查，但人口普查的数据到2011年和2012年才开始提供。这些数据仍然在被政府、学者和商界人士吸收，分析和消化。因此，在2013年即将出版的第二卷《中国超级人口》将在机遇和挑战方面带来更新鲜的角度，对读者更有裨益。最后，2012年对中国超级政治是很重要的一年，因为中国人民和世界将看到中国共产党最高领导阶层的更替。胡锦涛、温家宝和其他高层领导人已退休或变动。新领导人已正式宣布，因而在此之前进行任何政治分析要么过时，要么过早。

《中国超级经济》关注中国的新型制造业、城市化、可持续性和富裕化这些超级趋势。2013 年版本中的所有数据已经更新，以反映最新统计资料，只要有可能，我们还会提供 2012 年初的月度数据。在其他方面，我们也使用中国经济的最新数据。

第二卷,《中国超级人口》涵盖了有关中国人民的社会趋势和文化趋势。中国人民正用自己的追求、消费和财富重塑中国及世界。第二卷将充分使用最新的人口普查结果，这场十年一次的人口普查收集了全国超过 13 亿人的数据。

《中国超级政治》将会着眼于中国国内和国际政治形势上的变化。中国一方面要管理内部发展，另一方面要应对来自于亚洲邻国和世界的诉求。中国正努力在两者之间保持微妙的平衡。

只有了解中国的经济和人口的现实，你才会开始理解中国的政治挑战和变数。这些挑战和变数将最终决定许多人称之为“中国世纪”的时代。这些书并不意味着对整个“中国世纪”，乃至未来几十年进行预测，而是截取 2012 年到 2018 年——中国奥运十年的剩余年数，来作为中国上升成为世界上最重要、最大经济体的序幕。

本书的组织结构

这本书的目的是帮助读者开始了解中国经济崛起的关键因素。在组织和内容方面，简介部分从宽泛的角度解释了中国的经济挑战。后一章节介绍了中国经济的增长引擎、推动力和路线图。最后一章节涵盖了中国的四大经济超级趋势。

这三大增长引擎分别是中国外向型制造业、国内市场消费和外商直接投资。

接下来是推动力。这些推动力是推动中国经济增长引擎超越一般经济重要性的力量，增强了这三大增长引擎在2008年到2018年的奥运十年期间的力度。虽然这些推动力在世界的其他地方并不陌生，但它们在中国的同时出现却是异乎寻常的。这些推动力分别是反向全球化、人的决心和蛙跳式发展。它们将共同推动中国的经济未来登上世界第一的位置。

最后是中国的路线图。可以说它是中国的GPS。通过中央政府政策及对称为有中国特色的社会主义制度的积极管理，从而指引中国走上一条可持续发展的道路。第十二个五年路线图最好的例证是第十二个五年规划。它是自下而上由数以万计的人精心制定的文件，代表了对中国未来发展方向最精确的指导。

增长引擎、推动力和路线图这一切集中在一起，逻辑上将这些经济超级趋势的力量放大了数倍。这些超级趋势将极大地改变商业环境和人们的生活，以及商业、投资和职业策略所能达到的最高目标。中国有四大经济超级趋势：新型制造业、城市化、可持续性和富裕化。在每个超级趋势章节的开始，我们将首先描述具体情况及中国正面临的挑战，再深入探讨正在发生、与之回应的变化和机会。正是这些超级趋势推动中国奥运十年的经济向前发展并进而改变整个世界。

读者应该先阅读这本书的简介和第一节——这一节包括了增长引擎、推动力和路线图的内容——以便了解这本书所基于的概念模型。后面的超级趋势，既可以彼此分开阅读，也可以按任何顺序阅读：读者可以选择那些最适合自己的行业、投资组合或个人利益的内容。

欢迎来到未来的中国经济。

［加］JASON INCH（殷敬棠）

上海

2013 年 10 月

关于作者

殷敬棠拥有加拿大西安大略大学毅伟商学院MBA学位，并曾就读于中国顶尖的商学院——中欧国际工商学院（CEIBS）。他还拥有维多利亚大学(加拿大)亚洲研究(加拿大关于亚洲研究最重要的课程之一)学士学位。由于他的教育和工作背景，他可以流利地说、读、写英语、汉语和日语。

自2003年来到中国后，殷敬棠就为许多国际大型跨国公司担任了顾问一职。同时，他在上海交通大学讲授中国经济和跨文化管理课程。当殷敬棠于贝尼迪克坦大学上海分校担任兼职教授的时候，他教授组织行为及国际管理。

来中国之前，殷敬棠曾于美国和日本工作。这是他的第二本书。

中国超级经济

总论

中国，从东亚病夫到超人

中国一直被认为是神秘的东方的一部分。1971年，亨利·基辛格来到中国，坐下来与周恩来秘密举行中华人民共和国与美国之间的会议，从而为美国对中国的首次国事访问奠定了基础。基辛格说，他来到了一个“神秘的土地”。周恩来回应道，“当你熟悉了它，它便不再像以前那样神秘。”[1] 换句话说，中国也许对西方人来说很神秘，但如果你花时间来了解它，它便几乎不再神秘。夸张一点说，这个故事同样直达当今问题的核心：尽管中国已经向世界开放了30多年，但是许多西方国家仍经常不确定或怀疑中国这块幕布的背后是什么。

关于中国，存在着很多的观点、看法和故事。在中国以外的人看来，中国似乎神秘而难以理解。但对于中国人自己，以及那些每天生活和工作在中国的西方人而言，根本没有什么古老的中国秘密，然而，我们可以从中国的过去学到很多东西。在过去和现在所有的世界文明中，中国有着最伟大的历史记忆，但是西方人对中国的认知大部分仅限于功夫熊猫和毛泽东的红宝书。当然，这本书的目的是帮助你了解中国如何从天朝变成沉睡的巨人，又如何从东亚病夫变成超人。过去所发生的一切，无论是正面的还是负面的，都在不断改变着中国，从而塑造了今天的这些趋势与机会。

在讨论中国的新经济如何改变世界秩序前，重要的是要理解什么使得中国从 “东亚病夫”[2] 成长为世界上第二大经济体。同样重要的是，什么可能会使中国永远停留在排名第二的位置，永远无法登上梦寐以求的最高 GDP 排名？有些人认为在中国的崛起过程中存在着转型陷阱。其原因在于（目前存在一个观点，中国永远无法超越世界第二的位置，因为它无法缩小贫富差距），中国尽管在地理和人口上都是最大的国家，但也拥有世界上最大的问题需要解决。当然，这些问题中的很多问题，对于其他国家，如果能够带来中国自邓小平开始改革开放政策后的 30 多年中所获得的财富和繁荣，则甚至可能会受欢迎。其他一些问题在任何情况下都不受欢迎，但中国仍然有很多。

这山望着那山高

中国正在处理大量的经济与社会问题。这些问题就许多标准来看，实际上可能会被认为有利于发展中国家的经济。任何大问题除以 13 亿都不是一个大问题，任何优势乘 13 亿都是一个巨大的机会：

高增长率 增长可能意味着更多的商业机会，更多的财富机会，更多的扩长机会，或仅仅是创业的好时机。但是，当一个不断过热的经济体存在高通胀、环保挑战及资源保护的问题时，增长并不总是好事。

城市富裕化 这经常是一件积极、有利的事情。在中国，新的城市财富加剧了城市和农村之间本来就危险重重的贫富差距。对企业而言，这种快速上升的劳动力和运营成本对企业构成了挑战。

出国旅行 在过去，中国人想要去旅游的国家经常会拒签他们的旅游签证，因为担心他们会在当地非法工作和逗留太久。但是今天，中国人却很受欢迎。中国出国的富人越来越多。从某一方面来看，这表示中国的有钱阶层更有能力进行海外旅游和拥有海外财产，但如果从另一角度来看，这是中国的富人在逃离一个漂浮着的经济体和社会。根据胡润研究院最近的一项调查，几乎一半的富人正在考虑移民。富裕的中国人似乎更喜欢将部分或所有的资产移至国外，也越来越喜欢住在国外。这对于中国的领导阶层是另外一件头痛的事情（如果这些官员自己也想逃离中国，则又是另外一个问题）。

出国留学 许多学生出国，在国外一流大学学习，如果毕业后能够带着新知识和技能返回中国，是一件好事。对中国来说，出国留学已造成人才流失。在过去的 30 年，成千上万的学生出国留学，且出国的学生数量仍在不断增加，但中国经常很难使其最优秀、最聪明的科学家和工程师以“海龟”的身份回国。根据中国的一项研究，在此期间大约 100 万名学生出国，只有 275000 名回国。[3] 如果他们回来，提供符合国际薪酬水平的工作是一个挑战。向这些在国外受过教育更年轻的大学生提供入门级工作也是一个挑战。许多人成为“海带”，在国际劳动差异的浪潮中漂着。

那些从经济角度审视中国发展的人很关心中国如何应对这些问题。在某些情况，正如高增长和环境污染之间，因为环境问题而放缓经济并不是一个受欢迎的选择。中国认为，世界上大多数的污染问题是由西方造成的。放缓也许可以拯救环境，但会带来新的问题——例如如何在农民工进入城市后提供就业。不过，中国正在采取措施梳理经济、清理污染。

平衡城乡居民收入是验证中国市场改革承诺的一项工作。按邓小平最初设想的，此计划实际就是为了使一些人先富起来。[4] 从各方面来看，计划都进行得过于成功。它使中国再次回到了由地主、商人和政府官员等阶级所主导的社会——在这些阶级之下，是人口数量占多数，对贫富差距日渐不满的农人和工人。

中国在很多方面有着巨大的灰色地带

一年中的 4 月至 10 月之间的任何时候，乘客走出上海浦东国际机场，都会感到一阵热浪，然而他们可能会注意到天空是灰色的。看起来像是要下雨，但更有可能是污染的阴霾。一年中的大部分时间，这些阴霾都会停留在这个中国最繁忙的城市的上空。套用威廉·吉布森的话（1984 年的科幻小说《神经漫游者》中，他描写了未来世界大国日本和首都东京的科幻未来），不管是白天还是晚上，上海天空的颜色就像是调不到台的电视机屏幕。有趣的是，吉布森对未来东京的猜想一点也不像今天的东京。今天的东京，天是蓝的，纯净的。相反，上海更像吉布森所写到的未来的大都市——周围环绕着工厂，摩天大楼遮挡着阳光。中国的天空确实是灰色的，而商业环境也有很多灰色地带：

法律法规 法律，相比 20 世纪 80 年代和 90 年代已经得到了很大的改善，但是有时仍然没有给予细则，而将解释权交由当地官员的手中。于是，法律执行变成了主观判断，“人际关系”在不同组织、不同地区之间，不同的情况下发挥作用，以逃避起诉。

透明度 无论是在金融还是在政府机构内，大多数公司和机构都是不透明的。由于长期处于暗箱操作的环境中，程序和决策标准都隐藏在“关系”网络之后，因此这些公司和机构即使非完全不透明，充其量也是灰色的。中国的官僚机构也同样是此种情况。尽管花了大量的努力建立部门网站，征求公众意见等，但现实是，此法律系统的工作方式——包括法院和政府中的决策过程——仍然难以理解，影响也甚微。私营公司和国有企业，即使已经上市，向监管机构所提供的信息也比西方公司少得多。

环境污染 高速增长和环保法规执行不力使空气充满灰尘，空气触及的任何事物都略显灰暗。尤其是在北部和西北部，火力发电占主要地位，导致中国内外皆被污染，影响了中国公民和邻国的生活质量。

工人权利 一些工人，比如2亿的流动人口，存在于法律的灰色地带，既无法完全融入他们工作的当地社区， 领取的工资也未能充分补偿他们在健康和收入上的牺牲。最近几年。政府已经做了很多事来改善外来务工者和农民工的环境。这方面当前的挑战包括：如何确保工人拥有更好的健康和安全环境；如何增加工资，使他们的消费力能够在消费型的经济中得以提高；以及如何避免成本和薪资上升造成工厂向成本更低的地方转移。缩小贫富差距及将工人引导至“价值链”第十二个五年的高端也成为政府第十一个和第十二个五年规划的一部分。最后，人权问题（如果按照美国《世界人权宣言》的标准）在中国还有很大提升空间。

老龄化 劳动力的老龄化也是一个主要关注点。像许多其他国家一样，中国也经历了“二战”后的生育高峰，但与其他国家不同，它采用目前已经受人诟病的计划生育政策，人为缩减了后代的规模。[5]该政策已经导致近1亿的独生子女家庭，并阻止了约4亿人的出生，造成许多意外或负面的人口影响。其中一个影响是提高了老年人的比例。当代中国，随着出生的婴儿越来越少，普通人由于饮食改善和更好的医疗保健活得更长，老年人的数量正快速增长。如果没有了足够的工作人口支持养老体系， 老年人可能会在晚年得不到足够的保障，死后甚至可能没有足够的后代扫墓。

权利和道德指南针 拜金主义之风渐长，阶级优越感产生，以及社会问责的缺乏开始显现。中国的基础设施可能是世界一流的（有一些明显的例外情况），但有时人们的行为却未达到相同的标准。例如，开车的中国人也许把公路视为他们的个人空间，而不是共享的公共区域，冷漠地对待其他司机、骑自行车者和行人。2011 年，在中国南部的广东省，一个女童被一辆车子撞倒，随后遭其车轮碾压，并被丢在那里等死。但最令人震惊的是，事故发生后的几分钟内，18 个从此经过的行人也忽视了这个受伤的女孩，直到一位女士终于停下来给予帮助。这个女孩后来因为伤势过重而死亡。还有大量的案例是开着豪车的年轻人在公路上横冲直撞、飞扬跋扈。他们往往叫嚷着，“我父亲是谁谁谁，有本事你去叫警察！”

公共卫生 谈到公共卫生，情况并没有好多少。曾经有多次宣传活动试图根除大街上随地吐痰的现象。第一次是2003年SARS危机之后，接着是2008年的奥运会和2010年上海世博会期间，都显然失败了。中国游客在国外旅行仍然被自己的政府警告收敛自己的行为。这些行为有时包括在公共场所大喊大叫、推撞、吸烟。甚至邻近的香港都已经公开反对大批的医疗旅游：大陆母亲在香港的产科病房生孩子（以便使新生儿自动获取居留权），挤走了香港本地的产妇。

黑市 中国的黑市实际上更多的是灰色市场。充斥着假冒商品的商店、甚至购物中心公开营业，并公然发放广告和名片。上海和北京的市政府已经关闭了一些臭名昭著的假货市场，越来越多的国外公司打赢了零售商销售假冒商品的官司，但问题依然猖獗。从DVD到衣服到任何可以想象得到的机器的零部件，甚至包括美军战斗机里，都可以看到假货的踪影[6]。

模糊的金融和经济数据：中国的黑市经济导致大规模的逃税情况。从公司到消费者，从城市到农村，低报收入的现象非常普遍，且难以追查。还有其他一些经济数据经常被低报或（情况仅仅稍微好一些）花费了大量金钱和努力收集从失业率到流动人口方方面面的数据，最终得以纠正（正如人们可以想象到的，很多临时工乐意接受现金以避税，就很难查清准确的数据）。这还不够，有时数据还会被夸大，例如当省长报告关键考核指标进展的时候。

这些关键考核指标往往会促进或破坏他们未来在党内的发展。还有另外一些数据被低报的情况。比如说，实施独生子女政策后，有些小孩出生未登记：一些农村长大的孩子直到有一天申请旅游或得到一份工作时才知道自己在自己的国家是非法的。虽然近年来，由国家统计局独立收集数据而不是像过去一样完全依赖当地政府的报告，情况已有改善，但关于中国的数据最好看作是灰色的而非黑色和白色的。

中国政府意识到所有这些问题，并已经采取措施解决其中最大的问题。例如，零售业的很多征税现在都是电子化即时连接到税务局。在大城市，公司出具发票时，会自动联网报告金额。其他问题的解决则需要更多的时间。对于中国以及商业人士幸运的是，其中许多问题不仅是可以解决的，而且是最大的机会所在：数十亿美元的产业，只是在等待合适的公司和企业家进入，提供解决方案。最明显的产业如环保的商业模式、高级护理和中国专利和品牌的开发。

中国最严峻的挑战

最后，还有一些问题是真正能摧毁发展中经济体的产出、社会状况和全球声誉的：

危险工种 中国有某些行业，如煤矿业，其职业伤亡事故数是全世界最高的。中国媒体现在有报道这些事故和疏忽职守，以促使其更加公开，但是中国的高增长率和日益变大的成本压力迫使走捷径的现象无法消失，因此健康和安全问题可能在好转之前还会继续增多。

危险产品 被污染的药品、食品、个人护理产品、玩具——甚至婴幼儿配方奶粉和普通奶粉里都含有危险的化学物质。有时则添加危险的化学物质来代替活性剂，因而使用时不断导致伤害甚至死亡。2007年，在含铅油漆玩具的丑闻之后，中国政府全面整改了所有玩具出口商的质量控制流程。一年以后，召回受污染的牛奶和婴幼儿配方奶粉的速度并未如人们所预料的那样快：数十万的儿童喝了含有三聚氰胺的牛奶产品——造成许多儿童患病，甚至死亡——监管者做得远远不够。不仅仅是中国产品和生产商，许多在中国销售的外国产品，包括雀巢奶粉、肯德基炸鸡翅、依云矿泉水都被指控未能达到中国的食品安全标准。甚至直到2012年，仍经常发现含有致癌物质的产品，造成中国乃至全球消费者的恐慌，从而选择远离在中国销售和中国制造的产品。许多中国人被迫选择在网上购买进口食品。

剥削工人 1990年代全亚洲，在耐克的外包工厂和其他一些鞋厂，发生涉嫌虐待工人的事件，但中国，显然并未吸取这些事件的教训，剥削工人的现象依旧存在着。在中国偏远地区的砖窑里发现了极端剥削工人（本质上就是奴隶工）的情况。还有一些计件工作的工厂，工作条件非常糟糕，工资也非常低。现在，很多这种情况开始改变。一些企业老板被关进监狱；政府开始实施一套新的劳动法（2008 年 1 月颁布）。在中国的外资公司也并未有更好的表现。苹果等全球主要电子和电脑公司的分包商——台湾富士康的案例表明，即使是表面上提供良好工作环境的超大型工厂也可能会掩饰工人严重的心理压力：2010 年十多个富士康员工坠楼或跳楼丧生。

腐败 商业腐败和政府腐败——包括政府官员的强征土地、制造商串谋价格、动用裙带关系、收受贿赂和回扣——所有这些现象仍然存在。中央政府开展了多次运动，惩治违法者，以减少这些犯罪对经济的扭曲影响。但此类问题仍非常普遍，自 2003 年以来已经调查了 200000 多例。胡锦涛在 2011 年发表了一次演讲，重点强调了这个问题。在 2012 年，更有官员承认，自 2009 年以来，有 61 000 多个私下行贿的事件，已经确定涉案金额有 316 多亿元（50 亿美元）。[7] 对于很多经济犯罪，死刑的威胁并不足以劝阻可能会收到数百万美元的贿赂和回扣的政府官员。有一个很明显的案例，前铁道部部长刘志军。他被指控贪污数额巨大，并于 2011 年在对致多人死亡的火车失事的调查中被逮捕。2013 年 7 月 8 日一审被判死缓。

社会动荡 随着数千万人迁往城市，离开农村生活，城市和农村之间的贫富分化及随之而来无法避免的问题造成社会的动荡。为了向移居者提供可负担得起的住房，上海等大城市正快速扩建低收入住房项目，形成一个富人住中心城区，穷人被推到更远区域的多层次居住模式。有时，政府以发展的名义以不公平的价格强征农民的土地。一些国际媒体甚至越来越多的中国媒体也报道了日益增多的抗拆事件。那些被强占的悲惨场面甚至被中国网民广泛传播。中国大陆人现在也更加频繁地抗议污染工厂，而被剥削的工人也倾向于集体向建筑公司索要被拖欠的工资。因此，所有群体可能会团结起来反对腐败。正如2011年发生在中国南部的乌坎村事件，居民临时逐出了政府和警察。随着贫富分化、污染、腐败和其他问题的持续，社会动荡的问题将会恶化。

地区动荡 中国几乎和所有的邻国都有领土争端，且争端日益增多，造成地区政治的动荡。在某些潜在的热点地区，如果考虑商业利益，可能会避免爆发冲突。例如，对于涉及海上勘探权和海岛周围海上边界延伸的那些争端，促进双边（而非单边）—— 在海上资源勘探和开发上的合作可能会避免一些冲突。中国大陆与台湾的和平统一也可能会通过越来越多的投资联系实现，但发生冲突的可能性依然存在。其他问题，比如中国对石油的饥渴和对重点海上航线的进入可能会意外激发冲突。就像2010年日本在争议海域扣押了一艘中国渔船和船上船员，导致一系列的报复性外交和贸易行动。而2012年关于钓鱼岛争议更是愈演愈烈。

通胀 中国的通胀率可能会持续高涨，这是中国政府另外一个高度关注点。在贫富差距如此之大的背景下，穷人更容易被高通胀所伤害。金融危机之前，全球大宗商品价格飞涨，其中石油价格飙涨到每桶147美元，造成很严重的通胀。中国在成功控制此高通胀之后，却于2011年，通胀再起，通胀率达到了5%，甚至更高。此问题的阴魂不散源于中国的贸易顺差、货币汇率控制和缺乏人民币与其他外国货币之间的可兑换性，以及红火的股票市场和土地价格泡沫。通货膨胀有可能严重破坏中国的增长轨迹。

每当有影响中国经济增长下滑的故事出现，每当有新的贸易争议发生，或者更悲惨的事件发生，情况如此令人震惊或悲愤以致于外国媒体不禁注意时，这些问题都会成为西方媒体的头条新闻。

审视这些深刻的、根本上为结构性的问题已超出了这本书的范围。重要的是我们要承认，中国仍然是一个发展中国家，因此，必定会面临成长的痛苦。然而，我们必须至少了解中国的大体情况，因为其中有些问题可能会破坏中国的经济奇迹。例如，剥削工人、社会动荡和通胀是尤为有害的长期问题，而短期问题则更难以预测。

短期来看，纳西姆·尼古拉斯·塔勒布在他的著作《黑天鹅：高度意外性事件的影响》中所描述的所谓黑天鹅事件可能会发生：黑天鹅比喻意想不到或不可知的事件，就像欧洲人曾经认为所有天鹅是白色的，直到在殖民地澳大利亚遇到了黑天鹅。因此，黑天鹅事件可以是任何事件，从突如其来的金融危机到地震（就像日本 2011 年的地震。它破坏了日本经济，几乎引发了核灾难）。在一个像中国这样大的国家，黑天鹅可能发生在任何地方，任何时候。鉴于中国新兴经济的特点，黑天鹅尤其可能会带来灾难性的后果。

在中国，最有可能造成巨大破坏的“黑天鹅”事件是有关健康和环境的。从影响数十万孩子的毒牛奶到影响数百万人水供应的化学品河流污染。这些看似极为不可能的事件在中国产生了巨大的影响。甚至天气也会造成与之不相称的影响：在2007年关键的春运期间，一场百年一遇的暴风雪造成铁路运输的停运，影响了数千万人。

另外，那些最好还是被定义为长期问题的非黑天鹅事件，如沙漠化和淡水供应稀缺，在21世纪可能会达到一个临界点，影响数亿中国人。中国的环境挑战是最难克服的，但作为一个发展中国家，它还面临着环境与发展之间平衡的问题。在之前这是发达国家从不用担心的。中国在以惊人的速度增长时，环境也在受到伤害。但如果增长放缓，人民就会受到伤害。这就是为什么应该增长多少始终是中国领导层考虑的问题：在世界上最大的经济体中，中国的管理无疑是最细的。

好东西太多了

在未来的几年里，地球历史上最大的私人财富的创造和积累可能会发生在中国。事实上，根据一些推测，中国的GDP最早将在2016年超过美国。而仅仅几年前，世界最好的金融机构预测这在2050年之前是不会发生的。中国自己的一些经济学家预测最早在2030年中国的GDP可能是美国的2.5倍。[8]这听起来好得令人难以置信。事实上，这是太好了，因为即使是按照GDP，中国成为世界上最大的经济体，但按照人均收入，中国人民仍是最贫穷的群体之一。任何财富，不管有多少，当除以13亿人时，都没多少。然而，中国国内外都太过于关注中国GDP的总体增长。

中国 GDP 增长是第一个也是最重要的定期公布的统计数据，显示了中国的快速崛起。2011 年，GDP 增长了 9.2%，远超所有主要的发达经济体。中国的经济一直猛涨了 30 多年。全球金融危机之前，中国国家统计局宣布，中国 2007 年的 GDP 增长率已经达到前所未有的 14.2%，从最初的 11.4% 向上修正了三次。

事实上，长期以来，人们一直怀疑中国的 GDP 统计数据——因为在这个经济体中，隐藏收入的现象非常普遍。收集数据是一件费时又容易出错的任务——隐藏了中国快速增长的真实程度。

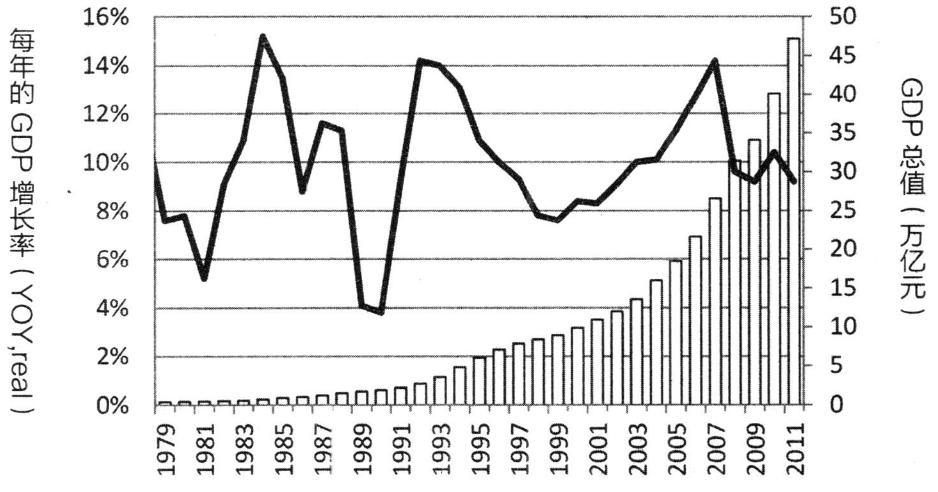

图 1 中国 GDP 增长和总值，1979—2011

各省份 GDP 总和与全国报道的总数不符时，高盛分析师和其他一些分析师曾经坚信：要考虑两者之间的差异，2007 年报道的初始 GDP 增长数据 11.4% 高于首次所宣布的增长数据。[9] 不管怎样，即使 2007 年的 GDP 最初公布的是 11.4%， 虽然比最终的 14.2% 要低得多，但也远高于国家目标。中国从而误入过热的经济增长中。

当大多数发达国家仍在为 3% 这个体面的 GDP 增长数字努力时，10% 甚至更高的经济增长率却在中国大放异彩。温家宝在 2007 年全国人民代表大会上说， 2007 年，GDP 增长需要保持在 8% 之下。也许这只是玩笑：中国曾经承诺过在整个第十一个五年计划期间（2006—2010），将保持经济增长低于 7.5%，但却仍旧在不断地超越所设定的目标。即使在全球金融危机最严重的 2008 年至 2009 年，中国经济增长也只是轻微降低，分别为 9.6% 和 8.7%，但到 2010 年它又以 10.3% 的增长率大幅高于目标。

2011 年，中国启动了新的五年计划。五年期间（2011—2015）的增长目标下调至 7%。这或许是为了抑制预期：中国将继续无限期地高速增长。事实上，GDP 增长仅在 2011 年略有降低，达到 9.2%， 仍然是超过新的国家目标 2%。这些目标每年会基于当时的经济状况进行修订，比如在 2012 年，中国设置其年度 GDP 增长目标为 7.5%（即比五年计划的目标要高 0.5%），但是中国一直以来无法减缓增长，引起国了内外的忧虑。

想要减缓增长的一个原因是担心经济过热。中国自 1978 年以来高度关注 GDP，使 1998 年的 GDP 比 1978 年的高 20 多倍，经济每年以 16% 速度持续增长。这是现代经济史上从未有过的。中央政府不满足故步自封，2002 年设定了新的目标，即 GDP 到 2020 年，比 2000 年的翻两番。考虑到金融危机后，中国经济重新回到 9% 甚至更高的增长率，这个目标似乎有可能实现。

GDP 的绝对数字是国际上的关注焦点，但自世纪之交以来，对于中国自己来说并没有如此重要。对中国更重要的是平衡增长，使财富分配更公平。

尽管中国的出口增长创造了很多财富，但按照全球标准，中国的人民依然非常贫穷。今天，中国的人均 GDP 仍仅为美国的 10%。正是这种统计，经常被政府用作于激励人民的方式。在 2007 年第十七次全国代表大会的闭幕式上，胡锦涛宣布了一个清晰的指令：即到 2020 年，人均 GDP 增至每人约 4500 美元，是 2000 年的四倍。[10] 这展现了中国中央政府增加国家财富的决心。

中国政府将管理经济增长当作头等大事。在发展中国家之中，这样的增长率并非是闻所未闻的，但中国已经保持 30 多年的高速增长。[11] 现在，对于中国，第一件大事是要抑制由出口贸易和投资的资金浸泡所引起的经济过热，放缓增长，实现所谓的“软着陆”。如果增长不能被控制，通胀将有可能耗尽本已贫困的农村人口的储蓄，降低城市中产阶级的生活质量。

危机也是机会

简介中提到的所有问题确实存在且众所周知。每年，关于这类问题的报道层出不穷。

这本书的目的不是为了对这些问题做详细论述，或确定谁的责任，或认为读者听到的是错误的。这些都是关系到每个人的真实问题。更确切地说，这本书的目的是重新组织这些问题。这些问题对于有进取心的公司、有远见的投资者和有创造力的企业家就是机会。

在管理学中有一句很流行的话：危机这个词也意味着机会。你问再多的语言学家，恐怕他们都会说危机当然不等于机会。它最多是更进一步的事实。确实，危机这个词是两个单独的汉字构成。第一个字意味着危险，第二个字意味着决策点之类的东西。就其本身，找不到“机会”的意思：这种误用来自于这样一个事实：第一个字是在“危险”这个词中找到——意味着危险，第二个字是“机会”这个词的一部分——意味着机会。因此，准确地说，（虽然语言学上面是错误），危机相当于危险加机会。

然而，市场导向的逻辑上必然有某个根源，使这种误解一开始就变得如此普遍。同样，阿尔戈尔告诉人们，全球变暖是环境及生活方式最大的威胁之一，同时对于进取型节能公司和个人又是助其脱颖而出的一个机会。所以，以上所提到的中国经济发展中的每个挑战对于可以解决问题的个人又会成为一个机会，并顺带在这个过程中挣得巨大财富。

的确，电影《难以忽视的真相》中的一段影像显示如果最坏的气候变化预测是正确的，则上海和天津，中国两大人口最多的城市到 2050 年将大多浸于水下。在上海，一些超大建筑物已经造成部分城市沉降。[12] 这个问题急待解决——例如，使用从新型制造业超级趋势中出现的新技术和更好的材料。

同样，将数亿人迁入城市——城市化超级趋势——是一件非常艰巨的工作，但也将会带来大量有关城市生活和新交通模式的增长机会。

谈到净化环境、节能和从非矿物燃料中生成新能源——可持续性超级趋势的一部分——中国需要尽快完成全部三项。由此带来环保行业的机会包括可替代能源、污染控制、减废和生态旅游会是世界上最大的一些机会。红色的中国正变成绿色。

中国的资本市场还不成熟，无法支持推动中国下一轮发展阶段所需的增长。中国的经济增长引擎之一是外商直接投资。几十年来，国外公司直接投资中国的经济。富裕化超级趋势表明这一趋势正在发生逆转，中国企业正走出国门寻找新的机会。同时，西方投资者正通过购买股票和风险投资参与中国的增长。一个人可以把头埋在沙子里，假装情况并没有改变，但对于能看到此变化并参与其中的公司、投资者和个人，中国的投资肯定不是一个危险，而是一个机会。

下一章节将介绍中国的经济增长引擎、推动力和路线图是如何影响这四大超级趋势的。通过了解中国的经济增长引擎在发生何种变化；推动力是如何加快这种变化的速度；及一个人如何通过观察其路线图清楚地看到中国未来的发展方向和目标，这些超级趋势将成为最强大的成功预报器。

第一部分

中国增长引擎、推动力和路线图

势

第一章

中国的三大增长引擎

“待文王而兴者，凡民也，若无豪杰之士，虽无文王犹兴。”

——孟子

现在和未来，中国增长背后的主要力量是哪些？中国现代经济的崛起归功于三大引擎——出口、外商直接投资和国内市场消费。其中，出口和外商直接投资到目前为止对中国的发展一直是最重要的，而第三个，消费，将是中国未来的主要增长引擎。

1978年后，由于邓小平的高瞻远瞩，就像韩国和新加坡等“亚洲四小虎”和“亚洲四小龙”之前所做的，中国通过出口刺激经济增长。但不同于其他这些国家，中国凭借其庞大的劳动力市场成为低成本制造的领先者，并且保持这一优势的时间比其他经济四小龙更长。采购商们使用“中国价格”的绰号描述中国。中国逐渐以“中国价格”而闻名于世界。然而，即使是中国的劳动力，也并非用之不竭。廉价中国产品的末日正在接近。然而，尽管劳动力价格已经上涨，但中国仍然是一个有吸引力的生意场所。其劳动力较之其他所有主要经济体的劳动力仍相对便宜。[1]

奥运十年的剩余时间里，中国通过出口获得成功的情况很可能还会继续下去，即使是在更高附加值的行业中。这是建立在假定中国的贸易伙伴不会对中国的出口补贴和被低估的人民币实施贸易制裁。即使中国能够避免贸易战，这个国家也不可能在全球市场已经充满中国货的情况下，继续依赖出口增长，已经几乎没有多少市场可以再扩展的了。

针对这个变化中的贸易格局，中国正在做什么？为什么中国不再继续依靠出口实现增长？这是中国奥运十年两个关键的叙述点。2018年之前，中国将努力实现从出口低附加值商品到出口高附加值商品的转变，实现从出口导向型增长向消费拉动型增长的转变。

从爱国者到中兴通讯的出口

爱国者是中国的一个消费性电子产品制造商，以生产 MP3 播放器等产品而闻名。中兴通讯，根据高德纳咨询公司的调查，是中国第二大移动电话制造商（2011 年生产近 5700 万部手机——世界第五大移动电话制造商）有一天它可能会因为争夺世界第一的位置与更多的知名公司，如诺基亚、三星，进行竞争。爱国者主要是以原始设备制造商而闻名于外。中兴通讯，同样也是一个规模相对较小的通讯公司，按合约为大型通讯公司生产产品，在供应链中属于隐蔽的一环。这可能也就是为什么在国外很多人从未听说过爱国者和中兴通讯这类公司。2011 年，中国产品出口达到 9 万亿美元，领先于全世界，而这些公司便是这 9 万亿美元中非常关键的一部分。出口的产品中一半以上是电子和机械产品。爱国者、中兴通讯和其他一些中国原始设备制造商便是以这些产品而闻名于世。[2]

中国大量的商品，首先出口美国，同时也出口给欧盟、日本、韩国及中国香港。与此同时，它也从日本、韩国、美国、德国和澳大利亚进口商品。澳大利亚对于中国非常重要，是因为澳大利亚拥有大量中国需要进口的原材料（金属、石油、天然气等），而对于其他经济体，中国主要是进口成品。

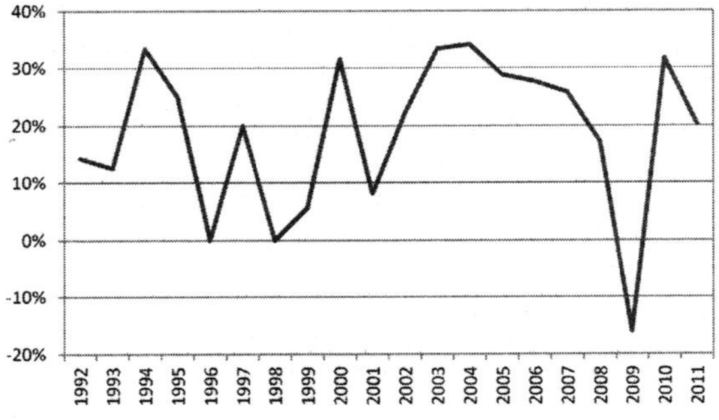

图 2 中国出口增长率，1992—2011

另一方面，中国的贸易增长速度比其他新兴市场快得多。与美国和欧盟的贸易增长率分别为15.9%和18.3%相比，中国的贸易总量增长了22.5%。数据之间之所以存在差异，是因为中国与其他金砖国家巴西、俄罗斯和南非的贸易额正在增长，且增长速度更快，分别为34.5%、42.7%和76.7%。

即使西方发达经济体可能会在2008年进入一个长期L形或双底衰退，也不足以在半年多的时间内让中国减速。为了应对对美国出口的日益依赖，中国现在已经开发出新的商品市场，以避免如果美国对中国进口产品变得更具敌意，将影响国内经济。

2012年之前，我们经常可以看到中国越来越频繁地绕过世界贸易组织的机制，与发达国家及发展中国家签订双边贸易协定。而且，中国与非洲、南美、东南亚的贸易增长正开始缓和与西方经济大国贸易额可能降低的影响。即使中国最大的客户美国，进入长时间的经济调整或衰退，我们也可以乐观地认为，这将增加中国低价产品的出口数量。但如果高油价增加了低价产品的运输成本，这种想法可能就毫无实际意义了。

中国每年都会变得更加强大的法宝是与世界经济脱钩。这就意味着中国要诉诸中国制造商品的内部需求。中国当然希望避免过于激进的转变，包括对制造商的休克疗法。中国消费者也未准备好披上世界最大的消费者的外衣——上海和北京白领工人工资可能很高，但中国的总体人均收入依然排在世界上最低的位置，远远不及发达国家的人均收入。然而，现在与2008年金融危机前相比，脱钩又更多了几分现实意义。

鞋子出去，美元进来

尽管自2005年以来人民币对美元升值了大约25%，但中国的出口贸易除了全球金融危机巅峰期间的几个月收缩过之外，从未停止过增长。每年增长约20%。2005年，中国放弃人民币盯住美元，即使用有管理的浮动汇率（即一个交易区间）代替固定汇率。人民币对美元汇率从约 8.27 美元缓慢但稳步地升值到 2012 年初的 6.3 美元左右。

如果你注意到美国国会的呼声越来越高，要求对人民币的低估应该做点什么，甚至美国总统奥巴马都称“够了”，你可能会认为，极其缓慢的升值速度是美国和中国之间贸易失衡的关键。然而，中国央行已经不考虑快速升值，以便使其经济的关键驱动者——出口商们有时间适应新的高估值人民币的环境，以及有更多时间阻止可能会导致社会问题的快速膨胀。

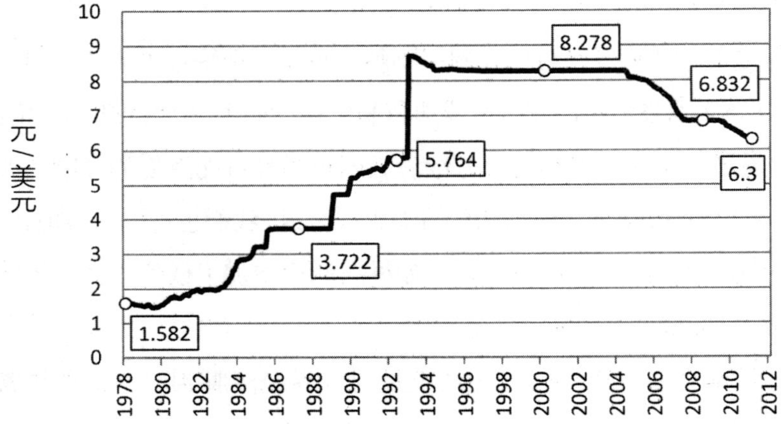

图 3 人民币 / 美元汇率， 1978—2012

为了应对更高估值的人民币，出口商们使用更有效率的机器提升生产。很多出口商意识到创新是保持竞争力的关键，因此开始注重创新。出口产业的持续增长既是对中国原始设备制造商努力工作的嘉奖，也是对某种逻辑的批判，即加大升值幅度可能终会使中国的出口缺乏吸引力，从而把就业机会带回到美国。而中国政府提供的出口补贴也在很大程度上帮助了中国国内出口商重新焕发活力。为了尽量缩小 2007 年与美国 2530 亿美元的贸易逆差，抵制出口行业出口低附加值的产品，中国减少了出口激励措施，但到 2009 年底，为了应对全球金融危机，中国又恢复了许多补贴项目。[3]

1990 年，根据中国统计，约 7% 的出口商品是高科技电子和机械商品，主要是建筑和制造业所用的重型机械、手机、电脑硬件和大型船舶等。而现在这个比例是 50% 以上，并在继续攀升。即便是中国最传统的行业，如丝绸生产，也在进入人造革生产等非传统领域——使用丝蛋白。由于中国的劳动力成本较低，且拥有生产丝绸的理想环境，其成本仅是国外同类产品的十分之一。如果说亚当·斯密式的绝对优势存在的话，这就是。

过度依赖出口也是中国担忧的一个问题，把所有的鸡蛋放在美国一个篮子里是一件更麻烦的事情。从宏观层面上，中国政府已感到双边贸易依赖于美国的威胁性，因此一直在试图通过增加与欧盟和日本的贸易来规避风险，尤其是与后者。在过去几年中，日本经济开始从“失落的十年”或“失落的年代”（此词语用来形容日本大约从 1991 年【日本的泡沫开始破裂的时间】的经济负增长或零增长的时期）恢复过来，中国与日本贸易的增长非常明显。欧盟与中国的贸易总量，严格意义上来说， 甚至大于美国和中国之间的贸易总量，但鉴于欧盟是由多个差异性很大的国内市场构成，因此贸易性质并不相同，所以，美国仍是中国最大的单一市场。造成的结果之一是，中国有巨额的贸易顺差和数万亿美元的外汇储备。由于各自的原因，减少顺差已成为两国政府都要优先考虑的问题。

从中国的角度来看，美国消费者支出的下降实际上可以帮助减轻数千亿美元的贸易顺差（或者，从美国的角度来看，是贸易赤字），但中国出口商都不希望看到美国衰退——这将对企业非常不利。相反，中国政府和出口商都愿意看到一个多元化的贸易，走出对美国市场的依赖。

除了实现贸易多元化的目标，中国也在推进一项与其他金砖国家巴西、俄罗斯、印度及南非共同加入经济合作与发展组织的提议。该组织由世界 30 大市场经济体构成。中国已经在非洲、东欧，甚至东南亚，几乎所有的地方找到了新的贸易机会。

中国与其他亚洲国家的贸易也增加了。它是把东盟打造成为世界上最大的贸易集团的支持者。如果它正式加入，则东盟有可能真正成为世界上最大的贸易集团。中国已经与东盟签订了自由贸易协定。因为与东盟成员国的南海争端使中国还未能正式加入，所以中国领导东盟仍需等待一些时日，但中国已经是自由贸易区的一部分。东盟对北美自由贸易协定和欧盟等多边贸易集团是一个主要的平衡力量。[4]

如果中国最大的贸易伙伴，美国，由于经济衰退或贸易制裁减少进口，则其他这些贸易伙伴应该会在一定程度上孤立中国。然而因为许多国家间接依赖于这两国之间的贸易，美中贸易目前的相互关联性也是稳定全球的重要力量。例如，美国的消费放缓将会减少对中国的资源贸易伙伴的原材料的需求，包括澳大利亚和俄罗斯。此外，继续出口商品到美国对于中国经济的持续发展依然重要。因此，历史学家尼尔·弗格森将这种互相依赖的关系称为中美共同体——中国加上美国——“奇妙的双元国家……只占世界陆地面积的十分之一多，人口的四分之一，其经济产出的三分之一。”[5]

30 年前，很少有人预测到中国经济今天会对全球商业环境产生如此超凡的影响。20 世纪 80 年代，日本似乎准备好登上世界第一出口大国的地位，而当时美国和英国仍深陷于经济衰退和与苏联的意识形态的战争中，中国刚刚开放，但尚不确定会成为全球性竞争对手。30 年后，中国已经超过日本和美国，成为世界上最大的商品出口国。

据外界称，拿破仑曾经说过，中国一旦苏醒，将震撼整个世界。从那时起，人们就已经开始意识到了中国惊人的潜力。然而几乎没有人预料到它会如此迅速地崛起，使日本、韩国和中国台湾等亚洲国家和地方之前的崛起速度也相形见绌。在中国的现代发展中，出口的作用不可低估，且仍旧是中国从中获得大量支持的支柱。若非许多国际跨国公司在 1978 年开放后投资中国，建造工厂，向中国工人转让技术和传授技能，这一切也不会发生。

每周20亿美元：中国的外商投资

在出口之后，1978年改革后中国30年辉煌中第二个重要的增长引擎是外商直接投资。在中国的外商直接投资主要是指投资工厂、与中国伙伴合作的合资公司，更近一些，则是成立独立的法人公司性质的外商独资企业，以全球性跨国总公司的子公司的身份在中国经营。其他类型的国外投资，例如所谓的投资于股票和债券的证券投资，是极其有限的，因为中国控制了资本账户以保持人民币稳定，防止热钱进入经济。

1978年后中国经济政策简史

20世纪80年代，中国改革开放之初，各级政府非常重视吸引外商直接投资。中国当时缺乏外币；除了农产品和其他国家几乎不想要的共产主义时代产品，中国没什么别的产品可卖。结果，国外投资者每参观一个地方，当地政府都铺上红地毯迎接，解释当地政策是如何优惠，展示当地工厂，盛宴款待他们。官员们这样做，有很好的理由：评估所有政府领导人能力的标准都限定在吸引外资、实现当地GDP增长和从本地出口更多产品。

2007年之前， 经济特区（例如，出口加工区、指定的工业园区，甚至整个地区，如深圳）的所有外国投资享受长期的免税政策；前三年所得税减免达100%，之后的两年减免50%。特区以外的外国公司，在没有补贴的情况下，实际税率为24%，特区内是15%，中国公司是33%。这是吸引许多国外公司投资很重要的一个因素。另外一个因素是一旦考虑人民币升值，在中国的投资甚至可能获得更大的回报。

到2007年之后，这种税收激励明显已不再需要。国外公司无论如何都想来到中国。他们利用他们的税收优势作为立足点，越来越多地在国内市场进行竞争，而不仅仅是出口。而且，当时，经济过热（2007 年 GDP 增长了 14.2%）部分归咎于热钱，一些人认为是许多外国公司在人民币升值的预期下尽可能进行投资而带来了热钱。此外，收益也是免税的。这实际上是巨额财富从中国纳税转移到外国公司。而这种现象即将结束。

为了使国内公司和外国公司公平竞争，大部分东部发达地区，从 2007 年开始在接下来的五年里逐步取消优惠政策。所以，到 2012 年，中国公司和国外公司将缴纳相同的 25% 的公司税率。

对于许多在中国的国外公司，公平竞争并不容易。他们通常付给高技能、多语言的员工更高的工资，且被要求遵守其他的规定，以及承担全球的管理费用，因此在中国的成本更高。中国的吸引力似乎开始大幅缩小。越来越多的高管称将考虑将中国业务转移到别处。但中国仍有一些手段使这些公司保持兴趣。

● 就在你考虑离开的时候……他们拉你回来

尽管公司税率已经统一，税收优惠政策并没有完全结束。中国仍有兴趣吸引某类的投资，特别是高科技领域和在发展地区投资。

例如，为了鼓励更多的高科技投资，设施安置在高新技术开发区且符合高新技术企业或研发中心定义的公司，仍将获得为期两年的免税优惠，之后税率为 12.5%，这也许是为什么许多大型跨国公司正迅速在中国设立研发中心。另外，为了鼓励外商投资向西迁移，所有去中国中部或西部地区的国外投资者都可以获得 15% 的优惠税率。[6]

此外，市政府和地方政府，尤其是中国西部地区，仍有大量的刺激政策继续吸引外商在各个地区进行投资。从大幅降低增值税，到减免土地费用，到安排商业贷款，政府和商业之间的界限即便是在最佳的情况下也是模糊不清的。在许多地方，公共利益往往让位于私人利益，两者之间几乎无法区分。在中国许多二级、三级及更地级城市的郊区，数千英亩的农田被改用作厂区和商业区，当地政府开发工业园区以吸引更多的外商投资。他们还经常在这些区域内建设迷你城市。这些城市拥有由自己的管理员运营的便利银行、贸易金融和海关服务机构、商店、医院和邮局，以便向国外投资者提供更高质量的服务。

除了外商直接投资，中国政府也高度鼓励出口增长，所以政府经常将17%增值税的一大部分（高达75%）返还给出口企业。无论这些企业是国外还是国内的。虽然自从中国加入世界贸易组织，此类巨额补贴曾一度逐渐减少，但在后金融危机时期，各种刺激经济复苏的补贴政策又卷土重来。这一次，令其他出口型经济体吃惊的是，这些补贴极大帮助了中国的制造商夺回国外的市场份额。

● 中国外商直接投资的近期进展

2010年，中国收到的外商直接投资达1050多亿美元，创下了历史纪录。联合国还将中国定为2011年外商直接投资的头号目标。而中国确实在2011年实现了此目标。共有1160亿美元进入了中国。这证明了在中国开放几十年后，跨国公司仍希望进入中国，或增加在中国的投资。[7]

有趣的是，国际贸易中有一个出名的关系理论：通常向一个国家出口一段时间，就会向这个国家进行直接投资。以一个美国公司为例，该公司首先会开始出口到中国，也许通过代理或分销商，然后建立自己的销售和进口办事处，最后，通过外商直接投资渠道，力图在本地生产。本地制造将使该公司得以节省运输成本及可能得到更好的税收待遇。根据此贸易理论，最后一个步骤应该仅发生在已经出口了一段时间之后，而且那时贸易已经达到一定水平，而出口的边际成本会阻碍利润的进一步增长。

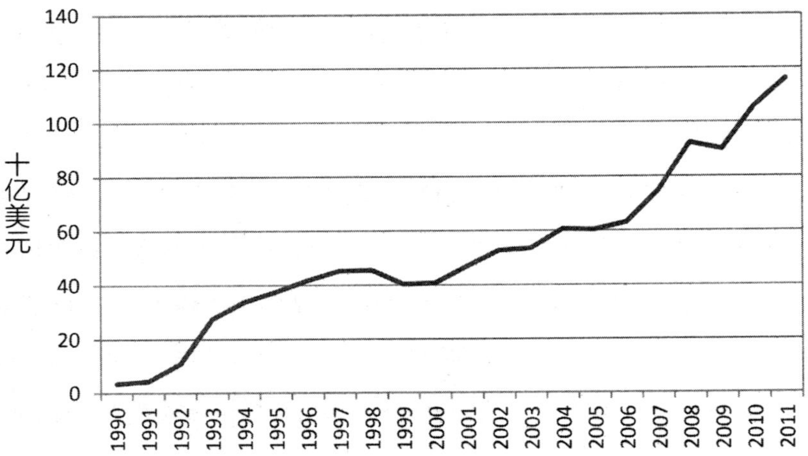

图 4 中国入境的外商直接投资额（实际金额），1990—2011

按照这个逻辑，由于巨额的外商直接投资从发达国家流入中国，因此 1978 年以后，由于邓小平的改革开放政策，大量的产品应该已经出口到中国。事实上，情况并非如此——因为中国市场有三大特点。[8]

首先，中国 OEM 公司作为一种商业模式的崛起，允许国外公司外包生产以避免建厂的麻烦，使得西方公司没有开厂的痛苦，而获得中国制造业的好处（低成本）。许多公司选择这种模式增加在本国的利润。

其次，一般来说，如果一家国外公司确实想在中国建立自己的制造业（也许是为了保证质量或获得更多的利润），它将与中国公司合作成立合资企业，投资以及转让技术。但是，也有一些关键的例外情况。例如在汽车行业，负面的故事比比皆是。中国合作伙伴抄袭技术，建立竞争性的副业或只是找借口退出合资企业。就像中国食品饮料生产商娃哈哈在 2009 年对法国达能所做的一样。即便在中国市场这种合作关系是有利可图且显然是互惠互利的，这些情况也时有发生。

最后，1978 年开始实行改革开放政策后的早期，许多到中国的直接进口是高度限制的，中央政府严格控制进口许可（以及进口国外产品所需的外币）。

许多进口限制一直持续到2001年中国加入世界贸易组织。此后几年中，各个行业逐步被开放。但今天还是有很多行业或部分，或完全的被保护起来，以便中国自己的公司能有机会发展。

可以肯定的是，许多国外公司试图在中国市场直接进口它们的产品和参与竞争。然而，由于众多原因，直接进口战略尚未成功。

比如，在国外制造的产品在中国销售，由于缺乏本地化或设计可能不适合中国市场的需求。在快餐业有一个经典案例，说明了由于中国人更喜欢鸡肉而非牛肉，因而卖汉堡的麦当劳在中国输给了肯德基。不容忽视的是，肯德基也调整了菜单，甚至将其有名的“11种药草和香料”配方调整以便更好地适应中国消费者的口味。

另外一个原因是，很少有西方产品是在中国无法找到的。它们已经以这种或那种形式存在着。许多产品，即使没有正式进口，但在中国已经被仿制和出售。由于劳动力成本低得多，健康、安全和环保法规缺乏，以及知识产权法执行不力，中国国内产品通常比正品售价要低得多。

最后一个原因是，中国加入WTO之前，中国许多市场受高关税和非关税壁垒的保护。国外制造商如果想把产品带入这个国家销售，不得不克服这些壁垒。许多制造商甚至不再费心于此，而是利用出口加工区组装和出口。即便在2001年之后，尽管关税经常被免除，但许多非关税壁垒依然存在或有了新的非关税壁垒。

非关税壁垒包括对产品设置极高的质量标准。这些标准在需要时可以加诸于国外进口，但在国内则不会实施。甚至可以选择性地使用非关税壁垒阻止某个国家的产品进入及需要时阻止某个具体的国外公司进入。依云矿泉水便在中国身陷于此类规定之中。依云已经两次因为亚硝酸盐超标上了黑榜。这类事情也发生在富维克矿泉水的身上。也许是巧合，这两种矿泉水都归达能公司所有。此公司曾经与中国娃哈哈发生过较大的纠纷。[9]

所以，由于这三个因素，想向中国销售其产品的国外公司通常会选择在中国设立公司、工厂或装配厂，生产本土化产品，利用低成本，和回避非关税壁垒，生产出表面上是中国制造的产品。

这样的策略通常都会成功，但也无法保证其一定成功。例如，尽管根据WTO的贸易规则，“购买国货”条款是非法的，但许多国家——包括中国和美国——仍旧在采用这样的策略。2012年，中国工信部强制要求所有政府车辆必须向中国的制造商采购。这条规定监管排除了任何中外合资企业的销售（因为它们非百分百独资的中国公司）。

至于中国，是否有其他原因导致传统的程序——首先是贸易，再进行直接投资——发生逆转呢？最近一轮的全球化，即托马斯·弗里德曼在《世界是平的》一书中所描述的全球化2.0，已经清晰地显示只要公司处于成本最低的的地方，便不再需要担心把工厂设在哪里。中国已经是成本最低的生产商。所以，在中国销售的大部分东西都是中国制造的。如果国外公司想卖东西，他们将不得不先投资。

过去十年中，有几年，中国的外商直接投资已经发展成为世界上最大的外商直接投资，且在后全球金融危机的环境中再次扩大。跨国公司会在能找到增长点的任何领域内为未来新的增长进行投资。

外商直接投资对中国的好处

外商直接投资对中国有多重要？自1978年以来，中国已经收到超过2.5万亿美元的外商直接投资。总的来说，过去30年中，有近300000家的外商投资企业在中国境内成立。中国股市泡沫达到顶峰的2007年，仅一年，就有37000家公司成立。世界五百强公司中共有480家在中国经营业务。[10] 2007年，中国收到破纪录的747亿美元的外商直接投资，但这只是冰山一角。[11]全球金融危机实际上是加快了投资进入中国。中国仿佛成为了一个安全的港湾。就如同全球经济不确定的时代，现金逃往美元和美国国债一样。对于中国共产党，这似乎是一个巨大的矛盾：中国现代资本主义复兴之父——邓小平——会引以为豪；坚定于理想共产主义时代的伟大舵手——毛泽东——会对此非常愤怒。

2011 年和 2012 年的外商直接投资，有很多被用于建立研发中心。中国给予了研发中心大幅的税收优惠。实施改革开放后的多年来，税收减免几乎提供给所有的国外公司。今天，中国的税务规定已经统一，但通过遵循中国的国家目标仍可以得到一些好处。例如，已经在这个国家作为制造商存在的公司用尽了先前提供的税收优惠后，突然假装设立实验室，并招聘工程师作作样子，以便公司能够被划入研发中心的分类中（或将设施迁移到欠发达地区以获得各种税收减免）。因此，进入研发也许仅仅是为了获得优惠的税收待遇甚至是热钱，或在人民币进一步升值的预期下，尽可能向中国转入更多的资金。这种情况更多是来自于新公司。这些新公司直到现在还在对中国采取观望的态度。它们有时很聪明，等别人先迈出第一步（及先冒风险），自己再行动。不管什么原因，自从邓小平打开国门，首次尝试投资后，外商直接投资已经走了很长的路。

20 世纪 80 年代，中国政府的规定旨在使经济平稳进入市场经济，将技术和专业知识转移到中国公司，因此合资企业是进入中国优先的模式，事实上也是唯一的模式。这些合作伙伴关系经常是非互利性的，因而导致了许多问题。

前面提到了 2009 年中国娃哈哈和法国达能之间的案例。各方都控告其合资伙伴在中国经营与外资公司相同的饮料系列，并在注册产品和签署优惠的合同条款的多个国家提起诉讼。整个争论围绕着娃哈哈是否有不诚信的行为（使用被认为是双方共同拥有的资产在合资企业以外的地方开发新饮料）。娃哈哈这边引用了中国法律，说最初一些协议并未在中国当局正式登记。同时也声称，达能了解娃哈哈在外面生产这些事情，后来娃哈哈的董事长试图使此纠纷演变成一家国外公司通过精心设计把一家中国公司陷入到不公平的协议中。尽管达能拥有更强有力的法律依据，却败在公众舆论的法庭之上，退出了协议，在名誉和金钱上都遭受了巨大的损失。到目前为止，这不仅是此类事件中最大和最公开的争吵，同时也说明了为什么国外公司中已经不流行在中国设立合资企业。

由于合资的受欢迎程度已经降低，且因为法律上的一些强制要求，如今在中国设立国外公司的优先模式是使用外商独资企业。[12] 外商独资企业的性质给了企业所有者完全的控制权，也不用担心某天上班突然发现合资伙伴已经带着所有设备和管理人逃之夭夭。对于许多中国投资者，发生这种事并不少见。比如杰克·潘考夫斯基在他2008年的新书《与龙共舞》中详述了他的经历（和冒险）。他与当地一批形形色色的合作伙伴成立了汽车零部件合资企业。如今，企业运营得很成功。[13]

回到20世纪80年代，当时，在中国的国外业务，从许多方面来看都是一段疯狂之旅。在飞往中国的飞机上，往往只坐满一半的人，大多数乘客是台湾人或香港人。任何被看到的西方人，都被认为最有可能是陪这些台湾人或香港人访问供应商或来做生意的。90年代，公司开始抵达中国，建立自己的工厂。一些公司可能已经在挣钱，但由于中国的货币管制和传统的想法，即利润应在这个国家再投资，因此利润返回本国并不容易。为什么呢？中国官员们可能会天真地问道，中国的经济增长是如此迅速，你还想把钱从中国拿出去？在参与合资的公司看来，外商直接投资在中国经常就像肉包子打狗：有去无回。

今天，外商独资企业经常在满足严格的报告要求及弥补所有先前的损失后会将多达90%的利润汇回本国，但就像从一个账户向另外一个账户进行国际转账一样不容易。猫和老鼠的游戏发生在中国税务机关和国外公司之间。国外公司利用账本上的一切伎俩把钱挪出去——转让价格、特别费用、专利使用费等，而当局则竭尽所能把钱留在国内。

自从中国加入WTO，中国的商业环境已经非常成熟。今天，国外公司来到中国几乎都是为了进行各类采购、外包、制造、或销售——有时四种皆有。中国已经成为许多公司地区性的运营基地。它们将新加坡和中国香港等地的亚洲总部转移到中国。今天，上海和北京是安置中国或亚洲总部最常见的的选择。

据世界银行2006年的报告，在中国投资优先的地理区域是东南沿海省份，包括长江三角洲省份，江苏、浙江和上海；珠江三角洲的广东省；其省会是广州，其中还包括深圳、东莞和珠海。所有都是经济特区；及靠近台湾的福建省。[14]投资吸引力最低的地方是北部和西北部——内蒙古和新疆自治区以及东北省份黑龙江和吉林，清华大学教授帕特里克·邱伐内克将两者称为中国的“前沿”和“铁锈地带”。[15]这些地区都是保守的跨国公司不太愿意投钱的地方。而正是在这些缺乏国外和国内公司投资的地方，剥削劳工、采矿灾难、社会动荡时有发生。当前中国政府的希望是减慢较富裕地区的发展，将投资转移到四川和重庆等地，和中部省份安徽等。

外商直接投资的大量涌入带来了对生产设施的需求，这也通常是资金的使用之处。同时，对服务的需求也日益增多。新迁的跨国公司总部已经开始期望有新的地方能够提供满足他们重要业务所需的某些服务：会计、法律服务、审计和尽职调查、人力资源、甚至咨询和投资银行。所有这些都指向对专业服务的迫切需要，即服务业外商直接投资。

服务业的外商直接投资额猛增

中国下一波的外商直接投资正开始涌动。这一轮投资是围绕中国发展中经济所需要的更多相关服务，尤其是在上海或北京等东部城市。在那里，工厂已经迁出了中心城区以减少污染，改善生活质量。这将有利于发展更高附加值的服务业。

这不仅有金融或会计等专业服务，还有娱乐和餐饮。这些服务业的外商直接投资正在不断增长。中国大都市的大街上可以随处见到必胜客和肯德基等餐饮连锁店。百胜餐饮集团正在积极寻找收购目标。2011 年，百胜相中了蒙古火锅连锁店小肥羊。同年 11 月，中国监管机构批准了百胜的收购。

作为一项收购，小肥羊绝不像名字所显示的那样小。它属于外资首批对中国本土品牌的重大收购。在此之前，这要么被认为是不必要的，要么是不被允许的。不必要的，是因为许多中国消费者认为国外品牌更有优势，而且许多中国品牌缺乏成为全球品牌的潜力，因为他们太泛滥：比如白猫清洁产品、大白兔糖等。不允许的，是因为受到广泛认可的中国品牌通常由大型国企拥有。购买中国品牌名称表明了思维模式的转换。国外公司如果想在中国拓展业务，预计会收购更多的本土品牌，小肥羊在国外也很受欢迎，则是意外之收获。这本书将此内容称为反向全球化，将在以下章节中详述。

实际上，中国整个服务业，包括教育、零售及医疗保健正在迅速增长。仅 2007 年上半年，服务业的外商直接投资总额已接近 140 亿美元，比 2006 年同期增长了 58%，占当时外商直接投资总额的 43% 之多。2011 年，第一次，服务业的外商直接投资竟然超过制造业的，占外商直接投资总额的 47% 左右，即 550 亿美元。投资额几乎是几年前的四倍。

显然，在中国，外商投资的服务业在不断增长。中国政府也为了履行其入世承诺（现在已正式完成），允许服务业更加开放，并加速开放其他产业，如物流、教育和卫生保健。这将给中国带来为保持快速发展而迫切需要的外国专业技术。

总体而言，外商直接投资仍然是中国发展战略中至关重要的一部分，但是优先的投资范围正在发生变化。按照 2012 年政府优先的外商直接投资目标，在沿海城市对高科技和服务业的投资和对欠发达的中国西部地区的投资目前正方兴未艾，而在中国已发达地区的高污染、高能耗、和劳动密集型产业已渐受抛弃。流行和过时只是相对而言；拒绝外商直接投资并不常见，但中国更关心哪些项目去哪些行业和地区。

出口和外商直接投资是最近几十年中国最重要的两大增长引擎。这也体现了中国的战略弱点，即中国太过于依赖于外部市场和外部投资者来帮助其成长。这也是目前第三大增长引擎——国内市场消费最受重视的原因。

饥饿的河马：中国 13 亿消费者

中国广告业高管汤姆·多克托罗夫（唐锐涛）在其《亿万市场：洞察中国新兴消费群》一书中称十亿消费者神秘的梦想可以解开“通向中国 13 亿人新兴消费群难以破译的营销代码。”这句话——及众多关于销售一包口香糖或每个中国人衬衫上备用棉花的趣闻逸事——是指这 13 亿人在需求方面本质上是相同的。虽然绝大多数的中国人是汉族，但地理、语言和文化上的差异使中国 13 亿人的问题极为复杂。抛开 10 亿客户市场的神话，但中国国内市场将成为世界最大的市场。市场经营者迟早会学会如何将产品卖给大多数中国人，尽管他们目前的购买力仍然很小。

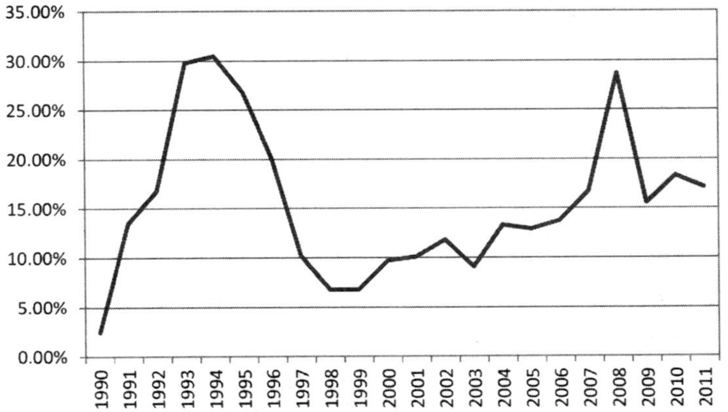

图 5 中国零售支出增长率，1990—2011

2007 年，个人支出（例如消费）略低于中国总 GDP 增长的 40%。尽管政府根据第十一个五年计划迫切需要增加个人消费，但实际上个人消费占 GDP

的比例却在 2010 年降低到 35% 左右，仅是美国一般消费支出（大约 70%）的一半。这并不意味着中国的消费正在萎缩；而是中国的出口和投资增长得过快。中国的出口经济和投资（特别是在全球金融危机刺激计划后。这项计划包括了宽松的货币政策和财政支出）一直都很难慢下来。中国的出口额和投资额如此巨大，已然压倒了 13 亿消费者的购买力。另外，中国的消费近年来日趋减少，而中国消费者的储蓄率却一直在上升。中国消费者现在实际上比世纪之交时储蓄得要多。他们显然是在担忧未来的消费或者是根本没有能力消费。他们未能更多消费是因为以下两个原因：存钱以备急时之需和征税过多。

中国人存钱更多的原因将在下一本书《人口之超级趋势》中更深入地进行探讨。这里，只是简单地说一下。中国的国家福利制度并非如发达国家对共产主义或社会主义国家所预料的那样好：很多人认为医保和养老金并不足够，所以他们储蓄或投资而不消费。

近年来，中国加紧了对个人所得税的征收。2009 年福布斯税负痛苦指数显示，中国公民和公司的税负全球第二，仅低于法国。对于一个正在努力促进消费的国家，如此高的征税—特别是对消费者—与期望的结果相悖。加上中国消费者习惯于未雨绸缪，因此，尽管零售销售额自 2008 年以来每年增长超过 15%，但中国的消费市场实际上是严重低迷。

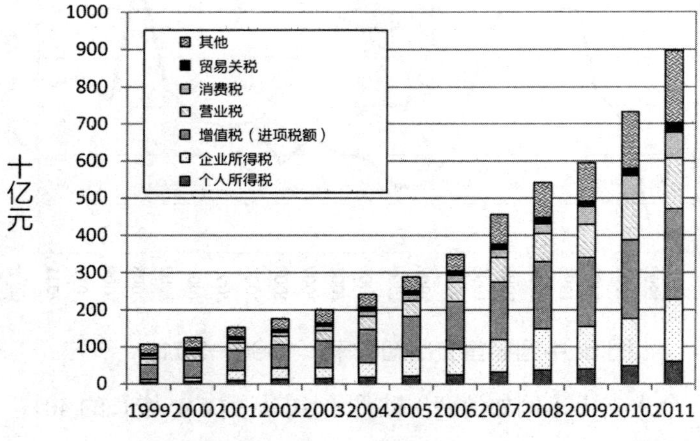

图 6 中国国家税收（按来源），1999—2011

不幸的是，简单地削减个人所得税本身是不可能产生多大的影响。因为中国大部分税收来源于增值税（17%），而很少有人相信他们所支付社会保障税（23%）可以为未来提供保障，这些导致了中国大于50%的储蓄率。中国许多中产阶级和富裕的消费者是从自己的企业中获得收入，25%的公司税也间接地影响到了消费。

为了减少税收，刺激消费，中国可能会提高最低计税工资，增加工资（尤其是在农村和新开发的区域）和给予中小企业更多的补贴或减税优惠。但要使真正的变化发生，需要长期的解决方案，才能够使人们真正地放松下来消费。真正地放松体现在价格更低（例如允许人民币升值，这样人们可以购买更多的进口商品），或更好的社会福利，这样人们不必要过多储蓄。调整政府的税基是另一个选择。将低收入和中产阶级消费者的负担转移到富人，使中国能够实现缩短贫富差距的目标。

除了提高最低工资以外（2011年和2012年，中国省级和地方政府已经开始加速实施），以上想法实际上都未实施。2012年，可能会对各种消费品降低进口关税，包括奢侈品在内。目前，奢侈品关税高达20%～30%。2012年之前尽管缺乏具体措施，但已经出现了一些消费增长的细微迹象。

2010年，GDP增长约10%。李克强表示，90%的增长来自于消费。相对于2009年，这简直是一个彻底的大逆转。2009年，中国GDP增长8.7%几乎都来自国内投资刺激。这个大逆转对中国和全球经济必定是一件好事。

一年又一年，中国稳步前进，跻身于经济强国行列。十年之内，将挑战美国世界最大市场的地位。中国国内消费在实现这一目标中的重要性不可低估，因为没有部分中国公民大量的个人支出，中国将无法达到临界质量，继续独立发展。尽管有可能会脱钩，但要独立于全球环境实现增长似乎仍然是一个挑战，而不是一个完全可预期的结果，甚至世界环境可能不会再继续允许中国通过出口和人为压低人民币汇率增长。因此，尽管目前国内市场消费增长引擎已经是非常重要的了，但在未来它对中国的经济和中国所有的合资企业都将是最重要的。

这意味着中国必须找到更多的方法来刺激消费，或通过政策来改变消费者行为。

改变中国消费者的态度

中国消费者的态度和行为不同于许多西方国家消费者的消费模式，而是经历过一系列的发展阶段。

第一代消费者，活跃于大约1958年到1978年，是中国向市场改革开放之前的一群消费群体。他们的愿望很简单：拥有“老四件”——手表、单车、缝纫机、收音机。当时，中国有严格的外汇管制，限制进口，购买心仪的物品不仅要支付现金，而且还要使用配额票证才有权购买。

第二代消费者是指从中国开始开放政策的20世纪80年代到1998年。那时流行起“新四件”——洗衣机、冰箱、电视和相机。在这段时期，消费者开始比较购物和买便宜货。人们可以更自由地花钱；国内制造商之间的竞争开始升温；国外制造商也首次尝试进入市场。对外开放后短短20年间，城市内需求膨胀，已经无法遏制，难以一一满足。到2002年，可以这样说，城市居民完全消费化。每100个家庭拥有126台电视机，93台洗衣机和87台冰箱。与此同时，对于农村居民，每100个家庭拥有61台电视机，32台洗衣机和15台冰箱，表明农村消费者的增长潜力更大。他们当中还有数亿人尚未迁入城市。[16] 那时，对于城市和农村居民，空调、家用电脑和手机等商品的普及率甚至更低。这些商品为新一代的消费者，即“80后”群体的形成奠定了基础。

这些消费者，出生在20世纪80年代，与1978年之前长大的消费者有着很大的不同。他们中的很多还只是孩子时，在多达六个成人（父母，外公外婆，爷爷奶奶）的宠爱中长大。成年之后，他们的生活又往往都围绕着工作、朋友、家人和购物。

尤其是中国的城市消费者。他们现在已经进入消费期，且更关注于生活质量。他们的消费特性迅速与刺激西方消费者消费的特性看齐——渴望购买、情绪购买、技术更新购买、购买基于质量而非价格、选择身份象征品牌和符合他们收入的品牌。

过去城市消费市场的增长很大程度上是由基本商品和非耐用品的需求推动的。新一代富裕的中国消费者现在有能力购买全球市场提供的所有东西。许多人除了花钱在品牌服装、消费性电子产品和奢侈品，如酒、珠宝和海外旅行之外，又关注起购买耐用品，如汽车和房屋。

为了满足这些消费者日益增长的需求，国外和国内公司都在竞相吸引他们的注意力，掀起了品牌营销的狂欢。国内在汽车、建筑、家用电器上的产业越来越多，且提供了高质量的中国制造的替代品，价格也比进口的国外品牌要低，但是对于有较高期望的消费者，国外品牌仍拥有更高的声誉和威望。

声誉造成的差异如此之大，以至于一些中国制造商给自己取洋声洋调的名字来吸引消费者。有一个公司叫达芬奇家具。它在销售高档家具上非常成功，占据了中国城市精英们的豪华公寓。公司的形象大部分都是正面的。但在 2011 年，它被发现，该公司竟然将产品运往属于中国内部的出口加工区，然后再从此加工区进口自己的家具，这样，它就可以依法取得进口印章。这种操作被一个记者发现，消费者的反应非常强烈。商店被罚款 133 多万元（合 209000 美元），并关闭了在上海的多家门店。

事实上，中国城市的青年消费者的态度已经可以被称为品牌意识，而非价格意识。一个著名、成熟的品牌被视为是质量、安全性和有效性的保证，但在中国，它的品位价值和隐含的价格标签往往更加重要，因而形成了繁荣的假货市场。客户越来越坚持真实的东西；中国质量监管部门更严格地压制假货。因此，品牌所有者都在考虑采用何种方式来增加价值和提高顾客忠诚度。

●中国化和西部大开发：两大新的中国战略

生活标准的提高推动了对更多生存空间、更好汽车、更时髦衣服和手机及电脑上最新技术的需求。想要这些消费者掏钱的公司现在必须思考新的可以影响他们购买的方式。在中国有一项关于销售的研究发现，简单地出售在国外设计和生产的产品已经行不通了；也不能以在另外一个国家相同的方式出售产品了；它所需要的销售方法，应考虑中国消费者的态度和行为。

中国化的过程意味着要修改西方的产品和服务，使其具有中国特色。这称为本地化。一些全球最大的公司开始理解了这种观点，并在中国享受到由此带来的越来越多的成功。例如，全球喜爱的愤怒的小鸟的手机应用 在2011年推出了 中国的中秋节版，又在2012年推出龙年版。对于愤怒的小鸟的制作商，罗维奥公司，中国已经是第二大市场，并要在将来迎接更大的增长。罗维奥的合伙创立者、现任首席营销官，彼特·韦斯特巴卡说，“中国有很大的发展潜力，但更让人兴奋的是有机会开设创意专卖店。这是虚拟生活和真实生活的结合。对于中国这是第一次，对于我们的中国粉丝们也是件激动人心的事情。”公司正在计划官方商品的零售战略以打击目前在中国已经普遍、猖獗的盗版产品。[17]

另一个重大变化是跨国公司看待中国消费者的方式——多样化。坦白地说，中国消费者总是如此。但是，如前所述，中国1978年首次开放后许多年中，消费者单一化的“中国市场”观点相当流行——仅有少量的细分尝试，如针对独生子女家庭的“小皇帝”。此外，注意力随后专注于所谓的一线城市，如上海、广州和北京。那里购买力是最高的。过去五年里，越来越多的公司将二线城市作为目标。这些城市多数位于内陆，远离东海岸。在这些更次级城市销售是一种西部大开发的战略。

现在，中国的新富人们遍布各地，一线，二线城市的市场已经饱和。奥运十年的新阵地是三线、四线、五线城市，甚至延伸至农村地区。这些更次级城市，数量上更多，地理上更加分散。三线到五线城市的人口是一线、二线城市的两倍多，大约是2.34亿对1.18亿，GDP分别占43%和34%。此外，这些消费者的年薪只有一线，二线城市的一半左右。[18]在这些更次级的城市中，新富裕起来的人们看到一线和二线城市拥有更好的生活和产品，也想拥有同样的生活和产品，因此消费会迅速增长。

新的中国营销战略为中国化和去更次级城市进行西部大开发。这将使跨国公司获得巨大成功。并且，这些战略并不是相互排斥的。跨国公司想要在这些新市场成功就必须在中国经营活动的每一部分遵循中国化战略——本地化管理流程、产品和服务，生产更适合中国消费者口味的产品。尤其是对这些更次级的城市，跨国公司还必须改善其分销和供应链，以便与那些已经拥有忠诚零售商支持的本地中国竞争者更有效率地竞争。对于很多制造商，这可能意味着他们未在其他市场使用的战略，如电视购物、制造商自营商店及设计适合当地市场的低价版本的产品，等等。

总结：中国的经济增长引擎

中国的三大增长引擎是出口、外商直接投资和开发消费市场。其中，出口和外商直接投资历来是最重要的，而在未来，消费市场的增长是中国持续发展的关键：

出口 从中 国出口仍然是一个可行的商业机会。中国的出口尽管速度会慢一些但仍在增长。这说明在中国经营出口导向型企业仍有机会。这包括采购、合同制造（OEM）、组装甚至是全套产品的生产，如在中国的合资或独资企业目前所做的。

外商直接投资 外商直接投资的趋势是在城市投资更清洁、资本密集型的高科技制造业；在中国西部地区投资技术含量低的劳动密集型的制造业。服务行业的投资则适合所有地方。

消费 中国的国内市场正在快速增长，消费者会为了受社会尊重而购买高品质产品。特别是在大城市，有品牌意识的消费者看重质量和品牌。而中国新的购买力大部分集中在农村和更地级城市。在中国国内市场销售时，应根据本地化的营销特点，对销售者进行细分，以获得最佳的结果。

中国所有这三大增长引擎将持续发挥作用，推动整个国家进入未来。

第二章

推动力

“识天下时势者，为俊杰。”

如前一章所述，中国的经济增长引擎是出口、外商直接投资和国内消费。他们对中国保持增长极为重要。中国正努力走出对出口和外商直接投资的过度依赖，使消费成为其主要的增长引擎。

然而，中国不能只是简单地关掉其他经济增长引擎，它们对于平衡增长和预防经济硬着陆仍然至关重要。出口行业的突然减速或投资的大幅下滑可能会导致经济硬着陆。

然后就是推动力。就像车子上的涡轮增压器，中国经济增长引擎上的涡轮增压器，爆发出巨大能量，推动经济向前。

推动力是：反向全球化、中国人的决心和蛙跳式发展。

天时地利人和

为了理解为什么这些推动力现在已经出现，且对中国的经济增长有着巨大的影响，古老的智慧可以为我们提供一些线索：天时地利人和。

这句话以中国特有的诗意的简洁描述了在天时、地利、人和的情况下，中国正如何享受世界历史上最大的机会。

● 天时

全球化给中国带来了繁荣。这个世界似乎正处于无拘无束的全球贸易时代。这并不是没发生过，托马斯·弗里德曼在《世界是平的》一书中描述的全球化阶段显示，“一战”之前，同样出现了经济扩张、贸易与繁荣的特征。迄今为止，全球扩张即使不总是，但也可以经常体现出从西部流向其他地区的特征。

早期的殖民权力常常是西方欧洲国家将其势力延伸到非洲、南美和亚洲。亚洲唯一的殖民势力日本，也许算是一个例外，但它仅在19世纪60年代后期的明治维新时期才采取了许多西方式的做法。

20世纪中期，全球组织如联合国、国际货币基金组织、世界银行和关税及贸易总协定体系（世界贸易组织的前身）是由西方领导的西方强国及“二战”的胜利者，包括中国和苏联所建立的。直到今天，这些组织绝大多数的表决权和权力仍被最初形成这些组织的主要西方强国所控制。

在最近几十年里，甚至是开放市场、贸易和投资的现代方式仍由西方的思想所决定，比如所谓的华盛顿共识，并在国际货币基金组织和世界银行的支持下实施。这些体制与思想有时会强加于其他国家，但有时也会受到其他国家的欢迎。

如果有一个转折点，一个决定性的一年，西方向其他地区灌输的思想不再是一个合理的、可接受的思想，那无疑是2008年。那一年，比以往任何时候都适合中国出现在世界舞台。它既是中国奥运十年的开始，又是西方特权和道德优越感的结束。这一切都开始于全球金融危机。

● 地利

中国可以说是受全球化影响最大的国家，也是最大的受益者之一。没有别的国家如此欣然地欢迎国外制造商，也没有另外一个国家受益如此之多。在邓小平改革开始后的短短30多年中，中国已取得了非凡的进步。

值得指出的是，1978年以前，同其他许多亚洲国家相比，中国是一个封闭、落后的国家。在从20世纪60～80年代早期的亚洲全球化浪潮中，日本作为一个出口大国而崛起，然后是四小龙——韩国、新加坡、中国香港和中国台湾。中国成为适合制造业外包的地方。这不仅是邓小平的政策的结果，也是因为从20世纪80年代开始，发达的西方经济体，比如美国和西欧国家，加上日本和四小龙，由于本国的劳动力成本上升，开始寻找低成本劳动力。中国拥有大量的廉价劳动力，其地理位置位于亚洲的中间，沿海地区向投资和出口加工开始开放，很好地符合了成为下一个世界工厂的要求。

● 人和

最后，人和指的不是人的自身。中国人当然与其他人没有什么不同。人和指的是中国社会和文化的特点，它们使中国人口成为自1978年以来中国崛起的一个重要因素。这些因素包括巨大的绝对数量的人；这些可以在驱动出口经济的制造业岗位工作的人；这些人当中有很多愿意长途跋涉来异乡工作和生活，进而加快了中国城市化进程；以及那些先富起来人的决心和乐观精神使他们之后成为中国消费者中的主要力量。

是什么激励着中国人远离家园，努力工作，超越别人，实现事业的成功和个人财富的积累呢？有什么独特的，未在其他文化中出现的文化原因呢？尽管这样的断言很难或者根本无法证明，但也许结合传统的儒家价值及共产主义体制下20世纪50年代和70年代的动荡历史事件、20世纪60年代和70年代的“文化大革命”、20世纪80年代的改革，我们可以找到答案。每个时期都带来了巨大的变化，中国和中国人民需要不断地适应。现在，在相对开放的经济中，中国人民渴望在世界最大消费者的排名中找到自己的位置，这将驱动一场向具有中国特色的繁荣奔驰的盛大竞赛。关系、相互支持，以及企业精神都将为之助威加力。

天时，地利，人和是这些推动力（中国经济增长引擎和经济超级趋势的加速器）出现的基础。

三大推动力

中国增长引擎，有一些在世界经济中已经是最强大的引擎，而中国增长引擎的推动力的概念似乎显得小题大做。事实上，中国有三种这样的推动力。每一种推动力不仅放大了这些增长引擎的效果，也放大了这些超级趋势的效果。它们分别是反向全球化、中国人的决心和蛙跳式发展。

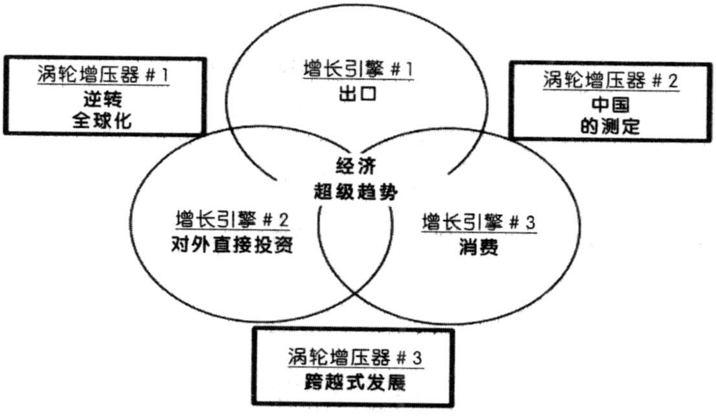

图7 增长引擎、推动力和超级趋势之间的关系

来自于中国的反向全球化

反向全球化是第一个推动力。它指的是中国经济和利益新的扩张方向，是第一章中谈到的几个增长引擎以及本书后面谈到的超级趋势的基础。全球化是由外向内地影响，很多所谓的西方思想被带进中国，而反向全球化将是一种由内向外的力量。

最初由外向内的全球化是由西方国家主导的，指的是市场开放和对外贸易扩展。第一个全球化时代发生在19世纪和20世纪初期，直到第二次世界大战。“二战”后，一个新的由美国领导的自由世界形成，但这并非我们今天所定义的全球化，因为自由世界并不意味着开放的市场。自由世界的重要对手，苏联和中国，已经形成他们自己的与共产主义相关的国家阵营，很少与西方交易。全球化只是在1978年中国开放和1991年苏联解体后才再次实践。这两个事件在资本、制造和技术市场互相连通的推动下，使得贸易几乎发生在任何地方。

19世纪第一次全球化是由殖民列强所决定。第二大规模全球化进程开始于20世纪80年代，它又主要取决于西方国家、组织和协议，包括七国集团经济合作，经合组织，当然还有关贸总协定及其后来的化身——世贸组织。全球化的第二阶段，美国市场成为所有新兴经济体都想分享的盛宴。

全球化下一阶段，开始于金融危机发生及中国奥运十年开始的2008年。这次将由中国所决定。套用电影《卡萨布兰卡》中的一段台词：也许不是今天，也许不是明天，但很快及我们所剩下的生活，中国将是其他所有经济体想要进入的国家。中国由于其规模和日益增强的实力将有能力决定新的游戏规则。反向全球化不仅仅是全球化的扩张，而是从由西方主导的模式转向成为由中国主导的模式。

● 中国反向全球化模式是什么样的

当中国已经获得足够的市场支配力——将在奥运十年里，同样如此——

全球化将从根本上发生改变。从贸易到市场，到人民与文化的流动，所有这一切将反向运转，从由西向东，变成由东向西。

反向全球化推动力的其他特征还包括：中国将成为许多产品的净进口国；货币变得更加强势，在全球范围内可以兑换。中国还将成为文化、语言和思想的出口国。世界将好奇且渴望追求中国方式。中国在全球组织的角色从追随者变成领导者。但可以肯定的是，它并不会孤单，它的地位将会受到挑战，美国不会温和地说再见。此外，反向全球化推动力并不预示着地缘政治冲突，而只是文化或社会准则之间的竞争扩大化。它可能会改变贸易的方式，而不仅仅是流动方向。中国在认识到多哈回合贸易谈判不能解决发展中国家担忧的问题之后，似乎更善于使用世贸组织的机制保护自身的利益，并更选择性地运用世贸组织的这些原则，如避免使用世贸组织设计时已经部分剔除的双边协议。

中国已经证明，除了进入最大的市场（主要是美国和欧盟）之外的情况，它不需要世贸组织。对于许多其他市场，中国正寻求双边贸易协定。就东盟来说——它可能会成为多边贸易集团的一员。这些双边和多边贸易协定使世贸组织过时的同时，也增加了中国的市场力量。

当中国本身的人口已超过美国、欧盟和日本人口总和时，中国仍然需要美国市场3亿多的消费者吗？中国的消费，如在中国增长引擎中所谈到的，仍远低于发达经济的水平，可能不会高到足以完全与全球经济脱钩，但依赖性将降低。可以肯定的是，贸易方向的改变不会一夜之间发生，但它会发生在奥运十年之间，并且随着中国变得更加成熟和富裕，而走得更远。

● 从外商直接投资到中国直接投资

在反向全球化推动力下改变方向的另外一个增长引擎是外商直接投资。今天的中国已经是世界上接收外商直接投资最大的国家，但在未来它将以海外直接投资的形式成为全世界最大的资金输出国。随着中国公司在13亿人口的市场发展和繁荣，它们的资产将会增长；估值上，它们占世界财富 500 强或全球 1000 强公司的比例会高得多。随着中国人民币的升值，这种影响将会成倍增加。基于国内市场的实力和规模及攀升的股市，它们的投资力量将会增加。就像 20 世纪 80 年代的泡沫经济期间，它们对日本公司所做的。中国 3.2 万亿美元的外汇储备已通过其主权财富基金购买海外资产；用不了多久，私人公司将会更成功地做同样的事情。全球金融危机之前，不少国家的政府出于国家安全的原因（因为收购公司通常是中国国有企业）拒绝了中国公司的许多投资。2012 年，环境已经改变。尽管在美国，国家安全问题依然压倒所有其他理由，但许多其他国家现在欢迎来自中国的投资。这些投资提供了金融救援，减轻了危机的长久影响，拯救了持续下降的国家竞争力。到奥运十年结束时，曾经拒绝中国投资的国家将会急切地、争先恐后地寻求中国的投资。使反向全球化成为富裕化超级趋势最重要的推动力之一。

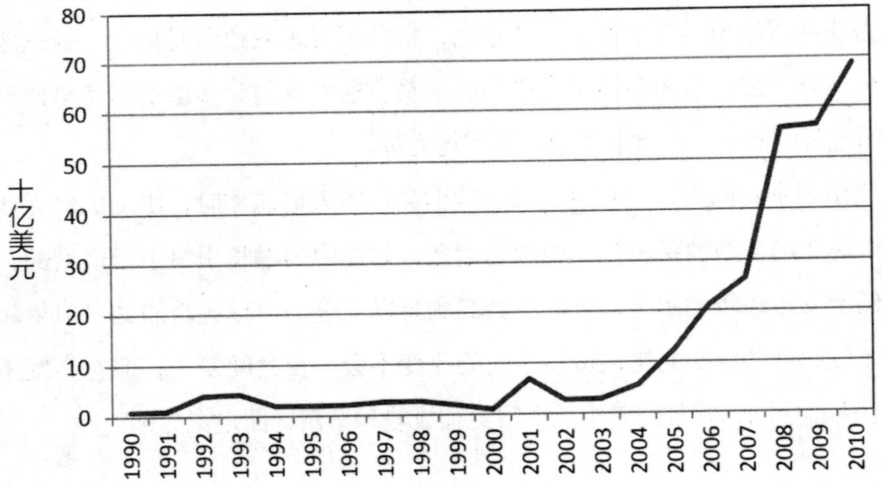

图 8　中国海外直接投资，1990—2010

● 人和文化从中国流出

全球旅游业将会看到反向全球化的影响。2008 年，奥运十年开始之年，

《未来中国的超级趋势》曾指出，中国旅游的繁荣即将到来，要想从中获利，公司应开始投资于市场营销和中国游客的客户服务。中国游客在 2011 年已经是最理想的奢侈品消费者。在许多海外目的地，如澳大利亚、法国和英国，中国游客的人均消费是最高的。未来，出国的中国中产阶级游客将成为主要的经济力量。在人民币升值的推动之下，将有更多的游客拥有充裕的现金。

在不远的过去，发达国家担心中国人来到他们的国家只是为了非法移民。他们一有机会就脱离旅游团，跑掉做洗碗工和服装工的工作。现在这种景象已经完全变了：世界各地的人用旅游签证来中国非法工作，而中国游客到中国香港、伦敦或纽约将一个个奢侈品专营店的库存抢购一空。

聪明的国家将开始拉拢中国游客，用新的直航吸引他们。2012 年 1 月，美国总统奥巴马宣布简化签证程序，以促进美国当地的旅游经济和就业。以下数据能让我们对此规模有所了解——美国驻华大使骆家辉称，2011 年处理了 100 多万赴美签证，比去年同期增长 34%，批准了 90 万份。

同样在 2011 年，日本也开始拉拢中国游客，以拯救危机后福岛附近的滑雪季。但这并不是说中国正在追逐廉价；日本旅行几乎对于每个人仍是昂贵的，但中国人口袋里有钱，只是在国内缺少花钱的地方。本系列的下一本书《中国超级人口》将回到这个话题。

中国文化的另一方面是中药走出了国门。尽管在中国以外的地方，对中医的科学证据、质量和疗效仍有争论，但在中国，中医是中国文化的一部分，与西方医疗实践和药物并行。中国正在积极努力通过孔子学院扩大中国以外的中医认知，并欢迎更多的想在中国中医院校学习的国外学生来到中国。最后，在综合疗法得到西医和病人的接受后，中国还鼓励向世界各地出口中药产品。根据中国医药保健品进出口商会的数据，2011 年，中国出口了约 23 亿美元的中药产品，与去年相比，增长超过 36%。最近几年，美国是中国最大的出口市场，但其他大的经济体，比如英国、俄罗斯和巴西，增长率都在每年 50% 左右。

中医不会是中国唯一的主要文化输出，最终将会有成百上千——从风水到杂技的一切事物。2012年，奥斯卡颁奖典礼上，观众们欣赏到中国杂技团的娱乐演出。这次演出给整个颁奖典礼带来了一剂中国风味。中国杂技演员一直是太阳马等西方马戏团的一部分，但此次演出对于中国文化来说并不寻常，因为它被视为是由山东杂技团表演的一次演出。中国文化的影响很快就会无所不在；我们已经在电视和电影里看到它们的影响。

● 文化大使阿宝和加藤

反向全球化的最后一个例子是媒体和流行文化。西方文化和英语媒体仍占主导地位，这样的情况会持续一段时间，但越来越多的迹象表明，中国文化“软实力”正在扩大中国的吸引力。

西方孩子曾经学习日语，现在他们正在学习汉语。还是这些孩子，他们可能过去看过日本动画，比如口袋妖怪，现在他们在看中国制造的喜羊羊与灰太狼。

电影里，成龙和李连杰曾经在功夫角色中以独特的中国人面孔占据了银幕。今天，西方观众在看一个更老练、更多才多艺的中国演员时，可能根本没有意识到这一点。例如，最近在《青蜂侠》系列电影中联合主演的台湾歌手和演员周杰伦，或《谍中谍3》和《尼基塔》第二部翻拍电视剧中的Maggie Q，都是走向世界的中国明星的最新例子。Maggie Q自己是一个亚洲/西方混血的美国人。她成功地利用了她在香港电影和媒体中的东方名气，而非其他方式融入了西方文化。中国内地演员也更频繁地出现在国外发行的电影中。章子怡和巩俐已主演了许多由张艺谋导演的中国电影。巩俐还联合主演了美国电影《迈阿密风云》，章子怡在改编电影《艺伎回忆录》中扮演日本艺妓。广受欢迎的中国女演员李冰冰将出现在《生化危机：报复》——热卖的生化危机电影和视频游戏系列的最新续集。西方电影中的中国面孔正在增多；中国文化影响的情节主线也同样在增多。这也显示了中国的媒体正在从中国向外传播。

曾经在文化上相当保守的美国电影，正在尝试与中国观众形成联系，有时明显是近乎迎合。它认识到了中国13亿人口未来将推动大量的门票销售。自2008年以来，这样的例子不胜枚举，好莱坞注意到梦工厂的《功夫熊猫》在西方和中国市场的巨大成功后，紧抓此趋势。此后，潮流逆转。一些影片，包括《空手道小子》2010年重拍片，现在背景设置在中国，由成龙联合主演（明显为了成龙的中国功夫抛弃了宫城先生的日本空手道），还有《功夫熊猫》的续集，及许多全球发布的中国电影，如导演张艺谋的《英雄》或最近由克里斯蒂安・贝尔主演的《金陵十三钗》。

不仅仅是中国主题或中国制作的电影在影响中国观众。中国广告也首次进军全球媒体。联想全球赞助北京奥运会，已是众所周知的事情。最近，观众甚至已经看到中国牛奶广告植入《变形金刚3》和《生活大爆炸》。虽然消费者是否会争相从中国伊利集团购买内蒙古生产的舒化奶，仍值得怀疑（考虑到一些中国乳制品企业因品质控制不佳而声誉不好）——《变形金刚3》和《生活大爆炸》的中国国内观众都是数百万。这就是为什么这些渠道被用于产品植入。联想电脑、美特斯・邦威和TCL电视机都出现在《变形金刚3》中，也许以类似方式吸引了更多西方和中国的消费者。

出口名单上的中国电影、音乐、电视和其他文化预计只会增加。中国2012年初宣布了一个新计划，要使文化成为支柱产业，超越成为区域文化的领导者——如日本。中国对支柱产业的定义是，占国家GDP最低5%。因此，按照2011年的水平，意味着文化产业最早在2015年可以贡献2.4万亿人民币。[1]

反向全球化的涉及内容非常广；我们讨论超级趋势时将一章章地谈到这些因素。

中国人光荣致富的决心

第二个推动力是中国人强大的决心，或更具体一些，是中国人取得成功的决心。它是这些推动力中最抽象的，但仍然是非常强大，因为它直接进入了许多中国公民信仰系统的核心。

当然，提到成功和赚钱，没有什么神奇的公式。这种感觉并非中国人独有。但是，在今天的中国，至少有一个坚定的国家决心。几乎每个人，从共产党政府到数百万的家庭主妇都决心致富。这种氛围要比邓小平的名言——“致富光荣”出现的更早，而且也肯定早于毛泽东从1949年到1978年的共产主义实验。事实上，它早已是一个自古以来的中国特点。

● 中国人的决心的起源

我们知道，在前工业时代，距今约2000年，中国商人已经来往于丝绸之路，把茶叶、瓷器、火器和其他产品带到欧洲。在距今600年里，中国在整个南海和郑和的航海路线中积极从事贸易。现代中国的成功部分归功于这种凝聚力。时到今日，中国的致富和成功的决心比以往任何时候都更强烈。

● “竹网”

在历史上，中国人散播到世界各个角落，形成一个无与伦比的华侨网络。经常保持着本身的民族和文化身份。几乎在世界各地的大型城市里都可以找到唐人街。

的确，这些侨民组成了海外飞地。这些飞地不仅仅是互相之间的贸易平台，同时也作为支持网络提供帮助、贷款和合作。许多华侨社区有很多例子显示了中国人的创业热情。他们当中许多商人是1949年毛泽东领导的共产党夺取政权，成立中华人民共和国后，逃离大陆的中国人。

其中的一些商人最后到了附近的中国香港，或更远的地方，马来西亚、印度尼西亚和泰国。他们成为成功的企业家，并在 1978 年后，将资本和技术带回自己的祖国。穆雷韦登鲍姆和塞缪尔·休斯在他们的书《竹网：移居国外的中国企业家是如何在亚洲创造一个新的经济超级大国》中描述这一现象。由于长久的家庭纽带、共同的语言和共同的文化背景，这些海外华人通常更有能力从与大陆新的业务联系中获益。

华侨，由代表中国和生活在国外的人构成。换句话说，中国人可能在国外，但他们仍然是中国人。他们生活在中央王国之外，却仍然保持他们主要的中国特性。

“竹网”和华侨保持着原有民族关系的概念意味着在其他条件都相同的情况下，马来西亚华侨在附近的福建或广东省做生意可能比一个白种美国人运气更好。无论在海外几年或几十年口音变得多重，只要讲某种中文方言，则民族关系会进一步加强。保持中国人身份的渴望是中国人决心推动力决定性的因素。对自己以及自己孩子成功的渴望则是另一方面。

耶鲁大学教授蔡美儿（华裔人士）的新书《虎妈战歌》说明了中国人的决心和成功的文化驱动力并不取决于地点。研究表明，美国学校体系中亚裔儿童的分数略高于白人，明显高于非裔美国人。我们不用争论是先天还是后天的原因，事实是：在中国，许多父母都同样痴迷于孩子的分数。考试成绩仍极大程度上说明了各地中国父母的决心，即希望自己的孩子有更好的生活。这些价值观来自于哪里呢？

● 现代中国的儒家价值观

出生于 2500 多年前的哲学家孔子对现代中国社会仍有很强的影响力。特别是当涉及所谓的儒家家庭价值观时，尤其如此。这也可能是中国人决心为下一代的成功而甘愿牺牲的坚实基础。

儒学强调仁慈和善良，等级社会的重要性，尊重家庭和长辈，获取知识和智慧的力量。儒家价值观无疑帮助了传统家庭保持强大，战胜苦难，如每年洪水、干旱和饥荒的风险。这些被人们所困扰着的是中国文明摇篮的黄河流域。频繁的灾难迫使其居民进入不断的适应和复兴的过程：遵循儒学戒律意味着面对问题时要接受和坚韧，即使身处悲惨的处境之中。

可以这样说，大自然捉弄了中国。她将所有主要的能源地都远离最适易居住的地区；给予这个国家第三大陆地（面积上，几乎与美国相当）却使它缺乏耕地。因此，中国可以被称为是资源贫乏的国家。在古代，人们总是担心下一餐在哪里。洪水泛滥、旱灾炙烤。历史上，这个国家有过军阀和内战，从而在人们当中形成文化实用主义及对变化环境的适应能力，并且，也许最重要的是变化中唯一稳定不变的家庭价值观的根源：家庭成员团结在一起，互相扶持。这适用于家庭的层面，但在儒家思想中，五种重要关系中的第一条，君与臣之间的关系则是另外一种情况。

整个中国文明的早期贯穿战争、自然灾害以及官僚腐败，中国人认识到货币财富是短暂的，因此个人或家庭唯一能够握住的真正财富是教育。教育是一代中改变家庭结果的最好方式。这一原则今天继续决定了中国人对成功和决心的很多思想。

尽管毛泽东在“破四旧”中试图清除儒家思想的的影响，[2]但这一哲学已经再次出现在现代中国的方方面面，从激烈的讨论、流行电视节目上的重新诠释和最畅销书到颂扬“儒家管理”美德的企业培训。CEO花大价钱在商学院参加工作场所应用儒家理论的讲习班（“要对工人严厉，你是一个父亲形象……”）。

● 教育第一

家庭价值观也被深深嵌入了儒家思想。如果严格遵从儒家思想，一般包括孝顺和祖先供奉。更实际地说，这也有助于解释为何中国父母注重于教育，将其视为子女的成功之路：只有投资于对下一代的教育才能确保有后代给你扫墓。

孩子被教导将学习视为成功的方法。简单生活，节约存钱以求富裕，但是最重要的是，不应把物质财富看得比家庭关系更重要。父母起早摸黑地辛苦劳作，节省每一分钱，而他们的储蓄却慷慨地用于教育孩子上面。

中国家庭现在可能会花费更多储蓄将他们的孩子送到他们可以负担得起的最好的学校，甚至借钱支付国外的教育费用。这样的中国父母在孩子年纪很小的时候，甚至刚刚开始上幼儿园，就为孩子设定好目标，是去上耶鲁还是牛津。

● 社会和谐中一起工作

有人可能会说，大多数中国人儒家文化的共性给予了他们内在力量和方向，从而能一起工作，完成他们国家发展的共同目标。中国政府称此发展为和谐社会的发展。而其他国家的人民，也许正如吉尔特·霍夫斯塔德或弗恩斯·特朗皮纳斯的跨文化比较研究的理论中所述的，由于他们更偏向于个人主义而非人际关系，因而可能缺乏此种意义上的社会凝聚力。[3]

我们不妨更详细地研究儒家文化价值观对中国数千年文明历史的影响及审视西方人是否可能无法从中学到什么。西方人不应再想当然地假定，中国的发展落后于西方证明了作为一个社会生活基础的儒家哲学是有着本质的缺陷的。

中国政府也表明孔子重新回到社会敬仰的地位。政府在天安门广场靠近毛泽东陵墓显眼的位置安放了一座这位学者——哲学家的雕像。而毛泽东为了真正竖立中华人民共和国至高父亲的形象，曾尝试过清除他的影响。

孔子形成了中国人的推动力的核心。我们也可以在反向全球化推动力中找到孔子的身影。他是中国软实力在海外初步尝试的一部分。孔子的名字现在用于孔子学院。世界各地开设了此文化交流和教育中心，传播中国的语言教育和文化意识。学院对于大多数人来说，共产主义味道太重。学院并不免费，但中国提供了大量补贴，将其作为非营利组织进行运作。到目前为止，全世界一百多个国家有设立数百所学院，仅在美国就有350所。[4]

显然，中国社会的决心和政治意愿如此地统一，一些国家可能会羡慕由此带来的积极面，整个人口的大部分人都按照国家、社会、公司、家庭和个人的顺序注重它们各自的成长。其他国家可能害怕这样的一个系统，认为这只是展现了过于有效的宣传和被压抑的个人自由。然而，对中国来说，此系统不得不面对许多中国末日预言家对中国不远未来所能看到的那种不稳定事件。顽固的中国末日预言家、《中国即将崩溃》的作者——章家敦，在其关于现代中国会在2011年崩溃的言论证明是错误之后，又说中国将在2012年崩溃。中国越来越坦诚其政治和社会系统中存在的内在问题，从而避免了突然的坍塌，诚然它已无法再假装问题不存在了。

● 致富消极的一面

成功、光荣致富的巨大压力也带来了一些社会问题，其中最大的的问题是贫富分化。另外还有一些次要的，但同样重要的是与法律规定范围之外的和非法活动有关联的社会问题（即为了致富不择手段）；缺乏透明度（即因为担心财富会被人拿走而隐藏真正的成功和财富，以避免税收等社会贡献）；在超大项目中（即更大增长或更不景气），官商勾结；剥削工人（即从公有社会的自我牺牲转变为个人的贪婪）。中国如何解决与社会成功决心相关的这些问题将决定是可持续的成功还是短期的成功。

因此，中国经济的快速增长和来钱容易的诱惑将会伤害到社会，但是仍然不缺愿意下海的中国人。

但是，高速行驶会磨损车子的轮胎。在中国，企业家和普通员工都是轮胎：经济向前急冲时，他们吸收磨损；经济走下坡路时，也是他们首先感受灼痛。

尽管中国人的决心可能导致一些社会负面影响，中国政府已意识到这些影响，甚至在其最近的两个国家发展规划中将均衡发展定为规划的核心主题。中国人的恢复能力和中国公司在全球竞争中的实力很大程度上归功于现代中国人的决心。

● 现代中国人的决心的特点

从全球规模的事件，如奥运会和世博会，从世界最大的公司，从新富企业家，今天的中国自始自终有一种成功感和对未来的乐观。

中国拥有56个民族和数百种语言和方言，因而不能被视为拥有同质性的文化，然而他们拥有共同的决心、创业动力及对教育和帮助下一代超越父母的重视。这一切集中在一起，形成了一种共同的文化意志，即无论经历什么困难都要成功。

就像在《虎妈战歌》中的一样，中国人几乎从不允许自己的孩子把宝贵的时间不放在学习上，而放在漫无目的的玩耍上，或者为了挣一点钱做一份没有未来的兼职工作。父母们宁可自己加倍努力工作，多挣一些钱，以确保满足孩子的各种需要和创造他们未曾有过的机会。中国的父母甚至祖父母在公共汽车或火车上会让孩子坐自己的位子以便孩子得到更多的学习休息时间。不幸的是，父母们的这种决心可能会宠坏孩子。这些孩子在以后会发现很难独立工作或生活。

整个中国社会，这种对教育和知识的渴求是显而易见的。每年有近700万的大学毕业生；中国硕士和博士课程泛滥，成千上万中国学生出国留学。就业市场上，中国人的简历往往是一箩筐获得的证书。另外，还有数百万人学习各种可以想象到的流行技能，参加此类技能的考试，以比别的申请人多一分优势。这或许会使之得到更好的工作机会。俗话说，如果你是中国的百万分之一，那就有1300人像你。

中国的书店任何一天都挤满了人，挤过道的，坐长凳的，靠墙的，任何可以看书的地方，都有人在嘈杂的零售环境中每次花上好几个小时获取知识。中国政府长期以来使用书店传播信息，最大的连锁店是新华书店。而新华社则是一个由政府控制的传媒集团。这个国家的很多官方新闻都由新华社发布。

新的连锁店总是如雨后春笋般出现。上海最大的书店，上海书城，走道上挤满的不是吸收毛泽东思想的年轻共产党员，而是今天寻求信息的年轻人。他们希望通过这些信息在学校或人力市场上占有优势。

这意味着书籍、博客和其他信息媒体是中国增长最快的一些行业。决心推动力是本书稍后所述的城市化和富裕化超级趋势背后的驱动力，也是本系列第三卷《中国超级政治》中重要的一个主题。

● 中国国家决心的最新考验

当中国在某些方面受到威胁时，中国人民以牢不可破的民族主义团结在一起，有时对外有负面的敌意，但也充满内在力量。

2008 年 5 月，中国四川地区发生里氏 8.0 级地震，造成 70000 多人丧生，数百万人无家可归。那是自中国 1976 年导致 240000 多人死亡的唐山大地震以来最大的自然灾害。四川地震发生后，现代 的中国人民前所未有地团结在一起，给予了受灾地区空前的支持和援助。他们进行了一系列的捐款活动。很多是采取挨家挨户筹集的方式，并将捐赠的金额张贴在小区的显眼位置。这些活动筹集了数十亿元捐款。这种方式也许分摊了负担，增加了团结感，但或更具嘲讽意味的是，这种方式迫使其他人捐得更多，否则会在邻居面前丢脸。

对中国来说，因为主办奥运会，中国人的民族精神在 2008 年尤为强烈。在经受英国和法国等国家对火炬接力的抗议后（许多人将其解释为抗议中国对 2008 年 3 月西藏骚乱的残忍应对），中国人民团结起来，对法国家乐福等外国公司施加报复，支持奥运精神，并在火炬接力在其他国家继续进行时，保护火炬手。

在某一时刻，数百万中国人同时改变了他们 MSN 聊天工具上的显示名，加上了“我爱中国”，并且那一天不停地粘贴心形图标，也许是为了纪念奥运会或提醒永远不要忘记这些抗议高峰期间中国所感受到的荣誉或耻辱。

其他国家很难复制这种民族自豪感。例如，在希腊，一般人会臆断政府是腐败的而起身抗议，而大多数中国人知道政府是腐败的，但只要政府仍然被认为是代表人民整体利益，就决不会想到抗议。

中国的民族意识可不是闹着玩的，当外国政府和组织做出有损中国颜面的行为，伤害中国人民的感情经常是中国外交部使用的外交警告语。共产党利用民族主义和假想非中国国家、公司和个人（尤其是来自西方发达经济体）对中国进行迫害来巩固其支持及证明其授权统治的正当性。[5]

当面对中国经济时，中国这种团结感和民族主义肯定会驱动未来持续的增长和发展。如果其他两个推动力是理性的，这一个必定是感性的，使其成为最有强大激励作用的推动力。

蛙跳式发展

第三个也是最后一个推动力是蛙跳式发展。由于中国既是个发展中国家，按照绝对值，又是个相当富裕的国家，这种独特的地位，使其能够跳过旧思想、旧规则、旧技术，和旧基础设施。

● 绕开旧技术和旧基础设施

能够跳过旧技术和旧基础设施对于中国来说不是一个新现象。前面讨论中国人的决心时，我们提到，在过去，中国在几乎从不间断的自然灾害、征服者入侵和改朝换代后不得不重建、调整和重新自我定位。近代，它不得不应对殖民主义、内战、政治和经济意识形态的巨大变化。这些使破坏性变革成为一种历史常态。

因此，尽管中国在1800年之前都是与世隔绝，而现在成为全球领导者，绝非是个巧合：千年来，它创造自己的方式，用技术进步解决问题。它创造的工程奇迹包括大运河和长城。它甚至是第一个使用集中发行的法定货币——

纸币代替实物黄金或其他贵重金属的地区，这也使它在经济上更加强大。

1949 年成立中华人民共和国之后，由于依赖苏联共产主义时代的技术和方法，中国的技术和基础设施有所停滞。中国唯一的优势是，经过近 30 年的内战、日本占领，和“二战”后，中国几乎是一张白张，是一个随时准备好现代化的农业社会。

● 毛泽东现代化的失败

1949 年，中国是一个农业性的社会和经济体。这意味着需要现代化的规模非常巨大，前所未有。最近的一个例子是苏联。它形成于十月革命和内战后的 1922 年，但它的情况与中国的有很大的不同：俄国很久之前就已经现代化和工业化，而且人口远远没有中国当时的规模大。虽然中国是一张白纸，但在中央计划中犯了很多错误——有一些是灾难性的——其中包括失败的“大跃进”和“文化大革命”。[6]

结果是，很多应该发生在共产主义时代的现代化断断续续地发生，并受限于信息不对称——中央政府不清楚每个省和地方城镇在做什么，反之亦然——资源分配效率低——为中国这样规模的经济作计划结果比任何人想象的还要复杂。换句话说，中央政府已经收到的数据（如果全部可以获得的话）可能已被故意夸大或延迟了数周或数月。对于中国来说，为这样一个庞大而复杂的经济体设计如何分配资源的中央管理系统甚至比苏联的还要困难。

长达十年的“文化大革命”最后混乱的一年，1976 年 9 月，毛主席去世，中国的命运顿时波谲云诡，种下第一批改革的种子。更为温和的周恩来在 8 个月前就已经去世，毛泽东去世时，毛泽东的副手王洪文和毛泽东的妻子江青——统称为“四人帮”——很快攫取了控制权。如果他们一直掌权下去，则中国又要倒退一步。但很快，忠诚的、支持毛泽东选定的接班人华国锋的军方人士粉碎了“四人帮”。新的领导阶层重用了流放中的邓小平，而当时，中国的经济仍处于混乱状态。邓小平巩固了自己的权力，并在 1978 年开始了决定命运的经济改革和现代化。这一次，改革不会失败。

蛙跳式发展推动力意味着中国无须公众的意见就可以建设全新的基础设施。其中央政府的稳定意味着更容易、更快速地实施规模在过去无法想象的长期项目——如三峡大坝。中国的发展已经在飞跃前进，绕开了更陈旧、技术性较低、昂贵的做事方式，而采取了更新、更好的方式。

例如，中国建设了新的运输基础设施，包括铁路、公路、港口和机场，都是目前世界上最新、最贵的设施。在过去10年中，中国就已开始着手建设大小和规模类似于美国艾森豪威尔总统1956年倡导的州际高速公路系统项目的几个项目。另外，中国正在同时建设省际高速公路和高铁网络。

中国现代经济最大、最重要的附属之一是电信基础设施。在这里，蛙跳式发展推动力也给中国带来了明显的优势：如前所述，固定线路电信上有大规模投资。今天的中国拥有手机和移动网络。中国人民在三个全国性的3G网络上使用数亿部手机，覆盖范围简直可以达地球的尽头——甚至珠穆朗玛峰都有移动电话基站。中国也在很大程度上跳过了拨号互联网接入。除了大量投资城市无线网络，还投资ADSL、电缆和光纤网络传输等设施。

本书有几章体现了有关技术和基础设施的蛙跳式发展推动力。此推动力对思想的变化也至关重要。

● 跳过旧思想、旧规则和旧文化

蛙跳式发展也适用于对跳过旧思想、旧规则和旧文化的认识。这让人回忆起毛泽东曾经尝试破除文化、风俗、思想和习惯这四旧，但最终失败。他认为，放手过去是彻底地、不可逆地实现中国现代化的唯一途径。思想上的蛙跳式发展体现得最为明显的地方莫过于中国领导层的想法。

今天的中国，在中国主要阶层的各个方面可以看到意识形态上的巨大差异：

环境 中国正在采用一些世界上最富挑战性的清洁技术。其规模不仅使中国成为使用上的世界领导者，而且也是生产上的世界领导者。从全球变暖及污染上的立场到电动汽车和高铁上的国家投资，中国的领导者们——许多是工程师－今天已迅速采取最激进的战略。他们应该如此，因为中国目前是这个星球上污染最严重的大型经济体之一。

货币政策 中国的人民币从国外不能使用的争议货币到通过货币互换协议成为世界上最想要的储备货币之一。随着各国排队获取对中国货币的储备，人民币的地位和实用性也随之提高。

投资 数十年来，中国公司在海外的直接投资始终有所限制，而中国最近已改变了方向，打开了水闸，并通过4000亿美元的主权财富基金成为世界上最大的投资者。它还允许中国公司（特别是国有企业）在石油和天然气等自然资源及对中国经济持续发展至关重要的技术上进行更多的收购。

贷款 中国还使用其外汇储备以债券购买尤其是美国国债的形式，借钱给别国，而在不远的过去，它经常是接受援助的国家。从债务人向债权人的转变发生得异常迅速。

贸易 既然中国的市场很受欢迎，因此中国正从全球贸易政策转到地区多边或双边政策，根据具体情况与各个国家打交道。

蛙跳式发展推动力使中国不但有机会赶上西方，而且有机会超越许多背负着旧体制及旧做事方式的发达国家。

总结：推动力

这一章介绍了中国新经济的三大推动力。这些推动力对中国经济增长引擎的作用，就像涡轮增压器对车子的作用，从相同的引擎生成更多的动力。中国的推动力实际上增加了中国增长引擎的力量：

反向全球化 中国经济将开始由内向外扩张。中国文化、人民和投资越来越多地设法移往境外，从而影响世界其它地区，并逆转了之前的全球化趋势。

中国人的决心 此推动力对于推动中国企业拥有全球抱负极为重要，所以不要低估中国竞争对手或消费者，他们往往抗拒不支持中国的品牌和公司。

蛙跳式发展 中国有能力跳出旧技术、旧基础设施和旧做事方式，能够采用最佳的解决方案来超越发展较慢、不能或不愿与时俱进的国家、组织和公司。

这些推动力也将放大对超级趋势的影响。

第三章

中国路线图

中国五年计划

大多数驾驶员如果没有路线图不会考虑长途旅行，以免最终迷路或走错方向。1949年中国成立新的共产主义政府时,借用了苏联的路线图。但是，一旦这个伟大的舵手，毛泽东，形成了自己的风格后，就不愿意使用别人的路线图了，并且当他的苏联顾问关于中国应往哪里去的想法与他的有所分歧时，他就转而反对他的苏联顾问。在经济全球化的今天，中国一直固执地拒绝加入世界自由浮动的货币体系，而且也确实拒绝了自由市场资本主义的很多其他规则。中国自毛泽东时代开始就一直遵循自己的道路。

中国最高领导层的模式可以追溯到几千年前。中国通过1911 年辛亥革命可能已经摒弃了皇朝体系，但不久，又出现了一个新的教父，孙中山，之后，是他的门生蒋介石（他在清政府下台后统一了四分五裂的中国。在上个国内战争中对抗毛泽东，后来战败逃到台湾）。1949年后，毛泽东成为中国的教父，但后来在判断上重大失误，造成大跃进的悲剧。最终，尽管毛泽东去世之前在多数事务上仍掌握着最终权力，但政府不敢把信任完全交到他一个人的手中。

显然，在“大跃进”和“文化大革命”时期，毛泽东的指示是易犯错误的。令国外很多人吃惊的是，很多对毛泽东政策的反省真的发生了。而对于这近 25 年的统治时期，中国政府选择称其总体上更值得赞扬，而非批判。人们认为，毛泽东制定的政策本意是最符合中国利益的，但不幸的是，一些不怎么管用，而另一些则是灾难性的，然而如果没有他带来的这些巨大变化，现代中国也不可能崛起。

邓小平是另外一个教父级的领导人。他试图避免出现毛泽东式的个人崇拜，所以他从未正式接手主席或总理的头衔，却带领这个国家进入一个新的统治模式，即更关注分离计划和执行，设置行政部门，和培养共识—形成了非独裁式的政治过程。中国共产党制定政策，官僚机构实施。虽然在开始的时候，由于党员们是一些官僚主义者，因此这只是一种理想，但今天中国的行政部门，以及其智囊班子和其他顾问也日趋多样化。

因此，自邓小平的时代开始，中国的路线图，即受到日益严格审查的五年计划，成为政府决策的协作环节。然而，五年计划最大的焦点是通过资本主义和社会主义政策，而非共产主义政策，增加中国的财富。

亲商的政府政策

实际上，局外人不可低估，也不能完全理解中国政府政策的作用：中共中央的最高机构，例如中央政治局和常务委员会，是不透明的。最高机构的会议都召开在中南海的高墙之后。中国的出版社通常是国家机关，发布政府希望人民知道的内容，包括通过中国的《中国日报》等英文报纸和在线人民日报等网站，向国外读者发布此类内容。当然，调查性报道的确有，但中央政府的事务和中国共产党的内部工作通常都是禁区：究竟中共是如何做出政治决策依然是迷雾重重。

正如弗朗西斯·福山在《政治秩序的起源》中所说的，中国政治组织最大的特点是组织的国家地位要素。中华人民共和国具有数千年历史的集权控制的制度传统。以前是由历代皇帝控制，有时一个王朝会持续几百年。现在，中国可以说正处于最新的朝代，在中国共产党的庇护下，已经平稳度过了 60 多年。它同样是一个非常稳定的国家，在大型经济体中有着实施变革的无比能力。

中国的政治和市场意识形态

1949 年，毛泽东的跟随者——历经践踏的农民和坚定的共产党革命分子——打败了蒋介石领导的国民党军队。之后，中国的政治意识形态被称为共产主义。直到今天，中国仍将自己的经济意识形态称为计划市场经济，拿掉“自由”两字，绕过控制和自由市场之间的内在矛盾。

在更近一些的时代，问题变得复杂。中国的体制已不再类似于真正的共产主义政府体制，而是将自己描述为追求“具有中国特色的社会主义”。

无论怎样称呼，按照大多数国际指标，中国选择的发展道路一直是成功的：GDP 和收入、识字率和预期寿命上升；儿童死亡率下降。同时，有些问题，像污染恶化、贫富分化扩大和中国西部发展的相对滞后也令中央政府烦恼不已。所以，追求社会主义政策并不完美，但中国政策的效力确实在一个领域尤其光彩夺目：经济。

● 黑猫，白猫：邓小平的改革

1978 年，邓小平决定改革中国经济，消灭贫困，修复毛泽东和曾引领破坏性“文化大革命”的极端原教旨主义者对这个国家造成的其他损害。邓小平，在权力斗争中被清洗之前，曾经是毛泽东的高级副手。他在中国共产党内部精心建立起自己的势力。在 1979 年毛泽东去世后的几年中，

“文化大革命”结束不久，许多被迫下放到农村接受劳动改造的知识分子回到了城市，由邓小平精心挑选，组成新中国共产党的领导阶层。他们将实施邓小平设想的全国性的改革。邓小平一直是务实的改革派。对于他，目标比方法更重要。他表示说：“不管是黑猫还是白猫，只要抓到老鼠，就是好猫。”

首先，政府开始解放农业经济，允许农民放弃集体农业；向地方政府租用土地，由自己管理；在市场上自由出售他们的农产品。虽然中国数亿农民中绝大多数还在做几千年一直在做的事情，但有一些人很快放弃了农业生活，建立小作坊，生产日常必需品，如牙刷、简单的衣服、工具和器具，然后在小摊上，或在街边铺上简单的毯子出售这些产品。有一些农民甚至集资开始生产大型产品，先卖给自己的村子，再卖给其他人。

不久之后，中国首批自由市场生产者开始表现得像自由市场的消费者。当他们攒够了钱时，他们购买黑白电视机、电风扇甚至建造更大的房屋。

国有企业的许多中国工人也决定自主创业：看到投资很快获得回报，商业生活更加刺激，数以万计的国有职工自愿离开工作岗位，或有些因为改制

被迫下岗，决定加入数量日益增多的企业家行列。政府并没有像过去30多年那样控制人们的输出，而是接纳并鼓励他们进入私营企业，因为这将有助于推动经济改革，减轻下岗工人寻找其他国企工作的压力。

尽管毛泽东时代的强硬共产主义导致中国走了30年的弯路，但中国人是精神顽强的企业家。有这样一句话，“10亿中国人，99%做生意，剩余的1%在等待新机会。”

这不是你父辈的共产党

非中国人，特别是西方人，对中国的观点往往有些过时。最近的电影又或多或少加强了这种印象。这些电影有时无意中把中国描绘成落后的国家。如2006年的《碟中谍3》中有一分钟是，汤姆·克鲁斯从现代摩天大楼跳下，一些场景之后，就见他跑着穿过鸡群遍地、有河道、有石桥的街道。这种关于中国的常见刻板印象在国外依然持续。想象中国政府时，许多人想的还是毛泽东和极权主义国家。那些对中国持更为开放看法的人现在知道中国的现状与这种景象几乎是与之完全相反的。

高层领导的选出没有全国性投票？这是真的，但是中国的情况已经有所不同。今天，中国共产党，这个卓越的政治集团已经占据了所有关键位置，政客和官员不再是携带红宝书、以毛泽东的形象训练的机器人。相反，新的中共党员可能是中国大学生中最聪明的精英，有时甚至从中国最高学府如清华北大直接招募。一旦进入中共组织，人们会因其能力、工作努力和创造成绩的程度获得回报；最优秀的领导人被提拔到相应责任的更高职位，在党内的地位随之上升。从这个意义上来说，中国共产党可能被认为是一个精英政治而非民主政治。目前，这种体制正适合中国。在最低级别的政府、小乡镇等，共产党当地的代表可能确实是投票表决，但是更高级别的通常是通过中共中央组织部内部的任命和晋升。中共中央组织部负责监督、考核和提拔党员。

短期内，中国的发展取决于财富的有效分配。正如，25 年前，邓小平曾经说过，“一些人必须先富起来。”那些较早成功的人成为其他人羡慕的榜样，也成为经济的启动泵和消费者。然而，他们当中许多人都是党员或与党员有关的人，他们利用公职，打通关节。经济学家称之谓寻租行为。在改革时期，中国经济在许多方面都是待人来取：国有企业和资产的私有化、营业执照和内幕信息经常与腐败联系在一起 。这已经导致了社会阶层化和贫富分化的扩大。这仍旧是让一些人先富起来吗？或财富的生成是否已走得太远？

共产党对此问题和其他社会问题的态度正在发生改变。理解这些变化最好的方法是审视和比较这些五年计划。

中国隐喻的 GPS：五年计划

没有什么文件能够比五年计划更好地显示中国为未来创建一个路线图的渴望。从 1953 年，中国就已经使用五年计划作为下一阶段发展的前瞻性文件，并自查是否实现前面计划设定的目标。每个计划都进行了大量的思考、研究和讨论，而且几乎在颁布和使用当前计划的同一时间，就开始准备下一个计划。最近的第十二个五年规划，从 2011 年到 2015 年，是全球发布的最可靠的文件之一 。它展现了一个国家的经济、社会、政治和技术的进步将怎样发生。

尽管五年计划同共产主义及中国失败的中央计划经济模式有关联，但其过去 30 多年的经济表现证明了在有中国特色的社会主义的旗帜下，采用此类计划是成功的。

这些计划并不一定与任何一个领导人的政策有关联，而是更多地反映了从中共内部一直到人民代表大会的公民代表及这些代表理论上应该代表的普通人进行决策的完全形态。在实际中，人民代表大会上无论呈出什么草案，都会加盖橡皮图章批准，但是“五年计划”的草案得到了更为广泛的讨论。从1953年，这些计划的主题和内容就是中国经济有力的预报器，因为任何发布的五年计划都必须是一份神圣的文件，只有在中国经济发生重大失败或社会发生破坏的情况下，才有可能修改。

有这样一个例子。1958年到1962年的第二个五年计划被放弃了。毛泽东不满意变化的速度。他想彻底改变中国的农业生产力，加快工业化：1958年到1960年这段时期被称之为“大跃进”。在这段时期及以后，数千万的人死于饥饿。这些计划损失如此惨重，以至于中途被放弃。并在1961年到1965年这段调整期，专注于初始的农业方式。

第三个五年计划是另外一个农业计划。它更多是关注于建立中国的国防能力和基础设施以应对可能发生的冲突。第四个五年计划（1971—1975）和第五个五年计划（1976—1980）计划的重点是中央计划的生产目标。中途超过和低于目标都要频繁地进行调整。

只有第一次改革开放计划，即第六个五年计划（1981—1985）及之后的计划才更加全面地说明了许多经济、社会和技术发展方面的指标，而非农业和工业产量的特定目标。这意味着中国经济与社会更多的方面是可以管理的，包括有争议的议题，比如人口增长。总的来说，它们可以帮助理解中国的经济重点；且可以依据这些计划规划企业和个人的成长战略。

第十一个五年规划：建设和谐社会

第十个五年计划（2001—2005）时期标志着中国经济的一个重大转变。中国从“9、11”后美国及其他市场的经济萎缩和2003年中国境内非典疫情的影响中恢复过来后，增长大幅提速。从2003年开始，经济指标，GDP年增长率达到 10% 或更高。特别是有经济特区的沿海地区，地区经济增长率通常远远高于全国平均数。

这种现象引起了决策者的关注。因而有了第十一个五年规划。第十一个五年规划（2006—2010）的方向彻底脱离了任何以前的计划。它的总体主题是调整经济结构，鼓励更多的农村发展、推动“西部大开发”投资，并使制造业远离较发达的海岸。它也是首次表明了理解转变到以消费为基础的经济体的需要。最后，这五年计划名称改为“规划”而非“计划”，强调了政策目标的宽泛性，并允许其他组织机构和计划文件（如下一节中提到的优先优先投资名单）。

● 和谐社会

第十一个五年规划主要的口号之一是“和谐社会”。这个空洞的词是此规划主要总纲的一部分，成为中国领导人多次重复的词。这个词也被中国网民无情地冷嘲热讽。在某个特定问题上支持政府立场的那些人，网民们嘲笑他们为“河蟹”—“和谐”汉语读音的双关语以及“被和谐”——一个人或行为被带回到官方标准。

另外一个口号，也多次被重复，是领导希望建立一个“小康”的社会，放弃了以前致富的奋斗目标，因为致富这个目标造成了贫富差距的困境。

这些愿望包含了两个最主要的主题。此规划的其他部分展示了中国在高科技和创新商业方面的愿景。

令许多人惊讶的是对农村发展的高度关注。还有几个主题包括了农村发展，如改善农业和社会保障。

其次，也许让世界更吃惊的是此规划突出了环保问题，并确定了目标。它不仅直接承认了某些具体问题，而且对这些问题定下了远大的目标—有时比最环保国家的还要超前和严格。环境问题最好的例子是中国打算在此规划期间将每单位 GDP 能源使用量降低 20%。这一目标需要各方面的协调，从使用新的高科技制造方式到更好地使用资源，减少浪费。正是对减少浪费和污染的强调吸引了其他国家的注意，因为中国设定的目标和标准比许多发达国家更严格。

公平地说，中国起步于一个相当低的基础。例如，它是单位 GDP 能源消耗上最低效的国家之一；在各主要经济体中只有俄罗斯是低效的，这主要是由于它资源非常丰富。中国没有这样的一个借口，然而，中国实现了许多目标，例如通过关闭老式燃煤发电机和禁止商店提供免费塑料袋，几乎实现了单位 GDP 能耗强度降低 20% 的目标。

第十一个五年规划之前，政府官员是根据宽泛的指标进行分级和考核，例如 GDP 增长、外商直接投资增长和生活水平的提高。这些虽然在 20 世纪 80 年代和 90 年代适合中国的需要，但显然代价是注重数量而非质量，注重增长而非可持续性增长，以及最重要的是，注重几乎所有方面的投资。结果是无论这些对社会或环境造成多大的损害，都推动着中国这一个工业大国向前发展。三峡工程就是这一阶段的象征。它牵涉了数百亿美元的巨额投资，数百万人的重新安置，而现在所产生的后果越来越明显，即环境受到了重大破坏。

在分析了考核制度的结果后，新的指标得以创建，也是用于评估当地官员实现节能目标、可持续性地开发剩余环境及创造有利于社会和谐发展的能力。

最后，第十一个五年规划提出了工业和投资战略。这些战略在此规划时间内几乎全部实现。对于国外公司，跟随计划是最简单和最准确地预测中国国家战略和政策的方法。例如，中国在风能和太阳能上的雄心明显展示在其环保计划中，从而使中国的清洁技术行业从将近为零成长到与美国、日本和德国三大国际领先者相媲美的位置。中国在风能和太阳能上拥有世界顶级的公司。不仅如此，中国在国内外新实施的项目中也领先全球。

这就是为什么我们也强烈推荐所有想要了解中国从 2011 年到 2015 年战略方向的投资者、高管或个人对第十二个五年规划进行详细的研究。

第十二个五年规划

第十二个五年规划在2011年年中生效。它保留了“十一五”规划的一些主题，同时在其他方面也有所突破。

首先，整个规划期内，中国的GDP增长率平均达到7%。此增长率被认为足以保持就业增长和新劳动力进入的平衡。在以前的计划中，这个国家一直超过了GDP增长目标。中国政府仍致力于使用任何必要的措施使增长不会低于目标：增加出口补贴支持贸易，鼓励向国有银行贷款以进行新的建设和投资，并提高最低工资水平以促进消费。政府过去已经使用了所有这些方法，且事实上在第十二个五年规划的前两年已经再次全部使用了。

其次，这个国家将继续城市化道路。根据中国2010年全国人口普查，目前城市化水平为49.7%。该规划要求到规划末期在城市的人口比例略高于50%。虽然增加的比例很小，但还是代表了数千万人会进入城市。因而，有的地方需要从零开始建设新的公共基础设施、住房和商业中心，有的地方则要进行扩建。而铁路网络尽管在2011年发生多次铁路事故和腐败丑闻，但仍将继续大幅扩张，使农村与城市之间、城市与城市之间的运输、商业和迁移更加有效率。同时，国家还建设了新的公路、高速公路和机场。城市化是中国经济超级趋势中影响最深远的超级趋势。

第三，中国经济的调整将会继续。中国的经济将从出口和投资驱动型经济变为更多是消费和投资驱动的经济。

第四，环境主题也是此规划中的重中之重，包含了环境问题的方方面面，从继续追求能源效率和减少浪费到鼓励投资清洁技术产业。中国已经承认了全球变暖的问题，并将采取更多措施减少温室气体的排放，进一步减少能耗，降低对煤炭和石油的依赖，促进水电、核电、风电、太阳能及其他清洁能源的发展。

第十二个五年规划在一些方面有了新的突破，比如承认了一些特殊问题，并计划进行解决。这些目标包括缩小贫富差距，尤其是城市工人和农村工人之间的贫富差距，降低低收入和中等收入公民的住房价格，抛弃大批量生产和污染产业，特别是在沿海地区，转向高附加值和高科技产业。例如，中国还计划支出高达2.2%的GDP用在研究上，努力在2015年之前成为研发上的世界领先者。这将使中国处于美国、日本和德国的同等位置，并有可能成为研发上的全球第二大投资者。

新计划，第十二个五年规划，有点类似于第十一个五年规划，但侧重点有所不同。主要差别包括如何对待出口（中国经济传统的增长引擎）、消费（最受青睐的新增长引擎）和投资（这也是经济的一个重要驱动力）。

而在以前的计划中，提高产能是总体目标。现在它正在调整制造业的结构和位置及对中国经济的重要性。例如，按照其环保主题（第十一个五年规划也有此主题），电动汽车被指定为战略性新兴产业。2011年，中国迈出了新的一步，鼓励使用绿色汽车，并让其一家国有电力公司开始建设能够支持电动汽车的充电站。

同时，制造业的地理位置正在转移。污染型制造业和低附加值产业被推出城市，进入更远的内陆，以确保中国不会失去其世界工厂的地位。这并非如市场调查专家雷小山2012年出版书的书名 “廉价中国的终结”想要暗示的情况。随着制造业岗位从传统的东部沿海地区转移，中国数亿农民工进入内陆省份的新城镇。许多以前在沿海制造厂工作的许多农民工将直接返回有工厂的内陆，享受离家近点的工作。奥运十年，内陆的工资将仍低于沿海城市，保持 “廉价中国”的趋势，但内陆的工资增长将更快。农业生产力的提高释放出新的工人，及由于城市化超级趋势，在新的内陆城市也聚集了新的工人。中国政府需要这些制造工厂向这些工人提供就业岗位，因此地方政府和中央政府将提供额外的补贴和奖励，从而保持便宜的商业环境—即使不是最便宜的。

第十二个五年规划第二个主要差别点是特别强调消费。如果中国想降低中国对出口的依赖，必须增加消费。随着城市化政策使人们进入城市，更高的最低工资鼓励发展服务业，消费必须增加以推动这个新的经济引擎能够顺利运行。虽然中国第十一个五年规划也提到鼓励消费，但第十二个五年规划则更直接、更强调。这意味着接下来的四年中肯定会配套相应的新政策帮助实现这一目标。

当涉及投资时，中国发出了复杂的信号。一方面，中国担心太多的投资会使经济过热，导致日本式的房地产泡沫，将中国带入一个“迷失的十年。”另一方面，中国依靠投资缩小实际 GDP 增长和必要 GDP 增长之间的差距。因此，它的许多新政策似乎在鼓励一些类型的投资，同时，也在抑制另外一些类型的投资。

政府已经开始允许人民币通过投资基金和互换协议从国外流入，同时继续担心国外热钱和通货膨胀。作为“走出去”战略的一部分，中国现在鼓励中国公司进行海外直接投资，收购国外竞争对手，以获得更多的海外市场，同时限制其他入境外商直接投资（除了高科技、研发、环境或其他受鼓励的产业）。它支持以上海为中心的国内金融行业的发展，鼓励国外公司在中国股票市场筹集资金，同时限制外资参与中国的金融行业。

本卷后面三章，中国的制造业、城市化、可持续性和富裕化超级趋势及最后两卷的其他超级趋势——《中国超级人口》和《中国超级政治》将清楚地展示第十二个五年规划的影响。

与第十一个五年规划一样，第十二个五年规划作为经济预报器，内容非常广泛。这是一份子计划和衍生性文件，将给予实施细节，从而表明了哪些行业、产品和服务将成为股票投资增长、公司战略或个人职业的最理想行业。

子计划和其他文件

这个五年规划不仅仅是定义性文件，它的主题和重点构成了许多其他计划性文件的基础。官方规划的五年期间，许多其他文件相应制定，包括更详细的子计划，如环境五年计划；太空五年计划；及从国家规划中衍生下来的区域和市级计划。这里的几个文件是总纲性的，但并不是唯一应该考虑的文件。拿到最终的名单也是不可能的，因为在“五年规划”的整个期间会不断发布这样的文件，并且经常没有一个固定的计划；有的会每年更新，有的会10年更新一次。

● 太空计划

中国在2011年底宣布了其最新的五年空间计划，是继2000年和2006年后的第三个计划，吸引了全世界的注意。

空间计划主要的主题为升级和设计新的可以运载各种有效载荷及新的轨道卫星的火箭，进一步实施载人太空飞行试验，建立空间站和研究月球登陆计划——中国月球探测计划的第三个阶段。中国已明确表示想要将人类送上月球。

月球探测计划的第一阶段是通过过去十年两次月球探测完成的。因此，中国现在有了完整的高分辨率的月球表面地图和可能登陆区的勘测资料 。当前规划中的第二阶段是一个无人探测器登上月球。这将发生在2013年。第三阶段是载人登月飞行和登陆，但尚未确定最后期限。

虽然这是国家以高姿态所做的一种宣告，类似于肯尼迪总统公开宣称美国要在20世纪60年代末将人类送上月球，但中国太空计划的抱负离实现日趋临近。

本节的标题，“中国隐喻的GPS：五年计划”，将中国的五年计划比作路线图或GPS。这不仅仅是一个类比：中国现在有了自己真正的GPS。2011年底，中国公开了其最新的一个主要基建项目计划——自有的卫星网络计划，以建立一个全球定位系统。此系统既可以供中国自己使用，又向其他国家提供了一个选择。

中国的新网络称为北斗，将会成为美国的 GPS、俄罗斯的 GLONASS 和欧洲的 Galileo 卫星网络潜在的竞争对手。这些网络都是向可以接收地理定位数据的任何设备提供地理定位数据的网络。

十多年以来，中国一直在小规模测试北斗系统。2008 年的四川地震中，中国在政府车队、紧急援助上都有过试验。2011 年，发生了一件热议于网络的轰动事件。谷歌地图上可见到中国戈壁沙漠的广阔地带刻有一些无法解释的对称网络。与这些网格相连的好像是成百上千条笔直的公路，每条都有数十千米。人们认为这些网格是用于测试卫星武器或 GPS 的，或者两者兼而有之。

2011 年，北斗报道的准确性为 25 米——远低于 GPS10 米的准确性——及覆盖范围仅到中国和东南亚的部分地区。北斗网络要想成为 GPS 真正的竞争对手，还有很长一段路要走，但它确实能够使中国替代其他两个全球系统。到 2012 年底时，北斗系统，将从现在的 10 颗卫星增加到总共 16 颗卫星，精度可与美国 GPS 相媲美。它还为中国提供其他两个重要好处：中国信息安全与经济发展。

就像渴望在粮食上自给自足，中国也渴望拥有自己的卫星网络，以避免依赖美国控制的 GPS 网络（理论上，如果两国发生冲突，美国可以切断中国的使用）。同时，中国的系统试图超越现行的标准，使数据传输有更多的选择。理论上，这将比美国的系统更加有用。北斗一次可以发送和接收 120 个汉字信息，是一种卫星级微博的沟通。此外，北斗将允许设备不仅可以广播其位置信息而且可以广播其状态（比如呼救信号）。这些信息可以被发送到网络上的其他人。对物流、渔业、搜救、通信服务来说，这将是一个非常有用的功能。尽管中国已承诺保持此系统的免费使用，但人们希望该系统将使中国能够开发拥有经济优势的商业新模式。

除了宣布成为美国 GPS 系统最新的竞争对手，中国还计划使用长征系列运载火箭的最新或升级设计发射一共 100 颗人造卫星。目前，长征最高的有效载荷包括“长征”5 号。“长征”5 号可以将 25 吨的有效载荷送入近地轨道，

14 吨的送入地球静止轨道。而新的“长征”7 号能够将达 5.5 吨的有效载荷送入近地轨道。这是中国的目标——拥有自己的载人空间站的关键部分（空间站需要经常、经济地递送有效载荷，以进行空间站的建设和维护）。

对于中国，空间站的目标是现实的。它已经使用神舟系列飞船将人送入了轨道，证明了其载人航天能力。它的首次载人航天飞行是在 2003 年，后来，又发射了另外两个神舟载人火箭和一共 6 个宇航员——或太空人。中国的第一次太空行走已经在 2008 年完成。已在 2012 年首次与“天宫”一号轨道舱的载人对接。

中国已显示了其太空雄心。它希望挑战并进而超越目前世界上处主导地位的太空强国，美国和俄罗斯。下一次世界在月球上看到的可能是一张有中国面孔的人。

● 优先产业、行业、产品和服务名单

此名单仅用于国内，是基于当前五年规划的优先事项。文件的最新版本发布于 2011 年 4 月，共 100 多页，具体说明了政府通过优惠政策、税收减免等鼓励哪些行业。它还列出了哪些行业不能享受优惠政策，但尚未限制，哪些是处于被淘汰的过程中（例如，中国正试图减少投资的低附加值产业），哪些是真正被禁止的（某些污染产业或过时技术）。这些构成了一幅非常清晰的画面。任何商人或投资者都需要借此分辨政府的产业政策将在第十二个五年规划余下的日子中着重于哪些方面。

第十二个五年规划鼓励与农业生产力、环保产品和清洁能源相关的行业。这包括从云种散播和粮食作物的基因改良到薄膜太阳能电池上使用的先进材料和支持电动车基建所需电池充电技术。对环保的生产方法的关注也是最新版本的文件的一部分。这意味着仍然鼓励某些种类的化学品或材料的生产，但生产中能源使用强度应更低，更清洁。例如，虽然钢铁和煤炭一般不再是优先行业，但仍鼓励生产工艺上，使用更好的能耗低的产钢方法，或发电上，使用煤炭液化和气化等清洁煤技术。

除了清洁技术，对几乎每种高科技行业，中国都鼓励进行投资，从基因排序和其他生物技术到太空和航空技术，包括开发客机。

同时，中国并未放弃关键的制造行业，其中包括纺织业和电子装配，而是将它们转移到更远的内陆接受补贴和支持。如果他们选择留在沿海地区，不会收到任何优惠待遇。

毫不意外，中国正遏制某些污染行业和危险化学品的生产，及淘汰过时的和浪费性的生产方法，也不鼓励这些行业向内陆转移，而是关闭或迫使其搬到中国以外的地方。

● 外商直接投资规划

与优先行业文件相关的外商直接投资规划对于国外的商业人士而言非常熟悉。它就像一份投资名单，告诉国外企业哪些产业被鼓励、允许、限制和禁止。29 页的外商直接投资规划是一份衍生性文件，由中国国家发展和改革委员会（已全面负责上述优先行业名单）和商务部（负责外商投资）发布。它清楚地概括了允许投资哪些国外公司。

此规划最后更新于 2007 年。当时，中国选择将此名单与新的第十二个五年规划在国家能源政策、高科技创新和清洁技术行业发展上的目标保持一致。它也开放了一些新的可能会吸引国外公司的行业，但必须记得的重点是，哪些会吸引中国。如果国外投资与这些利益有所重合，将是一个有利因素，如果没有，国外公司需格外小心。

尽管许多分析师对新开放行业的数量感到失望，但在服务业有一些重大补充。现在国家鼓励投资在医院和租赁业务及国外技术和资金可能有所帮助的领域。中国富裕的顾客日益增多，人口趋向老龄化，促使更多的人寻求比国家提供的医疗保健更好的选择，因此医疗保健是一个能获得丰厚回报的首要行业。另一方面，由于许多中国国有企业在任何东西上都是现金买家，从公司用车到重型设备、工厂和办公场所，甚至整个建筑，因此租赁公司将可能面对艰巨的挑战。中国买家也不回避购买二手设备，但就不愿租赁新的设备；中国许多制造商开始时也从已经更新换代或停业的西方制造商购买旧的工厂设备。例如，国内飞机租赁就是在中国的奥运十年之初开始的。

某些行业已经部分关闭外国投资。例如，根据新的外商直接投资规划，中国采取措施进一步保护其石油和天然气行业，限制小型炼油设施上的外商投资，但它仍然欢迎对大规模的需要重大技术转移的炼油厂的综合投资。中国似乎是保护它的两个最有价值的国有企业——中石油和中石化。同时还鼓励国外公司向中国转让用于加强中国未来能源能力的技术。哪些西方公司会上钩仍有待观察。

同时，尽管中国强调在清洁技术上建立一个战略性新兴产业，但中国并不想在多晶硅（太阳能电池和集成电路芯片产业）上有太多的国外投资，因为它正遭受着这方面的产能过剩。同样的原因，产能过剩，也使其限制国外资金投资在汽车行业上。对于通用和大众等一些国外汽车公司，这一定是一个令人心碎的消息。它们在中国投资了几十年，并帮助中国建立起汽车工业，成为世界上最大的汽车销售市场，但现在却被告知——引用《银河系漫游指南》的话来说，“再见，谢谢你们的鱼。”汽车行业的投资显然已经在听其自然发展。而中国希望能够鼓动国外汽车零件制造商，特别那些专门从事电动车的制造商将其研发和设施转移到中国来。

所有现有的汽车制造商已经向同中国公司的合资企业投资了数十亿美元，而现在，既然不再鼓励他们继续进行投资，那么会怎么样呢？可能不久之后，就会发生一些小纠纷——就像法国达能和娃哈哈之间的纠纷，最终使他们成立已久且盈利的合资企业被解散——突然使国外合作伙伴焦头烂额。此外，对中国的外商直接投资只要能够给中国工业提供真正的发展和支持，还是很受欢迎的。

● 环境五年计划

环境五年计划最初在第十一个五年规划中也有引入。这个环境五年计划是另一个衍生文件，加入了更多的细节，遵循了完整的五年规划的整体主题和目标。五年规划主体部分中的一些措施也视为是环境方面的，因为它们涉及了诸如节能（如降低每单位 GDP 的能耗）方面的一些事情。

单独制订一个环境计划是由于破坏环境的现象越来越多。如 2005 年，有毒化学品泄漏到松花江，影响了数百万人的水供应。同时，中国政府意识到它的许多环境困境，并承诺要成为更绿色的经济体。最重要的是，根据第十一个五年规划，中国要开始环境可持续发展，提高能源效率。此后，对中国政府官员的考核将基于其可持续执政的能力而非基本的 GDP 增长，但是现在还包括能源效率、减污和经济转型目标。

根据第十一个五年规划，降低 20% 能耗的目标意味着平均每年降低 4%。考虑到中国经济的规模，这是一个非常巨大的数量。其中很多主要是通过升级技术和关闭旧式、低效的发电厂来实现的。某些低效产业，如钢铁生产，到 2010 年已经将其产能分别消减了 4200 万吨和 4900 万吨。12007 年，中国关闭了大约 9000 兆瓦的低效燃煤发电机，每年节省约 1350 万吨煤炭，减少约 2700 万二氧化碳排放量。不过这实际上只是杯水车薪。[2] 中国在 2006 年和 2007 年由于过热的经济增长未完成节能减排目标，但它为了实现第 11 个五年规划的目标——减少 20% 的能源强度，仍做出了极大的努力，最终比目标只差了 0.9%。

在第十二个五年规划和第十二个环境五年计划中，中国将继续着力于采取一系列措施以减少单位 GDP 能耗和降低空气、水和土地（例如，垃圾填埋场和其他固体废物）污染，如增加氨和氮氧化物两个新的减排指标。它还鼓励主要规划下的电动汽车等行业，而环境规划鼓励发展污染监测等环境服务。

由于在日本福岛核事故之后，核能暂时失宠，第十二个五年规划也转向更强调使用太阳能为国内发电。该规划下的措施将刺激国内安装，降低中国对出口太阳能光伏模块（目前约90%的产量用于出口）的依赖性，从而生成更多的可再生能源。中国的目标是将太阳能设施的发电量增加10倍以上，从2010年的80万年千瓦增加到2015年的1000万千瓦。它将进一步向此产业提供投资贷款和补贴，从基本的材料，如多晶硅，一直到完整的太阳能装置，到鼓励更多使用优惠的上网购买价，1～1.15元/千瓦时。中国效仿德国模式，对太阳能采取优惠上网价。这模式曾经帮助德国成为世界领先者。中国的太阳能购买量是给风能或利用煤炭和其他手段的标准热能的购买分配量的两倍，强有力激励了太阳能供应商。表明了中国想要更多太阳能的程度。风能在该国可能已经过度建设，这就是为什么它已经不再对风能和中国的主要能源来源——碳，提供优惠的上网电价。[3]

有趣的是，在第十一个五年规划期间，中国曾青睐风能，并已成为世界上最大的风力涡轮机的使用者。看看其在太阳能上是否也有同样的影响将是一件有趣的事情。

如果有什么区别的话，这是迄今为止中国最环保的计划，可能是一个大型经济体关于如何紧急解决经济稳定增长问题最有力的声明。

五年规划是一个贸易壁垒

政府政策有时会对国外公司不利。国外公司发现自己的商业模式被中国新的国家利益所弃用。中国制定的政策也不仅仅抵制了国外竞争。有许多政策也给中国公司造成了负面影响。

例如，在2011年，中国的证券监管机构宣布，不再支持采用可变利益实体和反向收购企业在美国证券市场上市。这两种模式都是中国公司在美国上市的常用模式。可以说，失去这两种渠道对中国国内公司的伤害远远超过其对国外风险投资家、投资银行和会计事务所的伤害。中国决策人的目标是让更多这类公司在中国募集资金，这样中国自己的金融市场能够成熟。

因此，此机会应该来自于国外和中国 IPO 数量的增加。在奥运十年之间，这样的事情将会在中国市场发生。理论上，在中国的外国投资银行和会计事务所会有新的机会，但现实是，他们面临巨大的障碍：国外投资银行，包括高盛和摩根大通，不能有独资投资银行业务，不允许在合资企业控制多数股权。

路线图将有助于：了解哪些行业将解除管制（或监管），什么时候发生和如何影响商业模式、投资或职业。

总结：中国路线图

中国未来五年走向哪里的答案就是此五年计划及其相关文件。对于投资者来说，这些计划告诉我们中国经济中最佳的增长将来自于哪里；对于公共政策规划者，五年规划和行业规划可以是效仿的样本；对于高管，此五年规划显示中国战略中资源将被如何配置；对于个人，此五年规划可以告诉你在哪里发展有前途的职业。

历史 了解中国 1949 年后的经济政策是如何影响到现在是很重要的，并应了解中国为什么使用五年计划。

中国共产党 该党是计划的终极守护者。但计划的内容来自于中国社会各个阶层。中国内部的众多智囊团和政策制订机构对计划进行了彻底的研究和审查。知道中共意识形态不再是不惜任何代价发展经济也助于我们理解为什么最近的两个五年规划更加注重农村与城市、增长与可持续性之间的平衡。

第十一个五年规划 和谐社会计划始于 2006 年。当时，中国的道路是调整经济结构、重新分配财富和可持续发展。

第十二个五年规划 中国目前的规划（2011—2015）是了解中国将如何发展经济的关健性文件，也是计划中国所有类别的战略的最好资源。它也有大量的相关文件，比如中国的环境五年计划。这些都应进行阅读，以便对关键领域有更深的了解。

既然增长引擎、推动力和路线图已经确立，便可以理解上下文中的经济超级趋势了。

第二部分

中国之超级经济

第四章

中国之超级经济概述

“春江水暖鸭先知”

——苏轼

中国经济最大的机会在于哪里呢？我们可以用四种超级经济趋势来找到这些机会。而这些超级趋势是基于我们前面所谈到的经济增长引擎和推动力。它们对于我们了解中国 2008 年到 2018 年的奥运十年期间的经济起着至关重要的作用。

何为超级趋势？[1] 超级趋势就是三大经济增长引擎与三大推动力中的一个或多个的融合，是经济、人口和政治力量相互整合成一种非常明显的趋势。

我们可以换用另外一种方式思考它们之间的关系。三大增长引擎、三大推动力和四大超级趋势中的任何一种都可以在世界的任何一个经济体中找到，但唯有中国同时拥有所有这些。

这些增长引擎为中国经济的各个行业和产业提供了潜在动力。例如，中国除了出口原材料，也出口从产品到外包服务的任何事物。因此可以说，出口就像一台引擎，推动了中国经济向前发展。同样，外商直接投资触动了一系列行业的发展，带来了国外资本和专业技术。而未来中国发展最重要的增长引擎将是消费增长引擎：中国消费者为了提高他们的生活质量，必将开始花得更多，存得更少。这些驱动力的每一种在中国经济中随处可见，很难自动消失。

同时，推动力作用于这三大经济增长引擎，使某些行业和产业进入超速运转。

目前，全球化的方向已经发生逆转，西方开始了向东方学习。随着这种反向全球化推动力的增强，世界对中国文化的需求将进一步增长，中国创意产业也将随之扩张——比如电影、音乐和媒体。随着中国及其人民变得更加富裕，中国企业将到国外进行更多投资，人们将开始更多的旅行。

中国人的乐观主义和毅力形成了精神层面的决心推动力。它将影响中国公司是否有能力在人民币升值的市场中通过更加创新来维持出口。这样一个正在不断变化的中国必须提高自身农业和制造业的生产率，而中国的劳动者则要以更强的决心，愿意再次吃苦耐劳。而中国保持经济增长的压力随着全球经济的减速日益加大。

最后，蛙跳式发展推动力允许中国政府——凭其独特的社会主义和资本主义的政治及经济混合体，即所谓的计划市场经济——跳过传统的做事方式。有些方式甚至让很多人错愕，全然不理会我们所认为的经济游戏的规则：货币自由化、贸易和监管。例如，我们将在《中国超级人口》中谈到，虽然西方国家的政府对中国的贸易行为或人权记录颇有微词，但由于它们急于招徕富裕的中国游客，因此中国游客将有更多的能力通过免签证计划到国外旅行。而同中国打交道将变得更加复杂。

经济增长引擎、推动力和经济力量相遇的地方将形成经济的超级趋势：

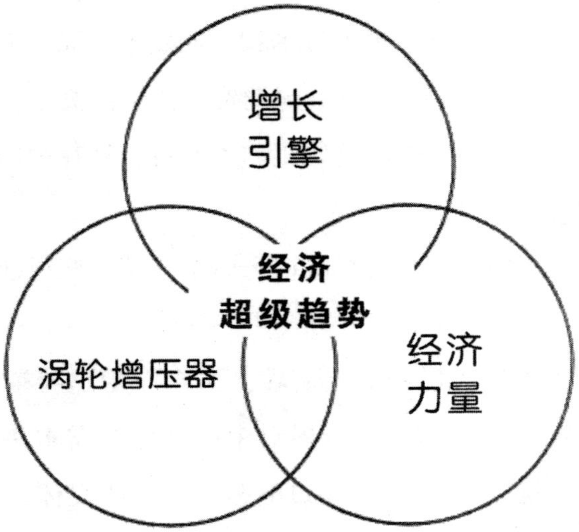

图 9 超级趋势是如何形成的

我们将要谈及四种经济超级趋势：新型制造业、城市化、可持续性和富裕化。其中一些是着重于行业；另外一些是宏观经济的，将广泛影响所有产业（以不同方式）。正是在这些超级趋势中，人们可以获取奥运十年期间最大的商机。

这些超级趋势已经完全渗入中国的社会意识和商业环境中，以至于我们或许已经忘记了它们的存在，有时甚至认为是理所当然。例如，政府和私营企业之间的合作之深造成当代中国的各个方面变化极其之快。当然，除了政治系统本身。

快节奏的变化

令生活在中国的人惊叹的事情很多，其中之一则是这里每件事的变化速度，从商业法，到拆迁和重建，到消费者的态度和行为，所有这些都可能也确实在快速、有规律地发生变化。而许多这样的变化也只有在政府、国有企业和私营部门之间亲密合作的情况下才有可能发生。

政府和私营企业之间的亲密合作有其自身的优势，其中之一便是能够快速反应。正是凭借这种快速反应，2008 年全球金融危机期间，中国能够制订刺激计划，并通过政府对大型银行和国有企业的控制，比其他任何大型经济体更快地对刺激计划进行实施。当美国等许多国家仍然在讨论适当的应对方式时，中国已经通过国有企业和银行向市场注入资金的流动性来支出资金。这一定起到了效果，因为此后中国的经济几乎没有发生什么动荡，整体 GDP 增长依然保持强劲(尽管几乎完全是靠投资推动的)。

这种合作是可以实现的，因为银行的董事会成员、国有企业的最高管理者，以及大型私营企业的最高行政官都是党员。因此，让他们执行政府的指令不需要进行太多的劝说。而在美国，官员实际上需要恳求银行拿钱、花钱。在中国，银行家释放了一波资金流动性，刺激了经济增长，从而比其他任何大型经济体都更快地走出了危机。

当然，政府与企业合作也有很多负面影响。如果这种合作存有私利，则很有可能牺牲了多数人的利益而养肥了少数人。对奉行干预主义政策的政府，西方评论家曾称之为，“如果不公然偷取底层人民的利益，则在经济低谷期将其利益输出”。早在 2007 年，中国就有一些重大贪污、以权谋私的丑闻，最后导致涉案人被判死刑。2008 年，时任中共上海市委书记、上海前市长陈良宇由于在社保基金丑闻中所扮演的角色被判处 18 年徒刑。

显然，商业和政府腐败的问题需要更多时间来解决，尤其是在经济欠发达的地区。尽管中国在某些方面已经证明了政府主导的商业革命是有效的，但是仍然需要更多的时间来增加制约与平衡。

新中国常态

在某种意义上，过去30多年的快节奏使人们忽视了变化发生的程度和频率。到2008年，此种情况已经成为中国常态。

这里，中国常态指的是债券基金和资产管理公司太平洋投资管理公司首席执行官穆罕默德－埃尔－埃利安提出的概念模型“常态——新常态”。在全球金融危机的影响后，他对美国和全球经济提出了危机前事务的常态并展望了危机后的新常态。这本书采用的中国常态指的是2008年之前、奥运之前的十年期间的中国，新中国常态指的是奥运十年开始后的中国经济环境。此外，新中国常态意味着世界必须适应中国在危机后所拥有的更大的金融和经济影响力。

由于全球金融危机，中国在2008年达到了一个转折点。这一转折点促使中国走上新的发展路线。中国未来不仅是世界最大的经济体，而且也是最重要的经济超级大国。我们曾经预测最晚到2050年，中国GDP将超越美国。2008年之前，有人认为中国的货币10年内会与美元竞争，我们曾经觉得很荒谬。但按照新中国常态思维，则认为中国的GDP将增长更快，中国将成为世界上最大的经济体，其货币将成为储备货币，从而挑战美元的霸主地位。最近中国政府正采取行动呼吁结束全球对美元的依赖，表明中国已经在施加其影响力。而这种影响力仅一个经济超级大国才可以施展的。

当中国在奥运十年期间快速发展，到2018年成为超级经济大国时，这些超级趋势也将成为新中国常态的一部分。

在中国以外的地区，这些经济超级趋势实际上经常被误解或曲解为中国面临的问题，或者这些问题对西方国家的利益产生负面影响。事实上，这些都不是问题，反而是某些人——政府，私人企业或个人——肯定会解决的机遇。

虽然毫无疑问，中国将会经历更大的阵痛——经济周期的繁荣与萧条、崩溃和复兴——但是，中国已经有5000多年应对灾害、战争、腐败和社会变革的经验。中国过去快速和稳定的经济增长的30多年实际上是危难中一段难得的喘息时期。正是这种危难在一千年中造就了现在的中国。中国其实尚未开始其成熟的增长期——几十年中以4%～7%的易管控的速度缓慢增长。30多年辉煌的经济增长像一个种子。2008年之前，这颗种子还仅仅处在发芽，迅速成长的阶段，而到了2008年，这棵幼苗已准备好成长为一棵橡树。

那么，有些人可能并将会认为中国经济的超级趋势是中国巨大的挑战和不可能完成的任务，但中国——其政府和人民——决不会让任何问题破坏该国必将到来的崛起。海外公司、投资者和个人可以从大量的相关机遇中受益。参与中国增长的人们可以首先感受到河上的冰雪在融化。

下面将对每个经济超级趋势进行简要介绍，说明其形成的重要背景和环境，并在后面的章节中说明其详细内容。

新型制造业

如果你将中国的经济划分为三种产业成分——根据价值，主要代表是农业，其次是制造业，最后是服务业。中国经济中的最大成分为第二种（即制造业）和第三种（即服务业）。也就是说，主要产业——农业——包括粮食生产以及林业、渔业和相关产业——确实比制造业和服务业雇用更多的人员，但是以GDP衡量，占国民生产总值的比例较小。这表明中国主要的就业产业实际上是非常无效率的。

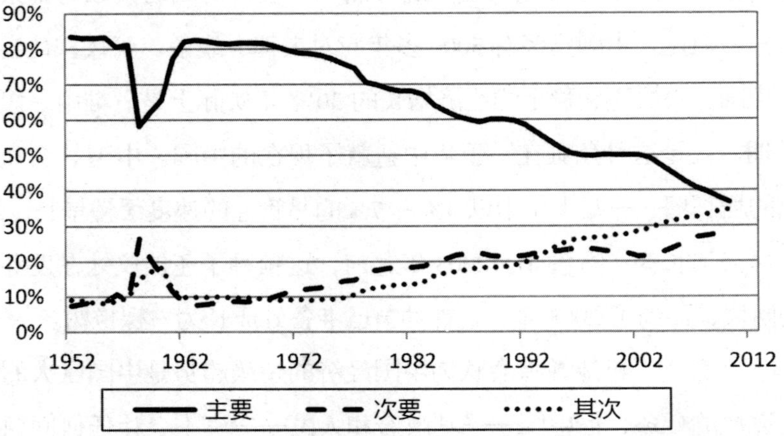

图 10 中国的就业（按行业类型），1952—2012

中国的农业生产率处于发展中国家的水平——劳动密集且无效率——主要是考虑国内食品安全问题，是毛泽东自给自足的政策留下的传统。中国也需要此第一产业保持较高的就业率：差不多数亿人仍旧在此产业工作。

按照价值，中国 GDP 的最大组成部分是制造业。过去，中国常态是制造业。其制造业表现为大规模生产、低附加值和缺乏创新。新中国常态意味着增值、生产力提高、设备及生产工艺的升级、现代化和创新。

价值化：增值

在许多方面，中国被称为世界工厂。美国政客们喜欢说，由于汇率过低，美国失去了大量的就业岗位给了中国的制造业。

聪明些的政客们现在意识到低成本劳动力只是此现象的一部分；它同中国工厂较低的健康、安全和环保标准、政府补贴、知识产权剽窃以及一些美国公司缺乏竞争力等原因有关。换言之，这是一个多维的问题，尽管政客们倾向于关注汇率等热点问题，认为这些问题是低劳动力成本的主要原因。

事实是，许多可能丢失给中国的就业岗位都是低端、低附加值的制造岗位，如果没有中国，也会丢失给其他国家。而且，全世界总价值 21% 的产品仍旧是由美国制造出来的，而中国产值仅占 8%，表明涉及价值，中国的重要性仍不及美国。

为了说明 2008 年以前，中国在价值链上实际获取的价值有多么少，请看下面的例子：我们在对老款的 iPod 价值链的研究中发现，在美国，iPod 按 300 美金的零售价，苹果公司和国内零售商获取了总价值的一半以上，而剩余价值的 50% 以上由主要零部件供应商获得，如生产硬盘驱动器的日本东芝，这些供应商大部分都不是来自中国大陆的供应商。除去运费等成本，真正组装此设备的中国公司，仅能产生微薄的附加值，最多挣得几美元（每台付给工人的工资仅占非常微小的一部分）。[2]

到目前的阶段，中国所关注的价值前景是：中国希望调整其制造业的结构，由规模化、大批量生产转向生产较低数量、较好品质的高附加值产品。有一个很好的例子说明了这一点。中国现在生产许多世界上最先进的智能手机和平板电脑，如 iPhone 和 iPad，而在 2008 年以前，中国主要是生产无触摸屏的技术含量低的款式，韩国和日本等国生产先进的款式。现在，中国既生产简单款式，也生产复杂款式。

许多此类高科技、高价值产品也都直接或间接地针对中国用户。几乎每种这样的电子产品，中国用户都已经成为世界上最大数量的消费者。2008 年以前，情况往往是——我们觉得或事实的确如此——国外公司认为中国消费者只希望或只有能力购买功能上更简单、价格更便宜的款式。而今天，中国消费者想要全世界最好的，也就是说国外生产商须提供和制造在中国最复杂、最昂贵的款式。

这不仅发生在高科技电子制造业，它几乎发生在从金属加工、化学品到纺织品的每一个行业。例如，以世界排名第二的神华能源为首的、庞大的中国煤炭行业投巨资在煤化学、液化、汽化和更清洁燃烧技术的研发上——并意图进行海外收购来获得更多的煤炭。每人每年的产量已经增长到 28000 吨，相比之下，美国每人每年的平均产量仅 10000 吨。如此巨大的产量并非如某些中国怀疑论者所怀疑的以工人生命作为代价的：神化目前采用最先进的采矿设备达到此产量水平，且保持着每一百万吨煤炭 0.027 人死亡的安全记录，而在中国的此行业，一般来说是每吨的死亡数为 2 人以上。神华造就了中国采矿业最好的安全率，达到了全球矿业公司的平均水平。

显然，中国制造业正变得更加高效和自律，也将受益于更多的创新和现代化。

革新化：中国创新

2011 年，中国收到 938000 多个国内专利申请，而来自国外的申请仅 92600 个左右。奥运会前十年期间的 2007 年，也就是几年前，中国只收到 300000 个国内专利申请和大约 50000 个来自国外的专利申请。这说明了两件事：首先，中国的企业、研究机构和个人的专利申请增加了两倍，而外国公司的专利申请增加的不足一倍。新中国常态也扭转了自 20 世纪 90 年代开始的这一趋势，即国外专利申请数量要高于国内专利申请数量。2011 年，中国的发明专利（不同于一般性的设计专利，设计权利主要包括改良，而非发明）终于在数量上超过国外注册的发明专利。

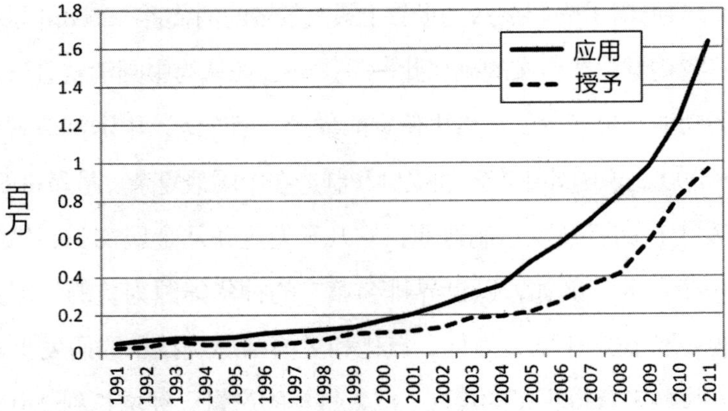

图 11 中国国内专利申请和批准

截至2011年，中国记录在案的有近300万项专利——包括发明和改良。几乎三分之一的专利来自于2010年。仅2010年这一年，中国就批准了800000多顶专利。过去数年，专利数量一般都不超过250000。

按照地区划分，中国大多数发明专利注册在东部沿海地区，如广东省和江苏省及包括深圳的一些城市，如深圳是20世纪80年代早期建立的首个经济特区，孕育了上述的中兴通讯及电信硬件制造商华为。华为是世界上与东芝和飞利浦并肩的专利巨头。中国不足25%的发明专利来自于西部欠发达的地区，表明了技术转移在东部地区取得积极的效果，而在西部地区仍然发展不足。

最近专利注册数量的激增并非是自发的：中国政府向研究机构和公司施加压力，要求它们在国内注册尽可能多的专利。中国已经认识到，专利可对在中国做生意的外国公司起到一个非关税的壁垒作用。为了此类专利申请量能够在未来保持增长，中国还雇用了更多的专利督察员来应对预期的需求。中国正成为全球的专利巨头。[3]

虽然外国企业确实在国内市场经常受到保护，但是世界知识产权组织记录的全球专利信息表明，这种逆转式全球化的超级趋势是很明显的：中国发明者创新的产品越来越多，或者他们至少比以往寻求更多的由专利权提供的知识产权保护。这将成为未来中国经济实力的一个主要驱动力。

中国远非是我们所认为的所有专利侵权行为的发生地。中国拥有世界上仅次于日本和美国的第三大最活跃的专利局，甚至领先于如韩国、德国等高科技国家。然而，按人均计算，中国确实远低于经合组织的所有工业化国家，但仍高于比利时和西班牙等发达国家。

2008年以来，中国法院执行保护专利和商标等其他形式的知识产权的案件也更为常见。2012年，苹果公司面临iPad品牌的商标纠纷。这场纠纷造成苹果的iPad产品撤柜，并有可能扰乱苹果的全球供应链。在此重大的案件之前，大多是外国公司起诉中国公司在中国使用它们的商标。

对侵权公司的辩护事由包括商标尚未在中国注册；标志未针对所有产品系列进行注册；商标的中文名称不正式或其知名度不足以进行保护。例如，奢侈品牌爱马仕、篮球运动员迈克尔·乔丹和威士忌品牌芝华士都由于在中国企业家注册前其原品牌或中文名称在中国不够出名而在 2012 年输了官司。此类官司并不总是国外品牌落败。中国法院，事实上，经常会支持国外的知识产权的所有者。

21 世纪的前十年，发生了一系列标志性的诉讼案件。如，Starbucks 成功起诉一家叫 Xing ba ke 的山寨咖啡馆。这家山寨咖啡馆读音几乎同 Starbucks 的汉语名称（星巴克）一模一样。然而，根据中国的知识产权法，法院并没有给予惩罚性赔偿裁定，仅要求其对实际导致的损失给予补偿性赔偿，所以其威慑效果并不大，此类胜利也往往是象征性的。[4]

中国法院审理商标和所有其他类型的知识产权侵权——包括版权、专利权和商业机密的案件的数量越来越多。此类案件的数量在 2008 年是 28000 件，在 2011 年增加到 66000 件，是 2008 年的两倍多。

为了在向价值链高端攀登的过程中，保持其世界工厂的地位，中国在做下列几件事来提高创新数量。

首先，如上面所述的，中国正加快专利审批程序，通过法院对知识产权进行更强的保护。这不仅鼓励了更多的跨国公司在中国生产高附加值产品，也将帮助自己的制造商保护他们自己在创新上的投资。在整个奥运十年期间，中国对知识产权的侵权现象仍然存在，但无论是在中国本土或在本土之外，都会有更多的中国公司起诉其他中国公司，或更多的中国公司起诉外国公司。

其次，中国正在将国内的生产从劳动力密集型产品转向资本密集型产品。中国将五年规划的重点转向战略性新兴产业（在中国）如清洁技术、卫生保健和能源并创新作为其总体目标，从而实现产业的转向。中国不希望失去低技术含量的岗位；然而，它正努力把低附加值的岗位转移到中国西部地区，帮助满足应届毕业生和新城市化的农民工每年 1000 万 ~ 2000 万的岗位需求。[5]

在中国政府计划中，此战略被称为西部大开发。“西部”指的是中国的西部地区。那里，消费能力不断增长。这意味着公司可以如第一章所提得到的开辟新的市场——中国的经济增长引擎。在新型制造业超级趋势中，西部大开发指的是将各种生产设施转移到中国欠发达的、成本更加便宜的西部地区的过程。由于政府大量的刺激措施，从奥运十年期开始，已经形成了一种新的趋势，即高新技术企业和研发向这些地区转移或设立于这些地区。

中国迫切希望实现增值，提高创新能力。政府将其视为自己的主要任务。中国的新型制造业超级趋势会对国外制造商和消费者产生深远的影响。

城市化

截至 2012 年 1 月，中国超过 49.7% 的人口已经正式城市化。根据中国国家统计局的数据，如果不考虑外来务工者 (那些生活在城市但不拥有称为户口的官方居住许可证的人)，城市化率刚刚超过 40%。这意味着大约 6.5 亿人已经以某种方式城市化了。其中大多数人是在 1978 年改革开始后的短短 30 年中完成了从农村身份到城市身份的转变。在第十二个五年规划的后四年期间，还会有数千万的人迁入城市。

城市化的总体任务非常巨大。到 2030 年，总城市化率仍只有 70% ~ 75%。到那时，将有 10 亿人生活在中国的城市中。这也意味着还有几亿人仍将归类为农村人。至少在中国的前半个世纪，城市化将是中国发展稳定的推动力之一。城市化超级趋势是最有把握的筹码之一。

新城市："城市，让生活更美好"的新城市

2010年世博会在上海举办，其主题是"城市，让生活更美好"。此奋斗目标精辟地概括了当前中国城市化的进程。

中国正在建造新的城市，为了基础设施项目安置数百万人。每年我们会看到世界最多数量的人进行最大规模的临时迁移。在中国春节假期，他们会从暂居的城市返回到家乡，然后再回去。这种节日性的迁移给中央政府带来了巨大的压力，在此期间，飞机、火车和汽车（以及公共汽车、卡车和摩托车）都超负荷运营，因此需要中央政府建造交通基础设施。同时，春运（中国春运）也推动了高铁等更好的交通运输网络的发展，反映了中国过快的城市化步伐：人们不得不过着一种双重生活，城市生活以及家乡生活。

中国的打工者正竭尽全力地缩短贫富差距，其花费的费用和精力都非常巨大，几乎相当于对迁移征税。他们当中很多人都不满意向黄牛购买火车票或艰难地穿过无比拥挤的车站和机场，或等待在公路上没有尽头的交通拥堵中。然而，政府却希望加速城市化，通过城市中心区使数以亿计的人摆脱贫困，将社会服务集中化和标准化，从而避免富人和穷人之间产生冲突。

城市化模式早期接受者是所谓的外来务工者，即中国在大城市找工作的以前是农村人口的流动人口。他们可能会离开老家长达数年时间，同时与留守的家人保持联系，像父母、配偶和孩子。他们当中越来越多的人会定居在新的城市，但这并不总是很容易做到，因为他们成为正式居民可能会受到歧视。

中国的外来务工者占总人口的比例大约是15%，绝对人数肯定是世界之最。中国仅10个省份为工作而在全国四处迁移的外来务工者将近1亿人。在上海、广州、北京等大城市，南京、大连等发展中的二线城市，其官方人口统计数字由于流动人口得到来而增加了数百万。

例如，上海的外来务工者1985年是130万人，1997年增至270万人，2005年增至580人，2007年增至630人，再加上近380000个外来务工者的子

女。根据最近的人口普查，2010年，上海的外来人口超过800万。在深圳，这个邓小平设想的作为中国大陆解决香港问题的模式城市，2006年，竟然有940万人被归类为非往来务工者——几乎使城市人口翻番。深圳，事实上，可以完全被看作是一个移民城市，因为深圳所有的人口都是在20世纪80年代早期深圳指定为经济特区后迁入的。首都北京估计有510万外来务工者，这个数字是官方人口的三分之一。[6]

最新的人口普查首次将外来务工者包括在内，但许多移居者仍在低调工作，没有任何正式的法律地位，而且可能永远不会泄漏他们生活在寄居城市。即使他们向政府部门透露他们的存在，他们也可能仍不会享有永久居民（即，户口——许可证持有人）的权利，如把孩子送到公立学校、医疗或其他城市服务机构的权利。外来务工者的子女，如果需要教育，往往是送到封闭的仅有移居者的学校。

每一年外来务工者的真正数量很难确定，中国自己的最佳估计大约是2.42亿。移居者一般从农村、内陆省份迁移到制造中心的沿海省份，例如广东省。很多中国工厂就坐落在那里。当有较长的国家法定假日时，例如春节或国庆假期，就会发生反向迁移，数千万的外来务工者乘火车返回家乡。许多移居者如果发现在家乡有更好的机会、更好的生活条件或工资在不断增长，或可以在更近的城市工作，他们就会待在家乡。这种现象开始于2008年，向他们工作的这些地方政府敲响了警钟。这个人口最多的国家，在一些最需要工人的地方却缺少工人，产生了一种矛盾。

外来务工者的城市化并非没有争议。有的城市雇主趁新来的工人不了解本地的居住权或只是没有居住权，利用他们的恐惧使他们长时间地工作，没有任何休息或假期。我们还可以经常看到其他一些对工人不公正对待的情况，比如在事故中不提供适当的医疗保健和保险，让他们住在没有暖气或没有空调的棚屋，并且一次性扣押他们好几个月的薪水。我们时常听到因为公司扣押一年或一年以上的薪水，然后公司破产，老板跑路，而发生工人骚乱。其他问题还包括工人自杀，工人被殴打和对工人暴力威胁等。这些问题正开始得到解决。

例如，在工人被留下收拾烂摊子的事件中，政府更经常介入，清理破产。2008 年的新劳动法已经开始保护工人的权利，并迫使雇主向所有的员工提供相同的福利。这些行动开始承认，中国城市中像建筑工程等最辛苦的工作是由这些工人完成的，他们理应受到良好的对待——即便要很多年后，他们才有能力住进他们所建造的建筑里。

进步程度较高的城市，如上海，在进一步努力清理对外来务工者的剥削现象时，已经开始将外来务工者的地位合法化，赋予他们社会福利和权利，例如获得教育与卫生医疗的机会。但是，与此同时，这个城市也面临着生存危机。有些人口统计数据表明外来人口的数量已经开始赶超户籍人口。当地的上海人在竭力应对一些问题，例如，如何同新移民沟通（他们不会讲当地的方言），或如何避免他们占用太多的社会服务。

2005 年，上海 33% 以上的新生儿来自于移居者。这个城市在多个地方，包括主要的建设开发区周围的棚户区，设立了 18000 个免费避孕套分发点，仿佛在说："嘿，伙计们，不要在我们的城市生这么多孩子。"[7] 具有讽刺意味的是，因为上海这个城市老年人的比例比其他城市大，所以当人口老年化所需要的服务行业缺少足够的年轻人时，这一政策可能又会回来困扰上海。

城市化进程是一个庞大而复杂的问题，但其中也能找到中国奥运十年期间一些最大的机遇。20 世纪 90 年代及 21 世纪的前 10 年期间，机遇可能主要存在为百万新居民房提供居身之所的地产和建筑业上。而从 2012 年开始，机会更多在于如何使城市生活更加舒适，如何构建综合社区，而不是发达的中心被棚户区所包围。要填补这一缺口，必须在每个新城市化的城市里发展更加健全的服务行业，提供更好的工作、更高的收入，实现更高质量的生活。

基础发展：建设新的基础设施

城市化超级趋势有一半是说服人们迁入城市，另一半则是先送他们到那里。

中国曾经多次尝试在毛泽东的共产主义政策下实现现代化，皆告失败，但他给中国成功留下了钟爱铁路旅行的传统。这个国家已经使用铁路将人们来回迁移了几十年。出于这个原因，文化心态是偏爱铁路的。碰巧，除了船，铁路是一种最有效的方法将人远距离迁移。这使得大规模的铁路旅行几乎是最适合中国幅员辽阔、人口众多特点的一种交通方式。

在奥运十年中，铁路是最主要的国内投资驱动力之一。中国每年要花费数十亿美元升级现有的铁路网络。每年再另外花费数百亿美元建设横贯世界最长距离的新的高铁网络。高铁网络已经成为比著名的日本高速火车和欧洲跨国系统还要大的一个高速铁路网络。

铁路不仅包括长途高速铁路，也包括轻轨、地铁甚至连接交通枢纽的高速磁悬浮列车的城市交通。要知道，如果每个人一辆汽车， 或只是每个家庭一辆汽车，都会使城市堵得水泄不通，因此中国地方政府建造世界上最新、最快、最便宜的（乘坐）和最昂贵的（建造）的地铁线路。

中国新城市建设的可持续性是中国面临的最大的挑战之一。同时，其几十年来作为世界工厂已经严重影响了环境。这就是为什么下一个可持续发展的超级趋势对中国的未来是如此重要。

可持续发展

在 20 世纪 50 年代之前，中国对环境的影响，至少在制造业方面，可以忽略不计。由于其封闭政策，中国错过了工业革命。其生产基地在 20 世纪由于几乎持续不断的战火或内战的影响，而遭受不断的破坏。这种情况一直持续到 1949 年。中国过去是一个农业社会，其碳排放量主要是燃烧生物质而非石化燃料的结果。而大米和养猪产生另外一种温室气体——甲烷，也造成了一定影响。

直到 1949 年在毛泽东的领导下成立了中华人民共和国后，才认真开始了工业化。石化燃料开始被燃烧，森林被砍伐，河水被污染。但是，因为所有的中央规划都是在毛泽东的指挥下，中国的工业从未真正赶上西方国家，此外，共产主义统治下的生活是节约和俭朴的。实际上，由于儒家价值观，中国人浪费得很少，因此直到今天，人均能源消耗和废物输出仍远低于美国。

1978 年之后，一切都变了。邓小平的改革对中国的工业污染和消费者态度将有着更为显著的影响。现在，中国的增长将基于不受限制的资本主义和开放市场，由外商直接投资、资源和能源密集型产业推动。人们自由购买任何他们想要的东西(也是有能力负担的)。1978 年到 2008 年这段几乎无节制的经济增长期开创了中国发展新时代，数亿人摆脱了赤贫。同时，它也给环境——土地、空气和水带来了严重的后果。

可以说，世界上没有其他地方像现代的中国一样如此掠夺环境。1978 年以前，整整一代人都认为一切东西都是全民所有，不可侵占的。然后，几乎一夜之间，就突然信奉你能拿多少，就拿多少。1978 年之后，自然资源突然成为任何个人的，他们想要怎么处置，就怎么处置，而无须承担个人责任：实际上，如果资源属于个人所有，则都无须承担责任。这种态度对国内环境的影响逐渐加剧，造成了较低的工业效率、电力和水的浪费及湖泊、河流、土地和空气的污染。其程度是史无前例的。

因为很少进行测算，所以我们很难量化 20 世纪 80 年代和 90 年代的污染和环境破坏。从许多方面来看，污染是非常可怕的。大城市都是用低效的燃煤电厂供电，这些电厂有的建设在城市之外，有的甚至建设在市区内。人们用炭炉烧饭，甚至用之给家庭供暖。化学品和各种各样的废物未经处理就被倒进河水和海洋中。空气被煤烟熏黑，水是灰色的，带有污水和工业废料。

那时，中国唯一一个大的环境自治行动可能就是《京都议定书》的部分内容了。尽管中国的确批准了《京都议定书》(当中国政府和美国政府提到环境问题时，中国经常斥责美国——未批准的国家)，但是从那时起，其污染更加严重，中国甚至成为了世界上最大的碳排放国。作为一个发展中国家，中国没有义务按照与发达国家相同的幅度降低碳排放量。今天，很多世界上污染最严重的城市都在中国。

过去十年，国内和国际媒体报道了中国一些最明显的环境问题。多次巨型海藻爆发破坏了中国一些最美丽的湖泊；杂草堵塞了重要的商业河流；甚至那些想要举办 2008 年奥运会帆船比赛的沿海地区也受困于发出恶臭的海藻。鼠灾毁坏了农场；中国北部松花江发生了严重的有毒化学品泄漏，使数百万人几个月无法用水。如此多的环境问题使中国政府很难堪，也许就此成为污染的转折点。

为了应对这些问题，中国更严格地执行环境法律；并将国家环境保护总局升级为部级，使其拥有更多的权力和更高的权限；并将环境治理列为评估政府官员政绩的指标之一。

正是在这种背景下，2005 年，中国政府制定了第十一个五年规划。除了其他措施，此计划还将环境和可持续发展定为首要任务。中国正在努力成为领先的绿色科技制造国，执行可以同发达国家的环境政策媲美的环境政策，以便改善国内的环境状况。

虽然这些措施对中国确有好处，但是我们也更多地发现，中国的工业活动也在污染周边国家。事实上，中国某些地方的工厂污染甚至波及丹佛。地球上的任何地方，似乎都无法置身于中国日益严重的环境灾难之外。[8]

然而，中国不愿把环境置于优先于其经济发展的位置。例如，当谈到温室气体和全球变暖的问题，中国拒绝听从要其以发达国家相同的速度减少污染的呼吁。它提出，西方发达国家将自己后发展标准强加于发展中国家，强迫发展中国家为西方国家在工业化时排放的污染埋单。中国正试图找到经济和环境之间脆弱的平衡，但始终有一条中国不会跨越的界线。

中国正通过最大化的反应速度来应对环境危机。它将产业政策和环境政策结合起来，使中国公司通过环保事业仍然可以赢利。最后，新富裕起来的中国人民为了更好地享受高质量的生活正促使政府清理河流、城镇，甚至整个行业。这很快成为了新中国常态，也是中国实现可持续发展之路。在可持续发展的超级趋势下，它必然会提供大量的商机。

节能减排：节省能源，减少排放

可持续发展有两个主要方向，根据中国政府的口号——节能减排可以总结为：节约能源、减少浪费。

目前，中国是地球上效率最低的工业化国家之一。像俄罗斯一些国家实际上情况更糟，但另一方面，一些国家，比如日本和德国则更有效率。俄罗斯，其石油和天然气的能源丰富，所以或许能承担得起如此低效。而中国，只有煤炭和一些石油(且数量不够)，所以必须更加有效率。

中国第十一个五年规划中对环境影响最大的措施无疑是承诺要将每单位GDP的用电量减少20%，几乎实现了能源强度减少19%的目标，但在2006年—2007年的经济高速增长时期，这是非常困难的。第十二个五年规划，中国继续偏重于实现更大的生产力和效率，能源节约目标为16%。

中国的能源政策也变得更加环保，它采用更清洁的能源发电，特别是水力发电和风能。2012年开始，中国又重点发展太阳能。

涉及减少浪费，污染通常是低效率生产和使用的反映。中国在几乎每种工业材料上都面临着自然资源的短缺，甚至没有足够的淡水。

缺少足够的水源是一个很大的问题，因为电力发电需要大量的淡水。这不仅因为水力发电需要水，还因为中国绝大部分的发电使用煤炭，需要将水煮沸，产生蒸气，推动涡轮机的运行。而且，中国的农业方式效率低下，往往会浪费大量的水。另外还有大量的制造商可能需要用水来冷却和清洁。最后，还有13亿人需要饮水。2010年—2012年，云南省的持久干旱影响了数百万人。再加上沙漠化和对地下水的消耗，这个国家的许多地区已经处于持久的干旱状态。中国的官员估计，有三分之二的中国城市存在着缺水问题。考虑到中国正在建造更多的水力发电站，降低了河水流量，及21世纪随着地下水的耗尽，这个问题将愈加严重。400多亿美元的基础设施项目——南水北调工程等解决方案只能对此问题起到缓解的作用。

因此中国必须变得更有效率，必须找到新的方式节约用水，更有效率地使用各种材料，生成更清洁的电力，减少污染——一切都须同时进行。如此大范围的挑战和机遇为可持续发展的超级趋势奠定了基础。

富裕化

虽然按人均计算，中国远远没有富裕，但是富裕和极端富裕确实存在，特别是在企业家阶层和城市里。以国际标准衡量，这些人非常富有。

中国许多的国有企业，常常由于国内的垄断或双头垄断的商业环境已跻身世界一流企业。大多数都获利丰厚，现金充裕，还可以通过国有银行使用大量的额外资本。

过去几年，中国的中央政府更偏重挑选行业龙头和支持国有企业，私营企业有一段困难时期，但是他们做得也不差。创业公司成功后，由于他们所处的省市规模同某些欧洲国家相当，市场在以每年最少9%的速度增长，使之可以继续在各自的市场快速增长，实现规模化。

最后，中国政府本身可能被认为是有史以来最好的成功转变的范例。从1978年之前最贫穷的国家之一，变为2008年后最富有的国家之一，中国正在不费力地赚大钱。税收收入的增长要快于GDP。外汇盈余增长到3.2万亿多美元，为世界历史上最大的规模。按照第十二个五年规划中的国家目标，中国的GDP在2015年之前似乎要以最低7%的速度保持增长。

简而言之，一些中国人、一些中国公司及中国政府都将变得非常富有。而钱太多造成的问题——通胀——正促使中国为其财富寻找新的出口。富裕是新中国常态，而富裕化超级趋势则是中国将如何花钱。

繁荣化：繁荣

过去30多年在中国产生的财富数量是令人惊讶的。随着中国继续保持7% GDP增长的轨迹，相信这十年中，其财富将继续增加。

从股市到土地价格，从企业利润到个人收入，从政府税收收入到政府投资——所有这些都在上涨。然而这种突然的繁荣并非毫无瑕疵，中国的新经济已经开始生成财富泡沫。从名酒到大蒜再到普洱茶，每种东西都带来迅猛的通货膨胀。一旦泡沫破裂，将可能带来灾难和突然的通货紧缩。同时，中国的财富未公平分配，造成国内形势日益紧张。所以，在这个超级趋势内的机遇尽管很大，但也存在风险性。

● 微小泡沫

不同于企业家，个人在这些年致富的最好方式是要么购买房产或投资股票市场，最好两者都有之，但很少是同时进行的，因为它们的价格经常是反周期变化的。

改革初期，这样的机会并不存在。股票市场直到1992年才开放。私人房地产所有权直到20世纪90年代中期才首次允许。从那时直到21世纪头十年的初期，中国的情况还只是微小泡沫、微小破裂。自从 2004 年中国的经济进入了超速行驶，微小泡沫变成热气球，中国经济的风险急剧增加。

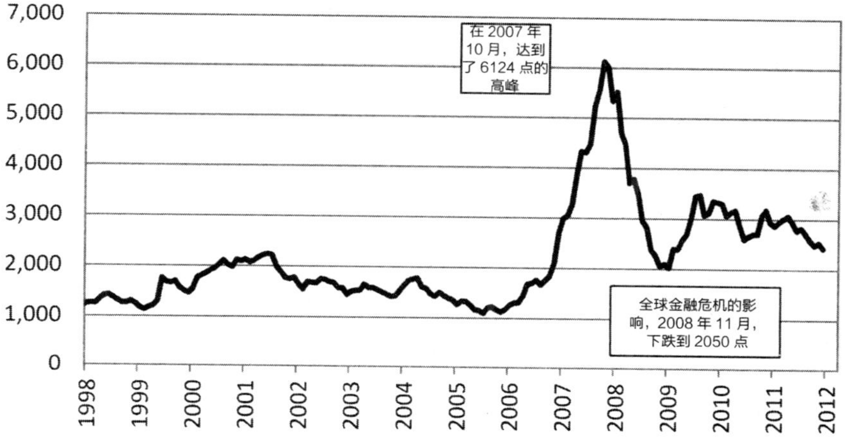

图 12 上海证券交易所指数，1998—2012

随着经济开始全速前进，房地产和股票价格也急剧攀升。到 2007 年时，很明显中国一切顺风顺水。2007 年，上海股市主要指数连续两年在世界上表现最好 (2007 年增长 97%，2006 年增长 130%)，经济增长 14.2%，处于历史最高点。就像之前其他地方的许多泡沫一样，繁荣似乎永远不会结束。

2008 年对于全球的市场，包括中国，都是可怕的一年。中国的房地产价格停滞不前。股市下跌。在危机的最低点，基准上证综合指数下跌了三分之二，但到 2009 年中期，中国的经济刺激计划开始见效。接下来发生的，很少有人会预测到：中国房地产市场价值几乎翻番。这无论是由被压抑的需求推动的还是国有企业使用刺激资金购买房地产，快乐的日子又再次到来。

从 2008 年和 2009 年初衰退的低谷到 2011 年底的高峰，中国许多城市的发展区域，房价翻了一番。个人住宅区的房产价格上涨两倍也是件平常的事情（或者，如果它们以很低的基数开始上涨，会上涨三倍）。到 2010 年，房地产投资显然同经济的其余部分很不成比例，所以中央政府不得不实行一系列新的政策以便使价格回归理性。这些政策并未导致房价的显著下降，但从

2012 年开始，供给和需求似乎达到一种平衡：一线城市的市中心区价格最终稳定下来，郊区甚至出现调整的迹象。

至于中国的股票市场，则回到过去的波动状态。中国股市 2010 年由于大规模经济刺激计划成为全球表现最好的股市之一，但到 2011 年，钱一旦已耗尽，则成为表现最差的股市之一。

● 中国政府变得越来越富有

在中国不仅仅是房地产和股票市场投机者依靠经济的蓬勃发展而变得富有；政府由于在国有企业仍留有股份，所以仍旧是最大的投资者。尽管政府在 20 世纪 80 年代和 90 年代私有化或重组了许多效率最低和不盈利的国有企业，但是仍然战略性持有一百多家最大的挣钱企业的过半数控制权——公用事业、石油公司、矿业、重工业和电信——以及数万家小型国有企业仍记录在案。这些中央管理的国有企业，仅是所有国有企业的一小部分（包括当地和国家），给政府带来了 9170 亿元人民币的利润（合 1460 亿美元）。

许多这种中央管理的国有企业公司的名称，西方投资者可以从过去五年中轰动股市的上市名单中获得：中国移动和其他电信运营商，中石油和其他能源公司，一些中国航空公司、金属生产商和中国国家总烟草，及其他很多此类公司。中央政府的国有企业管理机构，国资委声称，在 2011 年，120 家中央管理的国有企业创造利润超过 9170 亿元人民币（合 1460 亿美元），税收 20.2 万亿元人民币（合 3.2 万亿美元）。

中国通过这些国有企业的红利产生政府收入。大约 10% 的利润作为红利进入公共财政（但是对于某些行业，如银行，比例可能要高得多，高达 40%），其余的用于再投资。考虑到它们的垄断、双头垄断或寡头垄断的地位，这些企业中的许多都是赢利非常高的。然而，就是这些国有企业常常被批评缺乏透明性、效率低下，行动缓慢。很多国有企业在海外只登记有一个业务部门（不是控股公司或集团），其真正的财务业绩除了国资委其他人都不清楚。

另外，通过增加税收，中国政府已变得非常富有。仅 2011 年，总计税基数就增长了 22.5%，而 GDP 增长仅为 9.2%。谁在支付这所有的额外的税收呢？

快速上涨的工资促成了更高的个人所得税计税基数。中国对外国公司实施统一的税收政策，使更多的外国公司支付税收，而之前它们有一段慷慨的税收优惠期。许多公司——国外和国内的公司，特别是中小企业——正通过电子系统交纳税款，以防止其逃税。逃税曾经给政府带来每年数十亿美元的损失。最后，中国生产的商品越来越多，调高了增值税计税基数。

为了弥补政府传统的卖地收入，一些地方政府已开始实施物业税。所有这些意味着，中国的中央政府会有一个稳定的收入，而不像过去一样单纯依赖于国有企业。另外，当地政府大部分的营业收入仍然依赖于卖地。这导致了土地征用等一系列社会问题。但是，总的来说， 由于高税收和房地产行业的持续发展，中国的中央和地方政府变得越来越富有。

最后，中国的外币持有量意味着中国现在是全球金融的重要力量，将在国际货币基金组织发挥更大的作用。中国在避免自己的货币在国际市场浮动或交易的同时，要求对国际货币体系进行调整。

当中国老百姓、公司和政府享受新的繁荣时，在富裕化超级趋势内，我们可以找到一些奥运十年中收获最大的机遇。

摘要：超级趋势概述

这一章介绍了超级趋势，及超级趋势与驱动力和推动力的关系。这些超级趋势是最大的趋势，包含了奥运十年期间最有价值的机遇：

新型制造业

城市化

可持续性

富裕化

下面每一个章节将着重于一种超级趋势，解释哪些行业、公司和个人最有可能通过这些趋势获利。

第五章

新型制造业超级趋势

价值化 – 革新化

中国过去 60 年左右一直是一个工业国家。从毛泽东领导开始，这个国家就试图坚持马克思共产主义的原则（生产工具在人民手中）的同时仿效苏联式工业化。在这段时间，这个国家多次大规模的工业化尝试皆告失败。影响力最大的一次是“大跃进”（1958—1961）。这个计划旨在提高农业生产力和刺激中国钢铁等工业品的产量。

如之前的章节所述，“大跃进”政策其中有一项政策是农业公社在农村建设小型钢厂。高炉使用大量的煤、木头和其他任何可烧物，而仅能生产出少量的低质钢材。在这个过程中，整个公社可能已经将他们仅有的工具作为废料熔化，夺走了他们种植庄稼和谋生的工具。虽然没有确切的数据，但据估计，数以百万计的人死于饥饿。

中国制造业的挑战

中国制造业仍在增长。短期内，在国内市场增长平衡出口市场的过程中，制造业不会慢下来。较高的外商投资及中国自己的出口商的新高端产品将推动中国的出口型经济达到又一个高度。然而，世界工厂的地位将面临挑战，并会影响到国内外所有公司。

2008 年，金融危机期间，世界对中国普遍存在着不确定感。之后博思艾伦针对在中国的美国制造商进行一项调查。此调查主要是关注美国制造商对中国制造业优势的看法发生了何种变化——低成本是最常见的看法，及对于未来意味着什么。近 20% 的受访公司表示，他们会将其制造业基地迁移到其他国家。绝大多数指出这样做的主要原因是劳动力成本低的优势正在消失，及免税期已过。

到 2012 年，上海美国商会也进行了一项调查，得出大约 90% 的美国公司认为中国正在失去它的低成本优势，越来越多的低附加值商品在中国以外或内陆制造。然而，待在中国日益发展的市场的好处也变得更加明显：三分之二的被调查公司的中国业务的增长速度高于其他地区，77% 的企业在 2012 年将增加在中国的投资。[1]

实际上，国外和国内——所有公司的成本都已上升——但对于国内公司，即使可以离开这个国家，也不是一个有吸引力的选择。他们被困在工资不断增加，监管日益严格的环境下。国外公司当免税期到期时则面临着日益增加的税收。新规意味着不再免除外籍工人支付中国社会福利费的义务。成本增加的挑战已迫使所有在中国的制造商重新思考他们的商业模式。

让问题更加复杂的是，中国还试图以多种方式调整其经济结构。最重要的是，它正在淡化出口行业，支持国内消费。就业方面，政府淡化体力劳动，强调附加值更高或高级技术的工作，推动创造更高收入的服务行业。这是把制造商放在一个艰难的境地。他们必须调整生产，使其更适合家庭使用，并被迫转向城市以外劳动力更便宜的地区。

然而，制造业仍然是中国最重要的经济活动。奥运十年开始前，2007 年，中国的工业产出增长了 13.4%，而服务业增长了 11.4%，这意味着制造业和相关行业占中国总体 GDP 的比例实际上已经变高，延续了自 2005 年以来的趋势。2010 年，中国的 GDP 约 47% 为工业，43.6% 为服务业，农业仅为 9.6%。。随着城市化程度的不断提高，城市就业成为常态，服务行业的增长速度将超过制造业的增长速度。到奥运十年结束的 2018 年，服务业对中国经济的重要性将超过制造业。

商业环境不断变化

在中国的制造商必须从往常的从商方式，转向在新的中国常态下主动地或被动地应对已变化的商业环境。

● 全新强调了增值的重要性

在 20 世纪 80 年代和 90 年代，中国开始生产许多劳动密集型的手工制作产品，抢占了以前在东南亚其他地方制作的产品的市场份额。这样的产品只适合于国内或其他地方低端的细分市场。在 2001 年加入世贸组织后，中国使用机器设备，制造更多的资本密集型产品，开始取代低端产品，但有时候仍然有大量的手工加工和装配。这样做是基于这样一个采购模式：国外公司来中国是为了寻找他们需要的现成产品，或者 OEM 或合资企业生产的产品。中国奥运十年开始的时候，这些产品技术越来越复杂，在中国的增值程度越来越高。在这个时候，许多国外制造商已经开始建立自己的工厂，而不依赖中国的 OEM 或合资伙伴。这带来了新的中国制造业常态的第二个特征。

● 劳动力成本更高

第二个影响是中国的劳动力成本越来越高。全球金融危机期间，为了应对本国减速的市场，国外公司在 2012 年仍在中国生产比以往任何时候更多的产品。制造产品的增多给制造业工资产生了压力，尤其是在沿海地区。这些地区一般是吸引了大部分的国外投资。虽然中国在成本优势消耗之前的确仍然有很多过剩产能和剩余劳动力可以利用，但这一切随着工人迁徙模式的变化也在迅速变化着。

中国经济自 1978 年以来的快速增长是令人瞩目的，但它是建立在劳动力的基础之上。中国的 GDP 在过去二十年中已经翻了四倍，速度远远超过其他以前高增长的亚洲国家，如 20 世纪下半叶（花费了 40 年才达到四倍）的日本。再往前，美国花费了战后 60 多年，经济规模才达到四倍。再远一些，大英帝国在 19 世纪花了 100 多年。

中国经济高速增长，相比之下，工资却是停滞不前。根据政府的统计数据，在珠江三角洲地区（是许多出口公司和国外制造商的业务基地），包括广东省，在同样 30 年的时间里，工资增长不到 10%。[2]

使工资问题更为复杂的是，沿海地区比内陆地区得到了更多的投资和增长。结果是，2011 年之前，沿海地区劳动力成本的上涨比内陆地区要快得多。最近，沿海地区的工资增长已经逐渐停止（已经达到多数工人能够生活得较好的高工资）。内陆工资增长有所加快，但仍需时日才能赶上沿海地区的工资。中国内部劳动力的差异促使中央政府限制沿海对低技术体力劳动的投资，而鼓励对高科技资本密集型行业的投资。

如果制造商们对较高的劳动力成本不满意，他们可以将生产移至内陆。那里的工资更低，还有最新的税收优惠可以享受。然而，许多跨国公司却转向所谓的“中国 + 1”战略。这个加号指的是另外一个劳动力成本更低的国家，如越南和孟加拉国。当中国的生产受挫或变得过于昂贵时，则可以将其部分作为后备。

● 其他成本增加

其他非生产相关的费用也在上升，例如那些由于环境和工人的安全法规带来的费用。中国版的美国环境保护署是环境保护部（在2008年之前，被称为国家环境保护总局）。由于空气质量等其他问题在2008年奥运会和2010年世界博览会期间成为全球新闻，因此环境保护部已更加认真地对待其环保工作。

此外，从铁和铜等基本物质到石油和塑料，商品价格和原材料成本都在全球性上涨（部分原因是由于中国自己的“大胃口”）。当劳动力是生产成本中最大的因素时，中国有优势。但是，如果产品是能源或材料密集性的，中国的优势就大幅减少。例如，在中国从1978年到2004年的大部分增长期间，石油价格在10～30美元。从2004年开始，恰逢中国令人印象深刻的高速发展扩张，石油稳步上升，2008年达到每桶145美的最高点。此高峰价格可能是一个失常现象，2012年有望回归到每桶100美元或更高一些的价格。油价将影响着中国制造业的许多方面。

然而，对中国出口商并不都是坏消息：大量的集装箱由于全球需求降低使得从中国出口更加便宜。

● 全新强调质量的重要性

自从中国奥运十年开始，中国就开始强调质量和产品安全的重要性。

另外，在某种程度上，亚洲每一个刚刚工业化的国家都会经历一段产品被视为劣质的时期：想一想20世纪60年代和20世纪70年代的日本车，直到丰田以其全面质量管理引领了整个行业的革命；或者想一想“韩国制造”曾经与劣质电子联系在一起，直到像三星和LG的企业成为消费者最爱的高科技小工具和电气用具——中国产品已经形成了低质的印象，他们似乎无法摆脱这种印象。

中国产品，从美国消费者的角度来看，可能会经常被发现于沃尔玛和美元商店，它们便宜，你付多少就能得到多少。然而，2007年的有毒宠物食品和含铅超标玩具召回事件标志着西方消费者对中国商品看法的改变：不再只是便宜，现在潜在着健康危害。

毒害心爱的家庭宠物，用玩具危及儿童生命的名声对于一个将其大部分 **GDP** 都依赖于出口的国家来说是件可怕的消息，所以政府比以往任何时候都更加推动质量的提升。

当然，这最终是消费者驱动的需要。西方消费者对质量有要求；如果无法满足则会停止购买。最近可支配收入变得充裕的中国国内消费者也带来了巨大压力。有众多的国内外品牌争夺着他们的注意力，而他们可以在网上进行搜索对比，可以在水货市场或在中国领先的电子商务公司阿里巴巴和京东商城向授权中间商购买几乎任何东西。精明的零售购物者甚至在购买的时候使用智能手机查看产品受欢迎程度排名、质量和价格。因此，中国消费者也变得越来越有辨别能力，且现在的购买力能够影响公司改善其产品质量。

● 从“中国制造”到“为中国制造”

越来越多的产品由驻中国的制造商针对中国国内市场制造。近年来，中国和国外制造商可能会在中国制造它们的产品，但这些产品都不是真正地为了中国，而是为了出口市场。这种情况正在迅速变化。前面提到的美国商会的2010——2011调查显示，71%的公司已经或将特别为中国制造产品——为中国而造。

今天，新的中国常态不仅是在中国制造产品，而且是为了中国而造。这意味着中国化，使西方产品迎合中国人口味，以及中国新思想的原创性。中国不想超越自己，但它希望使用反向全球化推动力保持其出口大国的地位，使相同的产品最终也将成为世界的，同时仍拥有一个最受欢迎的消费者市场。

中国要成为一个创新者，有许多工作需要做。在创新上，中国还面对着俱多障碍；其中一个是，中国基于机械学习的教育体系不鼓励创性思维。中国有句老话，枪打出头鸟。随波逐流比独立思考更重要。如第三章——中国路线图所述的，中国可能通过其国家规划把更多的重点放在一个国家的核心竞争力——研发上面。

这不是一个全新的趋势。中国，二十年来，一直在努力开发自己的技术，也获得了不同程度的成功。但它还没有实现被全世界公认为真正有用的中国发明或创新的突破。不过，我们有一些例子说明了它现在进展如何。

● 案例研究：中国视频光盘

当中国在 20 世纪 90 年代早期首次引进 VCD 播放机，西方世界几乎连眼睛也没有眨一下。VCD 是一个由飞利浦和索尼开发的标准，用于将视频放入常规的压缩盘中。当时 VCD 既未被人所知也未被使用。西方市场想从 VHS（家用录像系统）直接跳到 DVD——跳过中间（标准更低）的 VCD 格式——但中国发现，VCD 播放机和媒质比 VHS 或 DVD 平台可以提供更多优势。中国很快在这个亚洲以外的人很少知道的市场成为全球领先者。

VCD 媒质比 VHS 又便宜又耐用，尤其是在湿度高的地区更加好用。而且，VCD 硬件专利使用费比 DVD 播放机的专利使用费便宜得多，几乎是免费的。这可能是因为知识产权的持有人——日本公司——认为 VCD 的市场不重要或不值得为此纠缠中国。因为他们还有很多机会可以抓住。

不管怎样，中国生产商和中国消费者使这个平台非常成功，仅在中国一年就售出了 2200 万台播放机。到 2005 年，估计多达 2 亿的中国家庭，每个家庭拥有一台 VCD 播放机。[3] 但你不可能知道售出了多少 VCD 电影，因为它们中的绝大部分都是盗版的（VCD 没有版权保护系统），或录制于 VHS 带或是在影院拍摄的。未来许多年内，正版 DVD 电影对中国消费者来说还是太贵，因此 VCD 在中国将占相当大的市场份额。

中国政府想要向价值链上游转移，已经开始着手研究自己的视频和许多其他消费产品的技术标准。中国视频光盘标准最终被称为超级VCD（SVCD）。此视频播放机不仅在中国出售，还出口至全东南亚。VCD/SVCD格式的成功部分归因于其在卡拉OK产业的应用。它替代了昂贵又庞大的激光视盘（LD）格式。除了卡拉OK产业，VCD在其他地方的使用和应用都可以忽略不计。

VCD/SVCD产品被使用（1998—2001）的高峰期，DVD格式开始侵入消费者和生产商这两个渠道。DVD播放机的价格下降到中国消费者买得起的水平。DVD加密系统破解后，盗版DVD电影复制到处都可以买到。生产商这一边，越来越多的DVD播放机按照OEM合约在中国制造（或由中国制造商生产，但未向专利持有者支付专利权使用费）。日益增长的DVD市场看上去颇具吸引力，足以使中国再次尝试创建自己的国家标准——高级高密度光盘系统（AVD）。后来，它与台湾的一项标准相结合，形成了增强型通用光盘（EVD），但是这个项目未获得扶持。之后，DVD播放机的价格和专利使用费下降，使AVD/EVD缺乏竞争力。[4]

中国无法绕过DVD标准，于是最近又尝试进入高清DVD的领域。索尼的蓝光标准和东芝的HD－DVD之间的斗争或许已经结束（蓝光获胜，已经成为高清DVD的全球标准），但中国还有一个牌可打：CH－DVD。

这种格式简称中国高清影碟，是基于东芝支持的HD－DVD标准。CH－DVD的发展之路有许多曲折。它最早开始于2005年。东芝据说讨好中国制造商，要它们选择DVD标准而非蓝光标准，但DVD标准并不能满足中国电子行业最重要的条件：避免向外国财团支付大量的专利使用费。而DVD播放机和其它电子产品需要他们支付专利使用费。[5]因此，中国与一位东芝研究员合作，开发了中国的标准。中国还可以从中获得自己的知识产权。此标准使用不同的编码和版权保护的格式，使其成为一个由中国人控制的架构。

今天，CH－DVD被命名为中国蓝光高清（CBHD）。此播放机主要在中国出售。但卖得更多的是价格更高的蓝光播放机，销售比例为 3 : 1。[6]

不同于 VCD，华纳兄弟等公司正在为此格式制作中国消费者应该负担得起的正版影片，如《哈利波特》系列，价格大约是 50 ~ 150 元人民币（合 8 ~ 24 美元）。

如果，像他们对 VCD 播放机所做的一样，东南亚和其他市场也可以接受 CBHD 标准，则蓝光的最后结果可能会变得不同。[7]

从中国视频光盘行业的发展来看，有几个共同的主题变得明显，并且在中国未来十年的增长中会更加频繁地出现。这些主题包括开发中国自己的知识产权，以避免支付国外专利费（并希望以后能够得到专利收入）；各个中国政府机构、大学和公司之间合作研究和开发标准（有时国外公司渴望进入中国巨大的市场）；利用其庞大的国内市场实现规模经济，使其制造商在扩张到其他地区之前能在国内市场低价销售。

● 其他技术创新

这种模式是否可以在其他行业有效实施尚有待观察，但中国仍打算用它能获得的任何技术发展自己的标准。中国追求开发自己技术的政策可能是因为希望灌输民族自豪感，建立非关税壁垒，牵制在国内市场的国外竞争对手。中国在施加压力确保自己的标准占据主导地位，并由政府给予生产商（那些没有必要开发自己的技术或处理授权问题的生产商）和消费者（那些可以购买更低成本的中国制造的产品）的某种补贴。

此政策和方法的另一个例子可能是磁悬浮列车技术。磁悬浮列车技术十年前首次来到中国是通过一个国外的制造商财团。这个财团愿意以优惠的条件批准中国使用他们的解决方案。可以说，财团认为沿着这条线路，可以带来更多业务。

在此项目启动时，商业运营的磁悬浮列车尚未经检验。是中国人首先愿意建造并运营的。这个机会的吸引力鼓励了其主要合作伙伴，德国公司西门子和蒂森克虏伯投入更多的时间和资源。德国政府甚至给予了 30.5 公里（19 英里）线路 13.3 亿美元成本约 15% 的贷款。此列车时速可达到 430 公里（267 英里），并且是地球上速度最快的运营列车。当时是 2001 年；该线路在 2004 年投入使用，之后，虽然未达到最大运能，但一直平稳运行。对于财团成员，情况就不太如意了；他们无法在中国甚至在德国出售任何其他系统。2008 年 5 月，合作伙伴发布了一条声明，宣布解散合资企业。有些人猜测，这项技术将被卖给中国，但该声明仍谨慎地说明该核心技术仍归西门子和蒂森克虏伯所有。

然而，根据所有的技术转让及上海磁悬浮线路建设中的实际执行经验，中国公司不用十年就可以开始使用此项技术。

2012 年 1 月，一家中国公司宣布拥有了自己的磁悬浮列车技术，国外磁悬浮列车技术的变体，即轻轨版。轻轨版最高运行速度为每小时 100 公里（62 英里）；其低成本针对的是城市轻轨市场；环保、低噪声、零排放。[8]

最后，由于以上提到的众多原因，这个趋势将继续下去。中国也为其他技术，如移动电信，开发了自己的一套标准。

例如，2009 年，中国推出了自己的 3G 移动电话传输技术，被称为 TD－SCDMA。TD－SCDMA 同样遵循中国模式，即从其他地方获得最初的技术标准。它基于其他国家和公司开发的标准，其开发也是直接由西门子进行支持，所以这并不完全是中国人的发明。然而，它有足够的中国技术和开发过程，允许中国公司采用，而无须支付国外专利使用费。唯一的问题是，没有人想要它，消费者甚至是网络运营商都不想用。

即使缺乏国内需求，中国还是再一次利用其协调性的产业政策，以确保最大的移动运营商（也是世界最大的）——中国移动采用此项技术，推向全国市场。同时，它将 3G 牌照给了另外两家采用国际标准如 WCDMA 和 CDMA－2000 的公司，让市场决定这个试验。到 2012 年，市场给出了结果。就像在测试阶段里所显示的，消费者不喜欢 TD－SCDMA。它速度慢、易掉线，没有最新的手机款式（特别是 iPhone）。客户离开中国移动，成群结队地去报名参加中国第二大移动运营商中国联通的 3G 计划。中国移动对此情况很不高兴。当然，它没有选择。在这个时候，对于中国移动，等待 4G 牌照被批准就尤其关键。中国移动已经投资了一大笔钱在中国 4G 标准 TD - LTE 的开发上。似乎很明显，中国的 TD - SCDMA 就像中国的 DVD 标准，CVD /EVD 一样即将失败。但是，就像已经在中国成功的 CBHD 高清 DVD 格式，TD - LTE 同样可以成功。

中国的标准是否能够与国外的标准相抗衡，并最终在国际市场上胜利很难判断。中国的优势在于有一个巨大的国内市场可以测试和发展新型技术。其市场足够诱人，可以吸引全球的科技公司愿意提供他们最好的想法，来分得中国市场上的一杯羹。中国对国内产业创新和支持的政策是新型制造业超级趋势中最重要的因素之一。

中国使时尚变得流行

中国生产的衣服通常给人低成本和批量生产的印象，但是，这个行业也在朝增值链上游移动，整体上保持增长。有人误以为由于劳动力成本正变得太高，中国无法保持竞争力，所以中国正撤出低附加值的商品。事实上，中国并未失去纺织品和服装最大生产商的地位，它只不过是进行内部调整，采用自动化或将这些工厂迁至内陆。

除了 2009 年，中国的出口总体而言，几十年来一直在稳步上升，年增长率通常在 20% 以上。至于纺织品和服装，2011 年，中国总出口额将近 2500 亿美元，与 2010 年（当年，仍达到惊人的 2000 亿美元）相比，增长了 20% 以上。这使得中国成为世界最大的纺织品和服装的出口国，占全球贸易 30% 左右。

很显然，这是中国最重要的出口行业之一，但中国不确信未来十年是否能够继续占据统领地位，因为新的“亚洲四小龙”，如越南、柬埔寨、更不用说南亚国家，如印度、巴基斯坦、孟加拉国将蚕食中国的廉价劳动力优势，更多地参与到低附加值产品的竞争之中。

原材料成本也正在上涨。棉花价格2011年达到历史新高。中国对棉花的需求在2010年增加了86%。还有其他因素影响着棉花的价格，包括供应方的种植面积和粮食产量，其他国家的需求量。但是任何价格的变化都会同等地影响着中国。[9]

最后，劳动力成本增加，以及医疗保健、安全保障和福利费用都在消弱中国产品的竞争力。

一些中国工厂正采用多种方式适应这些变化，比如自动化生产流程，添加更多的设计服务，生产出更昂贵的高端商品或从使用OEM大规模生产客户的品牌变为推出自己的品牌。这样使自身越来越国际化。

中国工厂现在可以取两者之优点：低成本的手工，结合最新的高科技生产方法，连接到互联网的供应链中，以有效的成本实现更短的运营周期。中国为了成为世界工厂，不仅需要大量的劳动力，它还需要最现代的设备以自动化流程，快速产出，不断变化，尽可能满足许多不同品牌和公司的各种需求。这个行业的发展之路伴随着众多公司的多年艰难跋涉，像香港的利丰转而向沃尔玛这样的公司和全球服装公司供应衣服。这使得中国工厂的能力无比强大。

所以，在多年以来以严格的标准，超薄的利润，按时生产其他公司的设计后，许多中国工厂现在已经准备离开这个安乐窝。中国服装制造商通过另外雇用一些设计师——经常是中国人。在时尚中心如法国或意大利接受过培训——可以实现原创设计和有竞争力的价格之间好得令人惊讶的结合。

许多设计师现在凭借世界对中国艺术和时尚的兴趣，能够推出拥有自有品牌标签的服装。香港和台湾的设计师，比如吴季刚（第一夫人米歇尔·奥巴马最喜欢的设计师）和夏姿陈，已经使之一跃成为国际时尚。下一波的中国设计师将以反向全球化的方式来自于内地。这意味着——就像中国的现代艺术家——中国的服装设计师首先闻名于国外，为西方消费者所接受。特别是如果设计师体现出打破中国传统风格的嗜好，会更受欣赏。也许中山装（西方称为毛式西装）将成为晚礼服，或旗袍可能成为西方时尚达人衣柜里下一个必备物品。中国内地消费者，大部分仍将对国际著名品牌最感兴趣。但正如当前中国大陆人迷恋国产的现代艺术，一旦中国时装设计师的设计足够昂贵，他们将最终被国内所欢迎。

以前的中国OEM分包商遭受超低价格、超高价商品和超高生产成本之苦。迈向高档市场移动——或作为更高质量的OEM或生产他们自己的品牌——是中国各类服装生产商正在尝试的方法。

在奢侈品业有一个讳莫如深的秘密，即越来越多的奢侈品——全部或部分——已经在中国制造：保守这个秘密，是因为它并不适合奢侈品牌的形象，很难将其与生产、低价劳动力和血汗工厂联系在一起。顶级品牌为了避免这种命运，只在中国生产成品的一部分，再在其他地方组装，使其所含的价值额达到一定比例，配得上珍贵的“异国制造”的标签。

中间层奢侈品牌就不是那么害羞了，特别是涉及中国擅长的包袋和配饰，Coach，手袋和服装的生产商，即便它的许多产品产自中国，而非进口，在中国依然保留着奢侈品牌的地位。Coach和其他奢侈品牌来中国不一定仅仅为价格差异（在高品质的时尚品牌中这是可以忽略不计的，因为材料和品牌是其价值最大的部分），而是为了生产灵活些，且能够如期完成。中国OEM厂商正在学习向这些公司提供甚至更高的标准。

对于这些奢侈品牌，这并非是一种浮士德式的交易：他们在中国生产，获得其他利益。不像欧洲的奢侈品作坊，中国工厂的假期可能较少，在西方节日时也在运作。越来越多的国际奢侈品牌也在中国生产，因为这可以让它们缩短供应链，更快地交付到零售店——中国是许多服装和饰品原材料的基地，并已经是世界上许多奢侈品第一或第二大的零售市场（取决于使用哪个行业协会的定义）。[10]

中国的纺织品和服装生产商适应变化和参与竞争的最后一种方法是推出自己的品牌

体育用品和服装公司——李宁公司就是一个例子。它现在开始与对手耐克和阿迪达斯竞争。中国有一些鞋类生产商，以前因经营为耐克和其他全球品牌服务的血汗工厂而闻名，现在他们凭自己的力量进行竞争。他们经常遭受着欧盟的贸易限制，因为他们的产品质量好，又很便宜，使欧盟剩下的鞋厂的生意一落千丈。

事实上，20 年来，中国人制造的跑鞋或使用知名品牌的名称或以知名度比较低的自己品牌的名称已经占据了西方国家的鞋类市场。问一问《没有“中国制造”的一年》的作者萨拉·邦乔尼，找到非中国制造的跑鞋是一件多么困难的事情：她走遍了路易斯安那小镇的商店，试图找到一双 10 美元中国制造的儿童运动鞋的合理替代品，结果是白费力气。最后，她终于通过邮购支付 68 美元买了一双意大利运动鞋，一双带着丑陋的尼龙搭扣带的运动鞋。

东莞，位于广东省的一个轻工业品制造城市。在那里，鞋类生产工厂一家接着一家，每年生产数百万双跑鞋以超低价格运出海外，最终在沃尔玛以 10 ~ 20 美元一双出售。

就像中国功夫电影，中国 OEM 学生成为了师父。在更多的行业，更多的中国原始设备制造商将以类似的方式向价值链上游转移。首先，他们将成为原设制造商——ODM——分包商。它们根据其它公司的规格，为此客户品牌下的产品进行设计和制造。最后，中国企业将开发自己的品牌，停止提供 OEM 和 ODM 服务，完全取代非中国品牌的生产。

服装和奢侈品只是中国的制造商对更加高级的品牌以 ODM 角色转向高端市场的两个领域。他们或成为 ODM 或推出自己的品牌。另外一个行业是个人电子产品，如电脑和手机。但在中国，在任何行业最终设计自己的产品和开发自有品牌之前，许多制造商仍须克服一个非常大的障碍——知识产权的障碍。

仿冒品、仿制品和复制品，哦，我的天

仿冒品、仿制品和复制品之间的差别微乎其微。特别是当你谈论像iPhone这类消费设备时，这些词的意思本身就不是很明确。

在设计上，仿冒品通常是有意或无意作出类似于另外一个产品的某个产品。例如，一个时装设计师的米兰时装秀，可能“激发”低端的现有服装生产线的设计主题的灵感。在时尚界，某种程度上，这是一种可以接受的做法。主流品牌从奢侈品设计师那里获得启发及了解下一季的潮流是什么。

在技术领域，克隆电脑过去是为了模仿IBM设计的PC专有内置软件BIOS而制造的一种电脑。为了避免被称为是复制品，此程序完全从头开始。在一个独立的实验室重新设计了BIOS，使PC拥有相同的功能，而不侵犯IBM的知识产权。[11]

在中国制造的许多东西都是复制品，往往不顾及知识产权，完全复制某件东西。例如，去掉版权保护的盗版电脑软件，放在小推车中在大街上叫卖；DVD复制电影（连同完整未删减版DVD和新加的中文字幕。翻译经常会有些可笑的错误）；或者是某个中国脱口秀公然窃取柯南·欧布莱恩深夜秀的开场。

这并非是创造性的作品，无数制造的产品被中国工厂所复制。从高科技的电子设备到一双李维斯的牛仔裤或耐克鞋，任何东西都可能被复制。复制品精细到标签和包装都看起来几乎完全一样（可能是因为它们都是同一工厂在授权产量以外暗自生产的产品——在被授权的OEM工厂，另外一班工人在未授权生产的情况下用相同的机器生产同样的产品）。

有时复制品表面上是相同，但表面以下则完全不同。曾经有款叫HiPhone的手机在中国通过在线拍卖和其他水货渠道销售。它彻底抄袭了Apple的iPhone，甚至仿制了包装盒和Apple标志（咬口在错误的一边）。外表上，它看起来就像一台iPhone。在内部，编写的操作系统和软件都巧妙地模仿了 Apple 的 iPhone 用户体验的外观和感觉，但是写入了完全不同的未授权的代码。这是一款只有 Apple 外观的产品；它无法连接到 iTunes 上。

中国假冒商品行业的负面影响是：中国有着大量的假冒产品，从假手表到假拉菲酒庄的葡萄酒。一套假的 Ping 高尔夫球杆既会损害原品牌，又可能会破坏高尔夫球手的比赛。

然而，更新的一类产品在中国越来越多地出现。它们的质量比原版更好，价格更低，成本更低，拉近了仿冒品和复制品之间的界限，但尚未打破这条界限。

有一家中国公司推出了一系列 MP3 播放器。这些播放器从设计到流行的白色外壳都极像 iPod。许多人想知道它们究竟是什么——非常好的仿冒品，或只是复制品？

● 案例研究：魅族 MP3 播放器和手机

魅族是一家中国公司。2007 年左右，此公司的一些产品出现在 Engadget 和 Gizmodo 等科技博客中。魅族的一些产品看上去眼熟得让人起疑。

魅族 M3 音乐卡 MP3 播放器首次发布时，可能确实混淆了一些消费者。它看起来很像第一代 iPod nano——细长，顶部有一个小视频屏幕，但是它其实没有能力和 iTunes 同步。它的技术和软件其实是通用 MP3 播放器的技术和软件。中国每年能生产数亿个用于国内和海外的消费产品，包括通过 OEM 富士康供给 Apple。

不久之后，2007 年，公司又发布了魅族 M6 迷你播放器。它看起来像是第三代 iPod nano——介于经典的硬盘驱动 iPod 和第二代 iPod nano 之间，更细薄，屏幕更大。M6 没有硬盘，所以不像经典的 iPod。它的屏幕比新的第三代 iPod nano 更大，因此它也并不真地像第三代 iPod nano。如果说像什么的话，它应该是集合了两者的优点。

虽然 M3 和 M6 在设计美学上肯定是仿冒品，但他们不侵犯 Apple 的任何专利吗？ Apple 公司从未就这些设备起诉过，但这个故事还远未结束。

魅族下一代产品——M8，M9，MX——都是乐得其成，看上去都太像 iPhone 智能手机：Apple 在中国就魅族 M8 起诉魅族。此争议并不明确。中国制造商认为，Apple 的中国专利过于宽泛，描述了一个相对通用的设备。此诉讼还可能会被否决。这样会使中国制造商，至少在中国的制造商更决心与 Apple 公司展开直接竞争。

魅族显然并未放弃，并准备在市场上一决胜负。在 2012 年 1 月 iPhone 4S 发布之前，魅族在中国发布了其最新的产品，MX（android 智能手机）。它的规格，从屏幕和相机分辨率，到尺寸和重量，几乎与 iPhone 4S 完全相同。

魅族曾经是一个低端廉价电子产品的制造商，而现在，其快速发展的制造能力已经可与世界上最成功的高科技巨头相媲美。这其中有多少成就是站在巨人的肩膀上，有多少就像史蒂夫·乔布斯所写的，是偷取巨人的创意和知识产权，很有可能将决定魅族及成千上万家多年来一直服务于西方跨国公司的中国制造商的未来。[12]

● 其他名称：山寨

魅族的产品象征了中国的一个趋势。西方商业模式经常利用广泛品牌化来增加消费者头脑中的感知价值，而许多中国产品只在某个功能或价格进行竞争。极端的例子是一个产品基本抄袭一切，包括设计和包装，但售价便宜得多。西方人也许称之为假货、仿冒品或复制品。在中国，他们常常被称为山寨。

“山寨”这个词最初是指因窝藏小偷或强盗而声名狼藉的山村。在现代汉语口语用法中，这个词是指一类品牌或产品，可能包括仿冒品或相似品、假货或复制品。在中国，这样的例子随处可见。一些伪品牌的店面有着像著名品牌的标志，装饰得富丽堂皇，却又显得怪异。各种山寨品便在这些店面里出售。甚至，还有类似名人，如“山寨”奥巴马总统（一个外形酷似的演员）

在香港卖真正的肯德基或“真正”的奥巴马总统(黏贴的照片)认可一款山寨“黑莓”的智能手机。还有一些山寨产品正在合法竞争。就像可口可乐带来了百事可乐；中国娃哈哈创立了自己的“非常可乐”（尽管后者曾经看上去有些可疑，似乎像带有白色飘带的可口可乐红罐）。还有一些山寨是对原版彻底的偷窃。例如，星巴克标志和店内设计被无数次模仿。2011年，在中国西部城市昆明发现有个完全山寨的Apple零售店在运营，里面的员工显然认为他们是在为Apple工作。

虽然这样的例子对西方品牌营销人员和消费者来说似乎很滑稽。这些产品设计很粗糙，甚至令人厌恶，但山寨在中国人看来并不总是与耻辱联系在一起。中国有着学生模仿大师作品培养能力的历史传统，因此可能在文化上更宽容这种复制别人，却没有注明出处的东西。中国消费者甚至可能不熟悉被山寨的原有西方品牌，所以放任山寨不是他们的过错，更多的是市场监管部门未能充分执行商标权，或原有品牌所有者自己未能充分追究侵权行为。

山寨现象有一个重要的寓意，即尽管产品可能开始时是纯粹的复制品或功能欠佳的仿冒品，但是越来越多生产这些产品的企业，正日趋成熟和完善，直到有一天，他们将会推出有实际竞争力的产品。

这个过程可以被认为是一种破坏性创新。该术语由哈佛大学教授克莱顿·克里斯滕森提出。新进入者为低端市场生产一些东西。由于太便宜或功能欠佳，现有的原生产商因此并不关心，但随后它们的质量和生产能力开始逐步提高，最终挑战原生产商。克里斯滕森使用了一个例子说明了这一问题。Apple的微型计算机不断成长，最终破坏了迪吉多设备公司昂贵的小型计算机的市场。

随着很多基础技术变得商品化及专利陷入重复的泥泞之中，中国的山寨产品可能会破坏品牌和设计的基础。这些产品充分采用了成功品牌和产品的外观和感觉，但因为采取了最有效的方式，完全在中国生产，而且，当然，也未支付研发和专利使用费，所以价格要便宜得多。这有点跟随索尼和松下电器（在西方更被广泛成为日本松下公司）等日本公司的传统。它们的制造信条就是“更便宜、更小、更好”。这使得它们成为日本电子行业的基石，最终将超越现有美国和欧洲的领先者。

仿制品牌或设计看起来可能过于露骨，但是，除非西方制造商更积极、更持久地在中国保护自己的知识产权，否则山寨公司会将产品销售给中国意识不强、兴趣不大或对价格敏感的消费者，并在中国巨大的市场中继续发展其技术。西方公司应该担心的并不是山寨对其短期的销售损失影响，而是随着山寨制造商通过研发逐步改善产品，对其行业造成的长期破坏性影响。

将研发转移到中国

几乎在每个行业的研究和开发中，国外公司都给予了中国制造商援助之手，像自愿在中国以独立的全资企业或与中国合伙成立合资企业建立研发机构。其他研发模式还包括与当地中国技术研究机构或大学缔约处理分配的项目，或者在中国建立技术中心，直接处理项目。

国外公司正在中国以惊人的速度创建新的研发业务。对于这种增长的趋势，有四个主要原因：中国研究人员的工资更低；国际产品对中国的本地化；中国政府向国外公司提供税收减免；研发中心靠近制造中心，节省了成本和时间。

首先，科研人员的工资可以节省成本。在许多西方就业市场，一般博士研究员可能会收到150000美元的年薪、奖金和福利（总数可能高于工资的50%）。在中国，相当于博士水平的研究员的平均总成本（聘请本地人，而非海归中国人或外籍人士）每年仅仅是50000美元——这意味着在中国聘请三或四位人员的价格只可以聘请一位西方研究人员。难怪如此多的跨国公司正在中国设立研发中心——廉价劳动力延伸到博士学位。

其次，通过在中国内部设置研发业务及主要配备中国当地的员工，国外公司将更有可能迅速本地化西方产品，使之满足中国消费者的需求，甚至开发新产品，满足他们越来越高的需要。这不一定局限于那些快速消费品，如食品和个人护理产品。越来越多的高价商品，如手机、电脑和汽车都在为中国而改造或开发。设计这些产品的研发中心，在本地化或开发过程中将创造新的知识产权，从而成为知识产权的源头。如在第四章——超级趋势简述中所提到的，中国不是一个在专利上偷懒的国家：目前它创造新专利的速度快得惊人，国外公司注册的专利所占比例正在降低。换句话说，中国的本土公司在专利数量上打败了在中国的国外同行。

再次，对在中国的研发中心的税收减免相当于或超过西方国家的税收减免，使得在中国的国内和国外公司都获得了一个重要的优势力量。被列为高新技术企业的企业，25% 的基本公司税可以降低到 15%。如果它们将企业安置在优选的工业园区或地域（如内陆），可以享受两年的营业免税期，此后三年，公司税为现行税率的 50%。特别是对于研发中心，研发费用上还有一些税收抵免——无形资产的 50% ~ 150%。研发中心还可以避免支付研发设备的进口税和增值税。[13]

最后，对于国外公司，尤其是那些在中国已有制造业务的公司，在附近建立研发中心提供了其它的优势。地方政府渴望吸引这样的企业，因此除了提供国家性的税收优惠，还提供各种地方激励政策。在同一个国家既有研发中心又有制造设备甚至可以节省高管们的出行时间。

国外研发中心获得许多这些好处的同时，中国自己的制造商也没有闲着。他们正从中央政府和地方政府接受他们自己的援助。

中国政府已经承诺将提高对本土研发活动的支出。从 1995 年占 GDP 的 0.6% 和 2005 年的 1.5% 提高到 2020 年的 2.5%。到那时，即奥运十年结束后的第二年，中国的 GDP 将超过美国。它将是世界上最大的研发投入国。正如中国的第十二个五年规划所指出的，研究投资应该遍布关键战略性新兴产业，如生物技术、环境服务、太空探索、通信和信息技术。

中国企业可以从政府政策和研发补贴中直接受益（例如之前章节中讨论的 TD－SCDMA、TD－LTE 和 CBHD 标准），同时也可以接收国外公司的技术转让和外包交易。最后，中国公司自己也意识到创新可以带来新的增长，所以他们正在投资大量的钱在自己的研发上。有一个典型的例子，中国在纽交所上市的无锡药明康德成立才不足 12 年，但已经聘请了 2500 名研究人员和科学家。

中国企业的研发仍然是一个相对较新的趋势，但是正受到中央政府的鼓励。邓小平开始改革后的 30 年中，很多技术都是由国外公司从国外转让过来。自从中国 2001 年加入世贸组织，开放中国市场之后，许多国外公司视中国是一个进行研发工作的更有吸引力的地方，因为在那里现在可以在更多的行业无须与中国的合资企业进行合作。

● 满足新邻居的需要：国外研发中心

位于中国的跨国公司在中国全资或合资建立的研发中心的数量从 2008 年奥运十年开始已经大幅增加。当时，中国商务部指出大约有 1100 个由跨国公司运营的研发中心。今天有 1300 多个（一家跨国公司可能会设立一个或多个中心）。投资额也在变得更大，从 2000 年代早期的数百万或数千万美元升至由今天一些全球最大公司投资的数亿美元，甚至数十亿美元。过去，研发中心一直是设在靠近跨国公司中国总部的一线城市，但这种情况开始改变。

随着上海和北京等一线城市的劳动力和设备成本的上升，跨国公司一个新的模式正在兴起，即将公司总部继续放在一线城市，而研发或其他业务放在附近重要性日渐突出、人才逐渐增多但成本较低的二线城市。例如，在北京的总部可能会把它的研发中心放在天津、大连。在上海的总部有很多选择，包括苏州、无锡、南京、宁波、杭州。许多这样的城市现在都由高铁连接起来，来往不到一小时。

下面只是数百个公司的研发投资中的一些。它们自奥运十年开始时就已在中国成立：

通用汽车 2007年，通用汽车宣布在上海投资2.5亿美元建设通用汽车园。此研发中心将新能源汽车作为其主要的研究目标之一。通用汽车打算成为中国混合动力汽车技术的领导者。虽然经历了一场金融危机、破产、以及200亿美元的IPO，但通用汽车在中国一直做的不错。它的畅销车型在中国销售得非常成功。这也是通用汽车在艰难的重组岁月中全球唯一的亮点之一。2011年，它宣布开放第一阶段的研究中心，一座65000平方米的设施，拥有300多名员工。有趣的是，通用也宣布了新的电动汽车研究项目。这些项目切合了中国的路线图，即第十二个五年规划中对电池和其他电动汽车部件的要求。

辉瑞、礼来和默克 在制药行业，从2009年到2011年，辉瑞、莉莉和默克都宣布大幅修改他们的中国研发战略。辉瑞同时采用中国化和西部大开发两种方式，如在中国中部的武汉市与中国合作伙伴建立新的研发中心。同时，它恪守承诺，仍旧保留在上海已经雇佣了的340多人的研发业务。2010年10月，礼来宣布关闭其规模巨大的新加坡研发中心。不久之后，礼来公司却又宣布大举扩张在中国的研发。公司称这是因为中国的研究人员工资较低，而且为了公司的发展需要开发更大的市场。默克也可能对中国做出了最大的承诺。在2011年底，它宣布了15亿美元的五年投资计划。该计划的主要重点是2014年之前在北京建立默克的亚洲研发中心。计划将员工的数量从2011年的260人增加到600人左右。有趣的是，礼来和默克都宣布将关注对糖尿病的研究。这是一种折磨中国人的疾病。这关系到消费增长引擎和中国的一些人口超级趋势：随着中国变得更加富裕，消费者寿命更长，体形更胖，增加了糖尿病和其他疾病的风险。

健赞 在生物技术上，2010年，行业领袖健赞开始在北京建设美国境外第二个实验室，一个最终可以容纳约350名研究人员的研发中心。在此企业上的投资达到1亿美元左右。

微软 2010年，微软在上海兴建了一个可以容纳7000人的研究和技术中心。员工们工作的地方是当今最先进的的综合设施，获得LEED（美国绿建筑协会）认证，耗资逾7亿元人民币（合1.11亿美元）。已经有1500多名研究人员和技术人员在那里工作，并将在未来几年迅速扩张，成为微软在美国以外最大的研发中心，意味着将领导微软在美国以外的创新。同时，微软并不局限于在一个像中国这样大的国家只有一个研发中心。2011年11月，它宣布将在北京建设一个新的大型研发中心，关注于其搜索引擎Bing（必应），广告和移动互联网等其它服务。

赛门铁克 该公司最为出名的是防毒软件。2008年，它宣布将去西部的四川成都，建立一个5000万美元的研发中心。该中心将最终拥有1000名员工。赛门铁克可能是希望通过这一举动承认源于中国的电脑病毒和计算机安全威胁越来越多，并想要缩短与这些行为的距离。同时，也承认了中国沿海的软件专业人员的工资明显高于内陆地区。赛门铁克领先于其他公司在这样的内陆地区采取激励措施来建立业务。一个可能的原因是，一线城市的程序员和其他技术人员的工资水平与西方国家的水平相当，而四川有数百万工资更低的潜在员工。

卡特彼勒 和微软相似，2012年，重型设备制造商卡特彼勒宣布扩大其在中国的研发业务，使中国成为该公司全球第二大的研究投资地。该中心位于无锡——一个靠近上海正在高速发展的二线城市，目前已经拥有500名员工，并计划再增加数百名工程师。公司的目标是针对中国的扩张（城市化超级趋势的一部分）对先进的重型设备进行创新，并对整个亚太地区产生影响。

有如此多的国外公司在中国投资数十亿美元在研发上，那么，中国自己的公司在干什么呢？如前面所说，中国并没有闲着，但重要的是，我们要记住，中国大多数的研发都是在五年规划、优先行业名单，以及其他地方管控政策的全国性指导下进行的。很多研发是由政府直接或通过大型国有企业和银行间接提供公共资金。在这种模式下，中央政府提供了愿景和资金，而当地政府通过整合公共和私人的利益攸关方（诸如学术机构、国有企业和私营行业）实现这一愿景。

例如，2011 年 12 月有一个公告。根据第十二个五年规划的指导方针，中国将建设一个云计算研究和生产中心。此中心将坐落于北京科技园，包括了研发中心、相关技术制造商、服务器群和操作中心，总面积达 3000 平方米（1.2 平方英里），意味着最终可以容纳 50000 名员工。这个计划也许是一个白日梦，但至少目的明确。

● 本地化或非本地化研发

制造商在中国的运营方面有一个重要的战略问题，即是否要像前面章节中的公司一样，在中国做原创研发；根本不做原创研发的也许是因为公司拥有商品产品或服务；或者采取中间路线，通常被称为本地化。本地化在制造上的意义通常指对已有的产品、工艺或服务根据当地市场的需要进行修改，而不是创建新的东西。

如第一章——中国的增长引擎中所述，新的中国营销战略通常是中国化（即本地化产品和服务，以更好地满足中国消费者特别的口味和需求）。这样做的目的是吸引消费者（例如通过使用本地化的广告）。

目前，在新型制造业超级趋势中，有三个中国化问题需要在中国销售产品的国外公司引起关注。

第一个问题是，产品、工艺或服务如果要在中国销售是否确实需要在中国生产。有一些制造商在中国本地生产是基于物流、监督或操作的原因；其他制造商可能不会。例如，软件开发公司可以在任何国家雇用程序员，但公司的网站或下载可能会被强大的防火墙（中国互联网审查系统的通俗称呼）所屏蔽。

第二个问题是，需要多少中国化。中国化的范围可能从完全没有到广泛中国化（但并未达到创造新产品的程度——那将是发明，而非中国化）。这个决定可能会包括，但不限于，品牌和外表，这可能意味着在设计或制造层面从根本上改变产品、工艺或服务。

第三个问题是，如果中国化是必要的，谁来中国化，谁就如何改变产品、工艺或服务做出关键决定？在新的中国常态下，这些决定正越来越多地由中国经理人在中国做出。在 2008 年之前，这种情况并非经常如此。在中国继全球金融危机异军崛起之前，往往是由全球总部做出决定。这种做法让很多中国员工很有挫败感。它仅仅是“从西向东”产品和工艺流程的一种扩展。总公司告诉中国分公司何人何时应该如何做什么（子公司知道不应该去问为什么）。在新的中国常态下，中国子公司经常是发号施令者。它可能会告诉总公司应该做些什么及请求批准。非常独立的子公司现在可以自由发挥，快速响应市场。

这三个问题上的立场决定了一家公司与中国化关系如何及使用中国化是否成功。

中国化实际上可以被认为是全亚洲趋势的一种衍生物。在中国大陆成为市场选择之前，日本由于其富裕的消费者，是一个有吸引力的市场。产品本地化的问题是非常重要的。在日本的西方跨国公司的某些失败可能事实上已经促使一种曾经流行的态度开始改变，即在西方销售的产品和服务同样可以卖给东方市场。例如，通用汽车和福特曾经试图将方向盘在左边、美国制造的大型高耗油汽车卖给喜欢方向盘在右边的小型节油汽车的日本驾驶员。虽然由于西方款式代表着品质的优良及进口产品对人们有一定吸引力，所以有一些款式可能卖出一定数量，但真正的成功（如果可以称之为成功）仅仅在这些车根据日本人的需要本地化后才可能发生。

在今天的中国，许多成功的国外公司已经接受了中国化这一做法，如肯德基、必胜客等其他餐厅的拥有者，百胜集团。百胜的中国化是通过改变其核心产品的口味、大小和其他元素来吸引中国消费者。它还在上海的研发中心为中国设计新的产品。例如，中国肯德基快餐店提供粥和蛋挞；康恩都乐有适合中国消费者口味的猪肉味甜甜圈等。

对于那些希望保持国外形象价值的公司，完全不本地化也是一种可行的战略，有时也是非常重要的。目前，有很多奢侈品牌，尤其是在意大利或法国等中国以外的地方制造的品牌，采取了这种方式。“东西没损坏的话，那就别去修理它了”这句话在这里似乎很适用。然而，开始于2012年1月23日的龙年见证了这一范式的转变：突然每个奢侈品公司似乎都在为了中国买家而引入本地化模式。诺基亚的奢侈品牌Vertu特别设计了一款手机，上面有一个手工雕刻的龙；手表生产商伯爵在中国推出20多款以龙为主题的手表，从25000美元到170万美元的镶满钻石的扭龙手表；甚至，典型的奢侈车，劳斯莱斯2011年创造了一特别款“龙款”幻影车，并很快就销售一空。

这是在中国现代历史上第一次，西方奢侈品牌也尝试与农历这种中国主题相关联。也许，从西方角度来看，过去的生肖并不被认为是“有市场价值的”。例如，在中国，猪被认为是一种非常幸运的、最富有的动物——而大多数西方奢侈品牌会避免将猪的图像放在他们的名牌手袋和手表上。西方看来很合适的某些动物，如老虎，但相反，对一些中国人，虎是负面形像。例如，老虎以西方标准来看，可能被认为是一种美丽的动物，但是中国女人永远不会想被看作是虎——母老虎。

然而，龙年似乎给这些采用中国化的奢侈品牌带来了新的意愿。他们在哪儿做的制造？大多数应该仍在自己国外的现有车间制造的。中国的消费者要买的是进口品——奢侈品税和更高的价格意味着更高的价值和买家更有面子——因此，尚不需要在中国制造。他们有多少是中国化的？他们似乎对产品并不进行根本的变动，仅仅改变表面的设计元素。谁决定需要多少中国化，谁来做，等等？大部分，我们都不知道，但有人希望，至少他们做了一些市场调查并小心地创造这些产品，唯恐他们被指控在迎合，或者更糟的是，想趁龙年捞一把。

中国买家对国外公司如何利用他们的国家象征物——特别是龙——非常敏感。李奥贝纳广告公司曾经身受其害。它设计了一个广告创意，描绘的是一条中国龙从柱子上滑落下来，柱子涂上了其客户立邦涂料的产品。此广告创意造成了中国人民的激烈反对，以至于李奥贝纳的发言人向13亿中国人民道歉。

外包其余的一切

走向高增值意味着中国不仅仅是一个外包基本生产需求的地方；而是处理越来越多的更先进的产品和服务，甚至研发。留下的是什么呢？中国的外包能力甚至进入了虚拟领域。

虚拟的血汗工厂

这可能并不令人吃惊。几乎每一种可以被外包的实体产品都已经在中国制造。而中国开始生产虚拟产品，也只是一个时间问题。具有讽刺意味的是，许多中国“真正的”农民已经成为了“虚拟”农民。

在中国，充满冒险和幻想的大型多人在线角色扮演游戏（MMORPG），即大型在线游戏世界在中国非常受欢迎，数千万中国人在玩这类游戏。用户可以在虚拟环境中会面、合作。MMORPG包含本地化的中国版的全球性游戏，和单为中国市场开发的游戏。由于MMORPG的流行及中国大量的玩家，这个国家是暴雪娱乐公司《魔兽世界》系列等游戏的最大市场之一。在许多发达国家，玩家玩游戏是为了娱乐，且使用费也比较合理，而在中国，有一些玩家玩游戏是为了利益。甚至可以说他们工作在魔兽世界的虚拟世界中。

大部分MMORPG游戏有游戏流程和规则。这些流程和规则实际上意味着玩家必须投入精力，升级到更高层次和接受更有挑战性的冒险。你可以积极完成任务积累经验和财富，也可以让他们的化身做衣服、种植粮食或挖金（可以出售或交易，换取魔法药剂或武器等产品）获得被动“收入”。正是后者的活动形成虚拟经济，通过线下交易连接到现实世界中。

有一些玩家宁愿花钱，也不愿意做有时非常艰巨的任务去积累虚拟化身的经验值。为了服务这些玩家，有些用户会在eBay或其他拍卖网站卖掉他们的武器和魔法物品——有一些游戏中，甚至可以卖掉整个化身，连同其所有积累的经验和物品。这种交易可以通过出售密码来获取真正的美元或安排游戏内交换及通过PayPa等媒介进行真实世界的转账。在中国，游戏经济创造了一个全新的工作类型：打金者。

就像在中国和其他新兴市场中的打金行业一样，中国个人玩家和公司雇用大量的“奴隶玩家”。其主要工作就是在线赚金币、经验点或物品等可以在线下溢价卖给想走捷径的玩家。这是一个基于典型的国际分工上的游戏。买家，常常来自于发达国家，其时间更有价值。卖家常常是中国内陆省份的玩家，人数更多，劳动力成本较低。玩家之间的友好交易已经成为一项生意。

中国的企业家意识到仅仅通过在中国更次级城市雇用一些失业的工人，整天坐在网吧里做在线挖金这类事情，就可以套利。在极端的情况下，据称，一些中国监狱运营监狱内打金业务。犯人简直是被迫玩游戏，否则将面临严酷的惩罚：虚拟世界的奴工。

除了道德问题，制造虚拟财产有着真实世界的经济效果。这么多的中国玩家参与虚拟劳动，而非为了乐趣玩游戏，造成供应过多，游戏中虚拟货币和其他物品的价值随之开始走低。虚拟世界中的虚拟劳动创造了虚拟通胀。游戏开发商，就像中央银行一样，需要制定一种货币政策来限制虚拟货币的供应，或试着禁止此类活动。但是这些举措并不成功，也不受欢迎。许多玩家喜欢花钱可以升级得更快。打金者将精力花在别的游戏上，或以工作得更努力、时间更长、速度更快来适应了新规则（比如禁止出售物品或角色，或使金币更难找到）。打金和其他类型的虚拟生产在中国将继续存在下去，而且成长为新的增长性产业－虚拟产业。

● 世界上首个虚拟房地产崩盘

由于中国，曾经大受欢迎的美国主要在线游戏第二人生迎来了另一种类型的虚拟经济的发展：虚拟房地产开发。第二人生，同基于游戏和冒险的多人在线角色扮演游戏不同，它是基于社区建设和社会交流的理念，所有这些都在一个在线世界中。第二人生的使用者有能力用衣服和装备增加它们的化身，建立虚拟住房，并运营商店和小型企业。可以买卖虚拟物品，提供服务。在线虚拟资产——例如在使用者交互的主要区域的虚拟房地产——变得越来越有价值。通过游戏的界面，还可以创建新对象。在 2005 年到 2008 年的全盛时间， IBM 等公司都有游戏会议；美国服饰和戴尔开设商店和展厅；举行时尚秀；设立新闻社；建造办公室和住宅。人们甚至可以在游戏中工作，得到虚拟货币的报酬。

第二人生的货币叫作林登元，来自于开发这个游戏的公司，林登实验室的名称。通过一种类似于中央银行的机制，林登元可以通过汇率政策由公司进行管理，买进，并可以在游戏外兑换成真实货币。总之，虚拟经济似乎正欣欣向荣。在所有虚拟经济的设计和开发上，其挑战和机会是创建虚拟对象仍然需要真正的时间和精力。这也就是中国进入的原因。

劳动力的国际差异不仅存在于线下，也存在于线上。因此，在线企业家——钟安社（真实世界艾琳·格拉芙的化名）——宣布由于虚拟世界的活动而成为真实世界的百万富翁，吸引了人们的注意。原来此故事和中国也有一个有趣的联系。

钟安社工作室在中国中部的武汉建立了一个真正的制作办公室。[14] 钟安社工作室雇用中国的廉价劳动力设计、建设虚拟房产，再在美国流行的在线游戏中出租或出售。许多跨国公司来中国做生意是为了追求成本差异，而钟安社工作室也正是利用了与其相同的差异。在世界最前沿的产业中——虚拟房地产开发，实现了这一切一定程度上说明了中国创新动力可能会带来的结果。在本例中，它是真实到虚拟到真实货币的转换，将此商业模式转变成一种真实而非虚拟的成功。然而，到了 2012 年，“第二人生”的经济已经发生重大变化，有迹象表明它不像以前那样赚钱了。

独立“分析师”指出：“房地产”市场将发生“暴跌”——专业用户可能会发现大量虚拟房屋空置，办公室空无一人，商店关闭——整个社区甚至被遗弃：虚拟鬼城。作为一家私人公司，林登实验室影响游戏的许多业务、信息和决策是模糊或机密的。博客主们认为，由于缺乏大量的新用户和真正世界的经济危机，许多人没有动力继续进行他们的“第二次生命”。这种迹象早在 2008 年就在游戏里显现了。事实上，美国服饰铁链锁门；银行遭到挤兑倒闭；流行的赌博活动被取缔；现实世界衰退的其他迹象在虚拟世界也很明显。即便如此，第二人生像钟安社工作室一样，仍在继续下去。

仅看打金和第二人生的设计服务，中国就已经证明在线虚拟制造业有一种商业模式。此外，它一贯的劳动力优势，可能还会保留一段时间（大量的西方科技公司投资于低成本的中国内陆城市证明了这个）。尽管这样的虚拟经济体可能会因为私人公司的突发奇想（或电脑病毒）一夜之间崩溃，但幸运的是，中国在许多其他行业上仍拥有真实的经济优势。

中国增长最快的行业

基于新型制造业超级趋势的创新和增值主题，以下章节剖析了在奥运十年余下日子中将实现最大增长的一些中国制造行业。这些行业正在通过技术和创新迅速升级产品，摆脱过去大规模低质生产或劳动密集型生产，转向世界级的高科技、高附加值的做法。这些行业是中国政府所属意的支柱行业，比如汽车行业、第十二个五年规划下的战略新兴行业，或因一个或多个超级趋势而增长的行业。例如，城市化超级趋势，需要运输基础设施——连同更多的火车、飞机和汽车。《中国超级政治》（中国超级趋势系列的第三卷）会再回来审视中国发展航天业在地缘政治上的影响，但从新型制造业超级趋势的角度来看，航空也是一个重要的产业，因为它能够推动中国的国家战略，即拥有一个更创新、更增值的制造业基地。

中国开始准备起飞

尽管中国自 20 世纪 50 年代早期就一直在发展飞机业，但中国在这几十年中，直到最近几年，才开始开发大型客机。中国是如何开发大型客机的故事发生在两个城市，上海和天津。

1949 年后在毛泽东带领中国迈向工业化的过程中，飞机是战略支柱产业之一，其目标把中国带入工业巨头的行列。

最初，中国大部分技术是依靠苏联。中国借用、购买或接受苏联的飞机，几乎没有必要生产自己的飞机。关系开始恶化后，中国认识到飞机生产能力的缺乏是其军事上的弱点，于是开始发展自己的飞机生产能力。这几十年中，中国在军用飞机上已经取得了成功，但中国自己的大型客机很长时间里经历了多次的错误开始，国产飞机确实没能真正取得进展。

在20世纪70年代，上海是已失败的客机Y－10的早期生产基地，并从此以后成为飞机制造的主要地区。中国在准备好生产自己的客机之前，不得不学习一些有关客机制造和测试方面的知识和技术。这就是天津在中国航空工业的发展中所扮演的角色。

多年来，中国一直在努力推动波音和空客在中国设立工厂生产飞机，但取得的进展不大。欧盟和美国对此有一些顾虑是可以理解的：飞机作为一种战略性产业，对欧盟和美国非常宝贵，不能让另外一个国家强行侵入。这不像衣服或注塑的厨房用具，在中国生产主流客机的任何部分，而非整个飞机就意味着十亿美元的投资。重要的高科技岗位和技术都将从波音或空客的国内市场被夺走。这是一个艰难的商业和政治决策。

2007年，空客与中国航空公司组成的联合体所设立的合资企业宣布在天津附近建设A320总装线。[15]这也许可以被视为是一种用工厂换飞机的交换条件。当时，中国扩展中的大型航空公司已订购370多架空客A20，可能一定程度上激励了空客同意首次在欧洲以外的地区建设总装线。这个商业案例很简单：中国已经订购的飞机确实可以在中国下线、测试和交付。当然，中国最终的好处将是技术和知识的转移。

中国的总装线负责拼装A320系列飞机的所有主要部件（分件送到厂区）。总装线将组建机身、机翼、桥塔以及安装内舱，然后安上引擎和其他主要部件，再对整个飞机进行全面测试。最后，上漆，交付给客户准备起飞。

中国的总装线2009年生产出第一架空客A320。到了2012年，生产上已经非常熟练，每个月可以交付三架整机。最初是交付给中国航空公司，但随着企业的成长，情况可能会发生变化。空客在总装线的中国合作伙伴——中国航空工业集团公司（AVIC）一定是非常激动：此总装线表明飞机可以在中国成功生产。它的一个分公司，中国商用飞机有限责任公司正准备推出两架而不是一架大型客机。设计和开发都将于奥运十年中展开。

● 翔凤，藏龙

当空客在2007年的公司重组中准备关闭和出售许多欧洲的工厂，许多欧洲政客担心会有中国公司买下，分解，将所有东西都运到中国，帮助中国自己的产业在天津总装线带来的发展之外向前进一步发展。他们本不需要如此担心。2007年12月，第一架90座的“翔凤”支线客机在上海总装下线，准备进行测试。中国似乎根本不需要欧洲工厂或技术。

ARJ21，别名“翔凤”，最大航程为3700公里（2360英里）。规格参数与加拿大庞巴迪和巴西航空工业公司的支线飞机相当。它是基于麦道公司MD－90的设计；很多主要部件来自于国际航空公司。投入运行之后，预计将飞短途的地区航线。2008年首次飞行。如果能通过中国和美国监管机构的认证，“翔凤”可能会在2013年投入使用。它目前已收到逾240份订单和意向订单。几乎所有的都来自中国航空公司，但通用电气的飞机租赁公司给了ARJ21很大的面子，成为海外首批订购商之一（或许并非巧合，通用电气也提供了ARJ21的双喷射引擎）。

尽管ARJ21飞机主要是国外技术，但大部分的设计和工程，当然，还有组装和测试，是在上海完成的。同样给人留下深刻印象的是，ARJ21项目于2002年构思，是第十个五年计划的一部分。仅10年，投资约9亿美元之后，“翔凤”确实飞起来了。ARJ21预计将是中国国内市场（国有航空公司占统治地位）一个强有力的竞争者。据估计，到2020年还需要800～1000架支线飞机。

象征中国婚姻的凤凰总是与龙配对，象征着新娘和新郎。自20世纪70年代上海开发Y－10（从未付诸商业操作）以来，中国就渴望拥有龙：能够飞长途航线的大型飞机，与波音一空客双寡头进行竞争。然而，“翔凤”的龙郎未能赶上这场婚礼。

● 中国的藏龙

中国航空业是由国有研究机构、制造商和航空公司组成的复杂网络。它们地理上分散，且因与神秘的中国军方之间的联系，而进一步陷入困境。该产业和其最大的参与者依然保留着很多共产主义时代的官僚作风和冗杂。

这就是为什么，在 2008 年 5 月，中国指示其两个最大的国有飞机开发商，中国一航和中国二航组合成联合体——中国商用飞机有限责任公司，简称“中国商飞”。“中国商飞”将是新娘和新郎的父亲，负责监督 ARJ21 和将称作“C－919”的新 150 座窄体飞机。

为了使龙和凤有一个好的开始，政府机构，如大机构，国有资产监督管理委员会（负责监管中国大多数主要的国有企业）和上海政府向“中国商飞”注资 80 亿美元。上海还将成为其总部和工厂的所在地。

C－919 是一种更复杂的飞机，会用更多的中国部件，但仍有大量的国外技术，包括引擎和航空电子设备。有趣的是，它的设计似乎部分是在与天津生产的空客 A320 系列竞争。它具有类似的规格参数，如远程版最大航程是 5555 公里（3452 英里），标准配置是 4075 公里（2532 英里）。

在 2010 年中国珠海航展上，中国商飞宣布已总共收到了 100 份飞机订单和意向订单，而到 2012 年，增加到 215 份订单和意向订单。大多数订单又是来自于中国航空公司和通用电气（再一次提供引擎。这一次是通过与法国公司成立的一家合资企业）。缺乏国外订单并不是一个大问题。中国商飞估计中国自己的市场到 2027 年另需要 2800 架大型客机。

尽管 ARJ21 和 C－919 代表了中国航空业的巨大飞跃，但两者都尚未投入商业运营。其时间一拖再拖，更不用说引擎等关键部件都是国外进口的。

为了在技术上爬上更高的台阶，改善其国际航空竞争力，中国航空工业集团公司从 2009 年起就一直在努力建造自己的飞机引擎。2012 年，它宣布投资 80 亿元（13 亿美元）在上海建立一个引擎组装和测试中心。分析师们相信，中国要开发自己的引擎还有很长的路要走，更不用说完全是中国制造的飞机。然而，自2002年中国承诺发展国内飞机制造能力的十年中，中国商飞所取得的进步表明了此产业对于中国是多么重要。鉴于目前最大的制造商－波音、空客、庞巴迪和巴西航空数十年来一直在制造客机，ARJ21和C－919即使在载客之前都可能会面临新的竞争模式。然而，中国国内对客机的巨大需求及国有航空公司对“购买国货”的强烈意愿－假设不是强制性的，几乎能保证“翔凤”和藏龙有着强大的市场需求。

宝贝，你可以开我的车

似乎没有什么能够阻止中国最近掀起的爱车潮，曾经自诩的自行车王国已经成为汽车之都。

汽车被中国政府视为另一个支柱性产业。随着城市化和居民收入的增长，更多的人渴望拥有汽车。在中国，汽车的业务非常庞大。中国在2009年就已经成为世界上最大的汽车市场——在金融危机高峰时，美国人不买汽车了——自2005年中国消费者开始热衷于购买汽车，此增长趋势就一直在延续着。

中国，像所有的全球汽车市场一样，在2008年下半年金融危机开始时，销售贫乏。但是，看一看之前和之后几年，仍然存在着巨大的区别。2007年，中外合资和中国国内汽车制造商在中国销售了近630万辆轿车（或如果包括卡车和轻型商用车，约880万辆），相比2006增长了20%以上。2009年，根据中国汽车制造商协会的数据，中国销售了1350万辆汽车。其中，大约有1030万辆轿车，比2007年的数字高了400万辆。

中国简直为汽车而疯狂，但中国目前每1000人仅有100多辆私人汽车（在美国每1000人750辆，在全球每1000人120辆），因此，中国的私车市场预计未来几年将快速增长。然而，有些人指出，如果中国的人均汽车拥有量与美国人相当，世界将难以处理如此之大的商品需求或污染。中国的街道也无法应付，因而，中国政府正在采取措施避免出现拥挤，烟雾弥漫的结局。这些措施包括大规模投资连接城市的高速铁路和市区地铁。

中国不想压制国内市场。它需要鼓励国内制造商发展并开始出口海外，这样，行业发展将更加稳健。为了做到这一点，它依赖国有企业与国外制造商的一系列关系一起制造汽车。同时，国内的中国公司一直在发展自主制造汽车的能力，继续着新型制造业超级趋势的创新和增值主题。

中国的汽车制造商

类似于中国的航天业，汽车业也是受国有机构和实体所控制。其中一些几乎自 1949 年中华人民共和国成立就已经存在。这些大型工业巨头最初使用苏联的技术和技能，数十年来向成千上万的工人提供铁饭碗（稳定的终身雇主）。因此，此产业变革和创新非常缓慢，未创造多少消费者在自由市场会实际购买的产品。在邓小平改革下的 20 世纪 80 年代和 90 年代，随着终身雇用制的结束，许多人面临重组和大规模裁员。在这些黑暗的岁月中，也出现了一个新的希望：国外合资企业带来了新的投资和技术。今天的抱负是要摆脱最后的依赖，创造与通用汽车和丰田可以竞争的国家级汽车巨头。

中国第一汽车集团（中国一汽）的红旗品牌最能象征中国汽车的崛起、衰落，然后在奥运十年再崛起的过程。红旗轿车是豪华车型，在中华人民共和国前几十年的大部分时间，用于迎送国外和国内最高政治领导人。邓小平改革之后，红旗品牌在 20 世纪 90 年代和 21 世纪初面对国外豪华车型的竞争，沦落成出租车和二流商务车。2009 年 10 月 1 日，红旗轿车凯旋归来。在庆祝中华人民共和国成立 60 周年的典礼，它载着胡锦涛视察军队，出现在数亿中国人的电视屏幕上。

除了中国一汽，中国其他三大汽车公司是，上海汽车集团股份有限公司（上汽集团）——四大汽车公司中最大的——2011年生产大约360万辆；长安汽车，生产270多万辆；东风汽车公司，生产约240万辆。每个公司都与多个大型国外制造商有关系，有时与同一个公司的多个制造商有关系。例如，上汽集团与通用汽车有两个大型合资企业。同时，它与大众汽车也有一个大型合资企业；另外和其他一些国外公司也有许多小型合资企业。

● 中国的汽车工业走错路了

类似于我们讨论过的许多其它支柱和战略产业，中国汽车制造商的目标是最终能够用自己的技术建造自己的汽车。中国正通过一系列措施达到此目标，如限制外资参与合资企业和技术转让；促进纯中国车型的国内研究和开发，这也是第十二个五年规划的电动汽车方案下的现行方法；采购或批准国外汽车设计。每种战略似乎都在以自己的方式与许多成功的合资企业、成功的国内车型合作及由中国制造商购买至少两个成功的国外汽车公司。

上汽集团在英国的明爵罗孚2005年倒闭之前购买了其技术和设计。此后，上汽集团在2007年推出荣威之时发布新闻，称第一个自有车型基于购买的罗孚75技术。顺便说一下，荣威(Roewe)来源于名称罗孚(Rover)（这并未购买）。“荣威”这个中国名字，发音似“Wrong Way(错误的道路)”。如果不是因为荣威作为用国外技术制造的豪华车型在中国实际上卖得很好，这会是一个有趣的巧合。然而，故事并没有到这里结束。

荣威轿车在推出之时，是与南京汽车集团的明爵品牌轿车相竞争。明爵也是基于明爵罗孚公司相同的罗孚设计。罗孚2005年破产时，南京最终购买了整个罗孕公司。两个不同的公司使用相同的设计以不同的名称——荣威和明爵——销售，造成了市场的混乱。但这个问题最终得以解决，2007年底，两家公司宣布将合并，再次成为一大新闻。上汽集团将吸收较小的南京汽车，与南京汽车的母公司跃进汽车集团合并。中国汽车业确实复杂。

上汽集团与跃进汽车集团的合并将意味着合并后的实体将拥有与通用汽

车、大众汽车和菲亚特的合资企业；拥有韩国第四大汽车制造商的多数股权；和许多国内自主开发的品牌。这也许听起来很奇怪，这些合资汽车和国产品牌汽车在同一个公司麾下相互竞争到如此程度。

过去十年，合资企业的组建、合并和重组的步伐从未停止。这一切都有中国“四大”的参与。上汽集团主要的合作伙伴是通用和大众。东风有起亚、尼桑、本田和标致雪铁龙。一汽主要的合作伙伴是大众（再一次）和丰田。长安主要的合作伙伴是福特、铃木和标致雪铁龙（再一次）。这只是中国“四大”国有汽车集团，还有许多规模较小的国有企业也有合资企业。出于竞争原因，民营汽车制造商可能无法使用合资企业，但他们正在积极收购国外公司和向国外公司采购。例如，吉利2010年收购了沃尔沃（继罗孚之后，中国汽车制造商进行的第二大国外收购）；比亚迪在许多汽车上使用三菱的引擎；奇瑞——中国最受欢迎的迷你车制造商——从许多汽车零部件制造商购买零部件，并有建立合资企业。这三家公司都在与“四大”竞争，可以说是中国国内市场上的重要参与者。

在一连串合并和合资活动中，一些国外制造商意识到他们和中国人基本上按照汉语的说法是同床异梦。例如上汽，它本质上是通过合资企业与自己竞争；它的任意车型在市场上都会重叠。除了可能的利益冲突，上汽的国外合作伙伴可能会担心知识产权和战略机密可能会被与所有人都同床的合作伙伴泄露给其他厂商。

一些国外制造商指出他们的中国合作伙伴缺乏动力或拥有过多的合资企业。他们自己想通过更多的合资企业抢占中国更大的市场。例如，在上汽和跃进合并的时候，菲亚特与南京汽车宣布解散它们其中一家合资企业，而菲亚特将完整保留其他两家合资企业（为了依维科卡车生产线）。一家是与南京汽车合资企业，另外一家是与上汽的合资企业。

在奥运十年结束前，越来越多的合资企业可能会无用武之地（对单方或双方的合作伙伴）。虽然有一些分离会是友好的——以为国外合作伙伴保护其他商业机会——但有一些也许会不欢而散——娃哈哈——达能式的结束——采用人为手段保证不再符合中国利益的合资企业解散。

● 为中国而造，远销海外

奥运十年开始前，中国在2007年只出口了不到50万辆的汽车，进展仍然很缓慢。到2011年，出口量仅上升到85万辆。中国的汽车业绝大程度是依赖于国内销售。这一点与日本不同。日本生产的汽车用于出口的远超国内市场消费。中国正在缓慢地增加它的出口量，但目前，国内销售是其最大的关注点。然而，有一些早期的迹象显示中国市场正影响着国际趋势。

通用汽车就是一个例子。它一直投资与上汽的合资合作关系，包括重大研发投资。2011年，通用汽车在中国的销售量（约240万辆）首次大于其在美国的销售（约220万辆）量。这一趋势很可能将继续下去，意味着：通用汽车公司将在中国开发更多的车型，其中一些将转移回美国和其他国外市场。

中国人喜欢的汽车特性，像轴距更长，后座更宽敞，已经被用到了卖给中国以外地方的车型上。用不了多久，更多的中国设计要素将影响生产的决定。这些特性是否被非中国买家接受还有待观察，但是随着中国成为头号市场，且可能会继续下去，对中国有利的事情对通用汽车也有利。

与在航空业一样，中国也将寻求用中国人开发的技术制造更多的零部件，特别是发动机。为此，中国的汽车制造商也试图与康明斯等公司建立合资企业，以便在中国生产发动机。

最后，中国国内的汽车公司，国有和私营，现在都实力大到足以开始收购国外公司，或在国外建立工厂，以缓解贸易失衡和避免关税，很大程度上与日本汽车制造商在20世纪80年代为了缓解与美国之间的贸易压力所做的相同。

这是廉价中国的终结吗

随着中国新制造业超级趋势的要素变成对战略性支柱产业的增值和更多的创新，很多商人一直在问是否“廉价中国”即将结束。事情并非如此。

“廉价中国”和“中国价格”是一回事，两者都是认为中国的成本很低。在许多行业，许多年以来，情况确实如此，且现在仍然如此。在中国奥运十年期间，我们可能在某些行业看不到“最廉价”的产品，但未来很多年仍然可以看到“廉价”的工业产品。

本章开头重点提出的挑战——工资增加、原材料成本上升——证明了中国制造业正面临着挑战。

对于想寻找廉价，或甚至绝对最廉价的制造商，除了整理行囊、离开中国之外，还有别的选择。制造商正在采用以下六个策略和注意点以避免其在中国业务中失去成本竞争力：

去西部 赛门铁克、辉瑞，数十个大型跨国公司及大量的小型公司表明，将工厂安置在中国中部和西部省份是一个可行的战略。它将降低成本。外来务工者以前在沿海工作，现在已经返回内陆寻找工作。西部大开发政策开始于第11个五年规划，后来在第十二个五年规划中进被一步展开。例如，政府支持公司去西部，提供税收优惠，并且撤销了对长江三角洲（上海、浙江和江苏）和珠江三角洲（广州）传统跨国公司驻地的激励政策。西部省份的当地政府还提供了额外的补贴、廉价的土地和其他福利。那里，工资低于一线城市（尽管工资增长率较高，但开始的基数低）。最重要的是能找到好的物流，其中许多地区仍然处于发展阶段。

劳动密集型的 与去西部相对的，劳动密集型行业在中国仍然是一个选择。考虑转向更多劳动密集型（例如手工定制产品）的策略还不算太迟。还有好几亿工人支付的工资每月不到400美元。劳动密集型产品在中国生产的成本仍然比西方市场的要相对便宜。另一方面，在任何一个地区，劳动力供给由于城市化超级趋势而随时发生着变化。所谓的“群体事件”——工人示威或骚乱事件——正在上升。

提高生产率 与劳动密集型相反的是通过自动化和技术提高生产率。在过去，跨国公司通过外包给中国OEM可以轻松地“一次设置，终身无忧”。新的中国常态意味着要建立质量改善——不仅仅是质量控制——计划以及购买新设备，甚至像世界最大的OEM电子制造商富士康计划所做的，安装机器人。工人可能需要更多的培训以便能够有效地使用这些设备。

研究和创新 在中国投资和做更多的研究将使很多组织有资格享受能够降低成本的特别减税或补贴。然而，与之相对的是需要保护知识产权。

在中国增值 如果某个供应链在中国完成的工作量可以增加，总成本通常可以减少。例如，在中国研发可以降低设计成本；在中国采购和生产可以降低物流、制造成本；在中国销售（即为中国制造，而不只是在中国制造）可以降低运输成本，等等。总成本，而非单独的产品成本，应成为新的关注点。如果说这种策略有风险的话，那就是此选择的成本很高，因此有投资风险。

工业开发区 在过去，跨国公司坐落于经济开发区，比如沿海城市深圳、珠海和厦门。此后，出口加工区，比如上海外高桥保税区，在几乎每一个沿海城市都可以看到。今天则是工业开发区，比如正在北京附近建立的云计算中心。这些开发区建在一线城市的郊区——和二、三线城市之内——集中了志同道合的大学和研究机构、供应商、人才和基础设施，放大了网络效应（由于属于开发区，所以成本更低）。令人担忧的是，有一些开发区在当地的市长看来只是白日做梦。他们也许是想在吸引投资上同其他城市竞争。一个开发区是否能够实现集群效应通常难以预料。

因此，在中国奥运十年中，中国价格和“廉价中国”将仍然是可靠的，但中国经济的某些领域将需要调整。在调整的过程中——无论是由于工资增长、材料、物流还是政府政策——都将会产生制造业的赢家和输家。中国对自己新的定位是成为创新和增值制造（特别是在东部海岸）便宜的地方，并将做低附加值或劳动密集型工作最便宜的地方移至内陆地区。在整个中国奥运十年中，某个地方总是会有一个“廉价中国”。

总结：新型制造业超级趋势

新型制造业超级趋势的主题是增值和创新。在中国采购或制造不再仅仅是低成本、大规模生产的模式：制造业下一阶段的机会必须跟随这些主题，或远离低技术、低附加值、大规模生产的产品，或将这类制造业移至内陆。奥运十年中制造业新的中国常态同样会带来许多其它变化：

中国化 如果一个新产品不能为中国制造，本地化——改变特征（如颜色、尺寸或功能）——是吸引买家第二个最好的选择。“为中国而造”的产品将会更加成功。

中国的产品标准 从 TD－SCDMA 和 TD－LTE 电话、交换系统到中国高清媒体播放机，中国政府正在制定标准来减少专利授权费用。如果这些标准在国外被采用，这将是反向全球化的又一个例子－中国的产品和思想走出去，而非世界的产品和思想走进来。

支柱和战略性行业 中国正利用各种战略来发展其支柱行业——航空和汽车。它还引入了战略性新兴行业——清洁技术、生物技术等等。发展越大，风险越大。

中国新型制造业超级趋势的大部分都将取决于中国新城市吸引投资和基础设施的能力；劳动力是否会从农村迁入城市；企业是否可以提供足够的就业机会。这些是城市化超级趋势的关键。

第六章

城市化超级趋势

新城市——基础发展

城市化是一个全球趋势，在中国几十年来一直是一个持续的过程。但是，不像其他国家（或许不包括印度），在中国，自奥运十年开始，城市化已经成为一项政治和社会任务。中国的人口如此庞大，城市和农村之间经济如此不平衡，贫富分化如此严重，以至于中国必须要消耗巨大资源才能快速有效地城市化。由于数亿人需要被转移到城市，因此需要扩张现有城市和建设新城市。这是本章第一个主题：新城市。第二个主题，基础设施的发展，描述了如何让人们进入城市，如何促进城市间的贸易，以及如何创建一个平台，使中国经济能够以消费型社会而非目前的出口型社会发展。

这里有一种常见的发展过程——劳动成本上升，消费增长，新富们渴望更高的生活标准——发达国家失去某些低价值和高污染的行业；服务业地位上升，取代它们创造就业的位置。这部分反映了美国和中国之间的独特关系是如何发展的。现在，这种情况也在中国自己的内部发生。

考虑到许多省份和大城市的经济规模与较小的欧洲国家一样大，从一个地方迁至另外一个地方工作相当于西方经济体将工作机会移至国外的新兴经济体。中国主要沿海城市——比如说上海、天津、广州——在中国相当于“发达国家”，安徽和四川省就像“新兴经济体”。

该模式是先将工厂搬到城外，然后到相邻的小城市和开发区，最后到其他省份和地区。上海在20世纪80年代首次创建了浦东新区。后来在浦东内部和郊区创建了开发区。当浦东太贵时，公司搬到上海周边的城市，如苏州。最后，其中许多公司（国内和国外）开始往西，到中国的中部和西部省份，如安徽和四川。

在那里，公司发现一些新的城市甚至是特大型城市，比如重庆。以前在西方被称为“Chunking”的重庆在中国奥运十年已经有了新的重要意义。重庆合并了附近的城镇，成为中国最大的大都市政府（人口超过3000万人的城市）。

为了吸引国外和国内公司到这些欠发达地区，需要发展新的基础设施。这些基础设施包括能源和运输、办公设施、工厂及数百万被城市化的工人需要的住宅。这就是为什么发展基础设施是城市化超级趋势的第二个主题。

中国正花数十亿美元建设昂贵的基础设施和快速交通系统。从为了能源的三峡大坝到数千英里的高速运输铁路，中国正投资于所需的基础设施，以支持其城市化进程。结果是，在原材料（如钢铁和水泥）的使用上，它领先世界。并如第四章——中国路线图中所述，它正在开发新的技术。但是，在一个13亿人口的国家，有一种基础设施将帮助中国更快地城市化。那就是交通基础设施。

在全国范围内发展新城市和基础设施显然要花一些时间，但中国已经取得了很好的进展。增长的机会在于，到2012年，城市化才完成一半。奥运十年中，城市化超级趋势将再使数千万的人进入城市。

城市化的挑战

中国的城市化既困难又时有争议。其规模直到现在都无从知道：由于城市化进程不完整，这些迁移者要往返于城市和他们的家乡，因此每年都会看到数亿人大规模的迁移。人口 1000 万人的城市可以在十年或二十年中发展起来。国外媒体在对中国的大多数报道中经常会提到一些最常见的问题，有时是出于善意提出这些问题。这些问题是严重的社会问题，将威胁到中国经济持续平稳的增长。

在劳动力分配方面，中国直到今天，仍算是个农业国家，而非工业国家：仍有数亿人被归类为农业劳动者。也因此，中国可以理直气壮地说它仍是一个发展中国家——新兴经济体——尽管拥有这些摩天大楼和世界上最快的火车。中国若要实现其城市化的目标，这些人必将经历生活方式的彻底改变。

在试图安置数亿人进入城市的过程中，采用的方式往往更注重速度而欠考虑周全：摆摆样子的赔偿，城市使生活更美好的承诺掩盖了很多社会问题。中国如果想要成功城市化其广大的农村人口，就必须处理好这些社会问题。然而，对于每一个问题，中国都在尽力找到一个解决方案。

强拆和侵占土地

虽然城市化对于社会有许多积极方面，如基于城市高效分配商品和服务，但许多农村居民被迫或强迫进入此系统一直在国内外饱受诟病。

有时，土地未开发、产量不高（中国的农业生产率处于世界最低之列）或甚至尚未使用，都成为“为了公众的利益”收回土地的正当理由。有时对于官员来说，把农民持有的土地变成新的开发区（住宅、工业或商业）是一件合乎情理的事情。还有些时候，支持住宅区的的生产用地也被不公平地攫夺。

随着中国努力实现其城市化目标，并产生足够多的税收供地方政府运作，在中国，政府侵占土地的现象越来越普遍。这不仅仅是重新分区规划，现有的居民往往被敦促，说服，施压或者被迫离开他们的土地，得到或得不到公平的补偿。

情况好的时候，如果农民自愿腾出他们的土地，会给予一大笔钱（相当于农业产量的好多倍），有时再在被收回土地之上或附近的多层公寓大楼安排一所新住宅。一般情况是给予的金额较低，安置到非常远的地方。最糟糕的情况下，如果居民拒绝，几乎是被强制驱逐。

很多时候，这个过程是充斥着腐败。政府试图让农民接受最低可能的赔偿，而让开发者支付最高可能的金额以便为城市（或他们自己）赚取差价，且从开发商索取回扣。政府使用强力——包括雇用暴徒逼这些人离开可能已经生活了几十年的家园。在前居民的眼中，那简直就是胁迫。

城市化和安置政策的支持者声称政府提供的住宅尽管有时位于离他们老城区很远的新城镇和城市，但能提供更高质量的生活。然而，从重新安置的角度来看，它不仅仅是一个不同的地方，而且是一种不同的生活方式——从农田到公寓楼和城市工作——许多年长的农民工可能无法适应。有时，被安置的并非农村人，而是城市居民。他们在城市的房产被重新规划，代之以办公大楼、基础设施、公园或更多高层公寓楼。有时，这些城市居民比他们的农村堂兄弟富裕不了多少，可能会被要求、劝服或强迫搬走。有一些则进行抵抗。

● 案例研究：棍子上的房子

1949 年后，共产主义政府政策废除了所有农村和城市的私有产权。居民被分派到各自的地方生活。在农村是公社，在城市里一般是工作单位。中国的私人产权在 20 世纪 90 年代开始归来。在城市住宅的现有居民经常会给予棚屋的所有权，在分派的地方继续生活。一些独家住宅顺利重获私人产权，进入二级房产市场，而其他较大的多户住宅今天仍经常陷入争相索要的局面，而且从未再出售。

这些住宅有时是传统的中国建筑，比如低层胡同（住宅巷）或石库门（四合院）。有的城市超过50%的住宅都是此类建筑。虽然中国为了文化遗产或美观保留了一些此类住宅，但保留所有这些住宅的意愿不强，因为他们往往是位于中心位置的低效率、低密度建筑，使城市规划者陷入两难境地：拆除还是保留。

在中国城市，尤其是那些有着太多这样低效率生活建筑的城市，标准的重建过程是政府指定为了公共利益而需要扩张的区域。在其他国家这可能被称为征用权，而且除非特殊情况很少会被使用；例如，将要建造的公路会经过一块农村土地。对于此用途，要获取这块土地将经历一个漫长、透明的法律过程，通常结果是，此土地所有者得到补偿后，政府才能建设此高速公路。

在中国，过程有所不同。那些运气不好，未被认定为历史古迹的建筑物，它们在中国现代城市的命运，几乎可以确信无疑。首先，指定一个新的区域（经常在城市的中心以外），供居民搬入，然后建成高密度的公寓大楼。同一时间，要求将拆区域的居民选择新的公寓、接受现金补偿或有时两者兼尔有之。大多数人接受出价，有的甚至非常喜欢他们新的现代住房——即使交通不太便利。还有一些居民有不同的选择：都不要。

通常，拒绝出价的原因包括：补偿不足，或根本不想搬走。法院，与其说是一个独立的司法机关，还不如说是政府的一个行政单位，因而对这些土地所有者提供不了多少帮助。这些居民甚至拒绝遵照驱逐令和拆迁通知腾出住房。当他们周围的房舍被推倒时，他们依然坚守在自己的住房内。他们的房屋被称为“钉子户”。

民事法庭是法律场所，公共舆论的法庭则是公开宣泄不满的另外一个场所，且变得越来越重要。2007年，中国城市化困境的标志性新形象已经传遍中国乃至国际的互联网。此形象形容为在木棍上展示类似于房屋的东西可能最为贴切：一座房屋置于 30 米高的土柱上，摇摇欲坠，周围的土地已经被挖开，导致一个巨大的土坑，也许是为了供摩天大楼的地基或地下停车场之用。房子看起来好像大风一吹，就会坠入深渊。但是如果你仔细看看，你会看到一条由现有居户挂着的横幅。上面写着，“绝不允许侵犯合法的私有房产!”

私有房产在现代中国仍然是相对较新的概念。生活在中国早期城市建筑的居民经常在房产上除了棚屋居民的权利没有任何权利。这些房产可以居住，但不像中国的其他房产，没有 70 年的土地批租赁或所有权。生活在相同地方的家庭成员之间，经常会起争议，因此带有所有权争议的房产不容易卖掉。所以，当政府说要搬时，政府将基于索要人的实际数量分配补偿。由于这个原因，有些夫妻离婚和同居，希望能得到两次补偿。居民通常会接受给出的补偿，搬到在城市郊区新建的成本较低、更现代化的房子。

吴太太和她的丈夫杨先生则不是这样的人。[1] 他们很重视他们棚屋居民的权利。他们占据他们的住处，拒绝接受开发商给出的补偿。按照吴太太的估计，如果考虑附近的房产价值或开发后的价值，这些补偿与真正的房产价值相比并不够。

这种情况被视为可以验证中国的一些法律问题，包括政府在私人房产交易中的协作和干涉程度；是否可以执行棚屋居民的权利；房地产行业市场改革的进展情况；考虑公共利益和私营企业的利益，应该补偿多少。

在“钉子户”抗议持续多周后，吴太太和杨先生接受了补偿，放弃了法庭诉讼，但人们发现政府在解决所有诉求之前通过允许开发商挖掘周围房屋，一直在不正当地进行施压，并危及杨的生命（她爬上土柱，挂上横幅。尽管周围在挖掘施工，也依然占据着自己的家）。地方政府也在宣传上使情况变得更糟。它警告人们，这样的私人对抗行为是不可容忍的。中央政府对当地政府的立场反应强烈，并迅速采取行动，加强产权保护，并于 2007 年 10 月 1 日颁布了新的《物权法》。[2]

● 迪斯尼乐园的百万富翁

在城市另一面的农村，再开发对居民不总是意味着不公平的交易。事实上，在大城市周围，所有者——农民并不总是在务农。有一些农村居民很幸运。他们靠近一线、二线甚至三线城市。现在，他们已经离开他们的土地，成为附近城市经济的一部分。他们作为房东，将他们的房屋出租给来自中国贫困地区的外来务工的农民。除了收房租，农业地主们还可以享受许多其他赚钱的机会。在一些大城市，随着城市向外延伸，郊区已经变得极其有价值。如果土地收回，所有者（不是租房者）仍将一次性获得补偿款。那些甚至未在这些土地上生活的家庭可能会获得一套或多套新公寓。其他所谓的城市农民可能会转向有机生产，向城市里有健康意识的白领精英阶层供应农产品；发展生态旅游和“自采”水果和蔬菜企业；开设农家餐馆，或者可能只是让土地休耕，等待出售给那些随着城市向外扩张，必然要来的开发商。

传闻中的中国大陆的迪斯尼乐园便是此种情况。这是继在香港开放中国第一个迪斯尼乐园后，从2005年就断断续续进行的一个项目。在同中国政府、中央政府、地方政府漫长的洽谈过程中，每次项目好像要启动时，该地的房价就会暴涨。农民们会冲到未开发的土地上建立住宅（已占用的地块在补偿上更有价值）。这些住宅通常是非法建造的棚屋，然而，当迪斯尼乐园终于决定在上海浦东新区建立第二个中国迪士尼乐园，真正的居民得到了丰厚的补偿。

被遗忘的老人、孩子和配偶

远离农业的劳动力流动未必都是政府主导的行为。事实上，自从改革开发政策开始的1978年，迁移已经自动发生。年轻的工人愿意在城市寻求更好的生活和更高收入的工作。劳动力大规模的迁移——被称为流动人口，数量达数亿——掏空了传统农业社区最富有生产力的年轻工人。尽管这些青少年和年轻人经常在农业收获时回来，或者如果没有农业收获，则回来过传统的中国新年和其他节日。越来越多的无法工作的老弱和儿童则成为留守人员。

据估计，有近6000万名儿童被留守在农村老家，父母一方或双方都在制造业或城市工作。这些儿童可能会留给年长的亲属——他们自己要么太老，要么缺乏在工厂或服务岗位上工作的能力——由于农村在发展上的不足，他们难以获得完善的教育、卫生保健和福利。

迁移的父母们经常不被视为他们工作地点的常住居民。留守儿童往往因为没有城市户口，而无法和城市中的父母在一起。户口是更严格的共产主义时期的遗留物，是用来控制自由流动的人，以确保中国的农业生产者始终捆绑在他们的土地上，城市工人捆绑在他们的工厂（单位）里。曾经，如果没有户口，根本不可能在城市工作，但是，今天，移居者被给予临时许可证，可以在城里工作。最近，进步的城市，如上海和北京，已经开放系统。北京宣布在2012年对流动工人实行新类型的居留证制度，可能会给予临时许可证以外更多的权利，但不足以完全获得户口允许的权利。[3]对于中国每个拥有数百万流动人口的大城市，值得注意的是：在这些父母工作的城市，如果没有完整的居留许可权，他们可以将孩子带过来，但经常无法将孩子入学当地的学校或获得其他社会福利。

在这些情况下，很多家长倾向于把孩子留在老家。这是每个春节都出现大规模人口流动的原因之一：父母在孩子们生活中维持存在的最好方式是一年回家一次或两次，在春节或国庆节。

在这个国家现代化发展着的同时，这些孩子、年老的父母、其他亲属甚至留守的配偶正越来越多地生活在贫困中。一些孩子和老人最后在街上乞讨，被迫补充他们微薄的养老金或在城市工作的亲属们的汇款。而这些亲属们的薪水正越来越多地受到通货膨胀的挤压。

中国如果希望使公众满意，需要解决城市和农村的所有挑战。它正采用多个措施以做到这些，其中包括建设与农村更近的新城市、建造新的交通基础设施，将东部发达地区和西部地区连接起来。

中国的新城市

中国在全国各地建设新的城市，特别是在落后东部沿海的西部地区。这将减少迁移的需要。

西部城市重庆就是一个例子。根据官方人口统计，目前，这是中国最大的城市，也是仅四个被给予自治市地位的城市之一——其他城市是上海、天津、北京——与省有同样的权利。重庆是蒋介石的临时政府在“二战”期间的临时首都。它从最初的只有40万人增长到人口被列为近3200万人。

这确实会使重庆成为世界上最大的城市。这样一个事实，重庆的宣传材料总有提及，但其人口与世界其他城市的官方人口没有直接的可比性，因为它作为自治市的地位可以将附近大量的城镇和村庄以及之间的农村也涵盖在内。全市人口只有约45%被城市化。对重庆市区的人口更为保守的估计是800万到1200万，小于上海或北京。因此，重庆有自己的城市化进程将要进行。还有400万居民在10年之内将纳入城市，周围的农村人口将被整合在周围的卫星城镇。

然而，重庆仍旧是国家发展和改革委员会一项巨大的工程，也是测试城市和农村平衡发展模式的国内规划实验的一部分。实际上，这已经不是中国第一次建立一个定制的特大城市，典型的例子是中国大陆对香港的复制——深圳，曾经的小渔村。

深圳离香港路程不远。按照GDP规模，深圳是第四大城市，官方人口约800万，还有数百万人是流动居民。1980年之前，香港是许多制造行业的主要中心。20世纪80年代早期，制造业占香港GDP的25%，香港以生产纺织品、玩具、手表和电子产品而闻名于世。今天，制造业占香港GDP的比例不足4%。许多制造行业很久以前就搬到附近中国大陆的城市，如深圳。深圳在邓小平1978年后的改革中被指定为第一个经济特区，从20世纪80年代早期一个仅有70000人的小渔村变成今天现代化的城市。深圳是一座外来人口组成的城市，它的崛起是中国城市化进程中开创性的成功典范。

目前有数十个大型城市处在通往国际级城市的发展道路，深圳、重庆只是其中两个，但确实还有很多城市正在规划和建设，以容纳未来20年中被城市化的农村3亿新居民。这些城市将会需要大量的基础设施建设——这是城市化超级趋势的第二个主题。

最高级别，中国风格

最大、最高或最快并不总是意味着最好，中国的一些大型项目和无畏的商业壮举变成了有趣的观念或经验，成为城市化过程的一部分：

在运营中的最快的客运列车——上海磁悬浮列车，将浦东国际机场和浦东的中心地带连接在一起！虽然许多人希望它可以一路连接到上海的市区，但路线距离是如此之短，以至于磁悬浮列车以最高速度432公里/小时行驶了仅约30秒，就必须开始放缓。

世界上最大的展览地 目前，德国汉诺威市的汉诺威展览中心——略低于500000平方米（540万平方英尺）——是世界上最大的展区，但上海将在虹桥国际机场附近建立一个更大一些的展区。这个展区将在2014年登上世界第一的位置，规模是中国目前最大的展览中心（也在上海，位于浦东新区）的三倍。

最高的蜂窝塔 通信基础设施的重要性不能被低估，因此中国的蜂窝网络是世界上最先进、覆盖范围最广的蜂窝网络之一。没有村庄或农村地区未被覆盖到，甚至海拔6500米（21324英尺）的珠穆朗玛峰都有移动电话发射塔，向为数不多的登山者和驻扎在通向峰顶的小站里的夏尔巴人提供服务。

世界最大的购物中心 显示中国可能过度建设和非理性繁荣的一个迹象是，广东省东莞的华南购物中心，可供出租的零售面积达66万平方米（710万平方英尺），是世界最大的购物中心，但最终成为世界最空的购物中心。最近的2011年10月，当一名记者去参观时，它已经是一座几近无人的鬼镇。幸运的是，中国在北京还有世界第二大购物中心，金源时代购物中心，可出租面积达55.7万平方米（600万平方英尺）。

世界上最高的酒店 这取决于你何时设定的标准。2008年奥运会前，世界上最高的酒店，是金茂大厦88层的上海君悦大酒店，但到了2008年7月，是上海开瓶器形状的环球金融中心93层的柏悦酒店，之后是2009年的香港丽思嘉酒店。大约在2014年，中国将再次刷新自己的纪录，它将在上海中心大厦开设一家酒店。上海中心大厦高632米（2073英尺），应该会成为仅次于哈利法塔的世界第二高楼。值得注意的是，上海中心大厦最大的租房将是中国人拥有的J酒店，属于锦江国际酒店集团。

最长的跨海大桥 杭州湾大桥，连接上海和宁波，长36公里（22.4英里），造价17亿美元，于2008年开通。也许出于桥梁嫉妒，北部省份山东2011年7月开通了八车道41.48公里（25.8英里）的胶州湾大桥，造价23亿美元，比之前路线节省20分钟。

世界上最繁忙的机场 北京首都国际机场由3个航站楼构成。其中第3航站楼长2.95公里（1.83英里），占地面积130万平方米（1400万平方英尺）的建筑面积，与世界最大航站楼，迪拜国际机场的第3航站楼不相上下。就其乘客量而言，北京首都机场目前每年8.5亿客坐量，亚特兰大杰克逊国际机场每年8.7客坐量。预计北京首都机场的客坐量2012年将超越杰克逊国际机场，成为全球最繁忙的机场。

中国建设更大、更高、更快、更大规模的项目的势头似乎永无休止。虽然这种势头丝毫没有减弱的迹象，但有一些大型项目似乎过度建设，如上述的东莞华南购物中心；内蒙古鄂尔多斯市的鬼城；和中国各地小城镇或省份的政府大楼。这些政府大楼建设得如此宏伟，很像华盛顿的白宫，所以有了个“白宫”的绰号。另外，这些项目还存在着许多问题，如怎样利用；投资能否得到回报，这将证明原始成本是否合理。在最后清算日之前，世界应该感谢中国的不断建设，它的房地产建设热潮已帮助推动中国经济向前发展。为此，房地产建设也可能会被认为是世界上最重要的驱动力之一。

交通基础设施

中国连接外来工人、使更多公司到西部去及刺激经济发展的其他主要策略还包括建设交通基础设施。其原因在于，城市可以产生规模经济效益，但数亿农民稀疏地分布于国家的广大区域，不能产生规模经济效益。所以建造从农村到城市的道路、城市内行走的道路及将城市互连的道路是极其重要的。使这些解决方案尽可能具有持续性是另外一个需要考虑的事情。它将减少对汽车等交通工具的需求。

当然，向人们提供道路和高速公路，然后放手让他们购买汽车是一种可能。美国在“二战”后便是利用州际高速公路项目给经济发展带来了惊奇的效果。但是，正如前面提到的，中国和世界缺乏足够的资源，使每一位中国人都拥有自己的汽车、电动汽车或其他。中国一些最大的城市已经遭受交通太过拥堵之苦：中国两个最大的城市，上海和北京，在使用不同的方法来控制上路新车的数量。

世界上最赚钱的车管所

自 1994 年以来，为了防止上海高消费者带车涌入公路，上海对新牌照有一个数量上限。目前，它每月会发放大约 5000——10000 块新车牌。每月拍卖确定其售价。

许多年以来，从此行为筹集的资金规模是极其巨大的，高达十亿美元或者更多，都用于补贴城市公共交通。更重要的是，此制度对购买新车是起一个阻碍作用，以减少道路拥挤和污染。这种作法并非没有争议。汽车买家反对它，而大多数交通用户支持它。争议主要来自于这些资金是如何使用的缺乏透明度。

2007 年，一月一次的车牌拍卖产生大约每年 5 亿美元的收入，而 2010 年的拍卖为这个城市共筹到 6.59 亿美元，可能使它成为全世界最赚钱的车管所。大部分的钱被用来改善当地的公共交通设施和补贴公共交通费用。每年，剩下的金额会被公布，但具体支出数据从未提供。

图 13 上海车牌拍卖结果，2002—2012

汽车的热潮有增无减。在过去的两年里，每月的拍卖显示了车牌的高需求和高价格。实际上，一块车牌的价格相当于一个一般上班族 8 ~ 16 个月的薪水，然而消费者似乎愿意并且有能力继续支付如此高的税收。多个 6 或多个 8 的数字在中国的数字命理学中非常重要，因此带有吉利数字，如 888 的车牌甚至更为昂贵，被认为是天文数字。

2012 年 3 月，每块车牌的价格上涨到创纪录的平均价 58625 元（9305 美元）。这个价格水平实际上让一辆经济型汽车都自叹不如。比如说，中国制造的奇瑞 QQ，大约是 51000 元（8095 美元）。当车牌价格几乎是一辆小型车价格的两倍时，许多人试图在附近车牌较便宜的省份登记他们的车子。但是，近年来，这种规避规则的方法已变得更加复杂和昂贵。其实，在上海，这样高的车牌价格可能反倒对环境造成负面影响：许多消费者觉得以这么高的价格购买车牌，则买一辆更贵的汽车也无可厚非。更贵的汽车，发动机排量可能更高，排放更多，会增加中国的碳排放量和本地污染。这也是证明经济政策有时会造成意想不到后果的一个很好的例子。一方面，路上车子少了。另一方面，路上的车子体型更大了，并且燃油效率更低。

然而，使用这种车牌系统，上海能够一直将每年上路的新车限制在 80000 ~ 110000 辆，并在这过程中赚取很多的钱。考虑到中国现在全国每年采购超过 1000 万辆汽车，而且是全球最大的汽车市场，作为中国最大的城市之一，能够这样做也许是一件好事。2012 年，上海大约有 130 万辆公车，120 万辆私车上路。如果不对上海 2200 万人购买的车子的进行新车牌的控制，上海可能会像北京一样淹没在汽车的海洋中。

世界上最糟糕的车管所

北京，曾经是自行车之国中的一座自行车之城，现在已经变成一座汽车之城。在 2010 年，它发放了 750000 块车牌，是上海标准年配额的 8 倍左右。

在 2008 年北京奥运会前夕，由于无法应对困扰北京的烟雾和持续的交通堵塞，当地政府终于开始重新考虑其基本是无限制地允许每年上路新车数量的政策。首先，它实施了各种交通管理计划，每天使一些汽车不上路。例如，如果周二不允许车牌以数字 4 或 9 结尾的车子上路，或禁止外地车牌的车子在每天的高峰时间进入城市内外环。[4]

当这些都还不够时，北京决定通过类似于上海的配额制度控制每年上路的新车数量，以解决这个问题。然而，它引起了人们的激烈反对。人们质疑采用摇号无偿分配的方式，车牌将如何分配。加上有些人盘算着利用车牌套利，因此每个月的摇号有近 40 万人申请，而能提供的只有 17600 块，1/23 的机会。大部分人甚至没有想买车，只是代表家属参与摇号，以增加赢的机会。

除了一些不需要车的人参与摇号，一些代理显然发现了此制度中存在的漏洞。这些骗局可能变得非常复杂。例如，其中一个方法就是让实际需要车牌的人（并愿意私下向代理和摇号赢家支付费用）起诉摇号中的“赢家”。在法庭审理中，被告输了而不能支付赔偿；受害方（即，买方）同意以车牌的形式获得补偿。私下支付的金额可能高达 10 万元——上海 5 万元平均车牌费用的两倍——或至少一半金额。但是，不管怎样，它将可能是城市的收入转移到消费者和公司的手中，因此不能像上海的牌照拍卖一样阻碍新车购买者。其他比较隐蔽的绕过此制度的方法包括购买其他人车牌的使用权，并通过个人合约，免受任何索赔。这种做法即使不违法，也必然是在法律之外的。一旦出现不可避免的争议，看一看法庭是如何处理这类案件一定会很有趣。

目前还不清楚为什么北京决定采取这样一个与已经在上海成功应用的制度有所不同的制度。北京的制度除了错失一个为城市创造收入的机会，也同上海一样，在努力变得公平、透明。

新的汽车业务模式

车牌配额制度也有其他一些积极效果，包括发展汽车租赁市场。比如，在上海，有 170 万人拥有汽车，但有 400 多万人拥有驾照。阿维斯和其他一些汽车租赁公司已进入市场。

“拼车”应该是一件既环保又简单的事情，但司机们害怕负责任。黑车服务——对搭车收费——是非法的，会受到严格的惩罚。在中国，搭车通常都不是免费的。只有一个人可能有车，所以警察假定任何载客的人都可能是对汽油等接受了某种形式的补偿。所以“拼车”尚未在消费者当中真正开始。有好几个突击的圈套行动激怒了司机们：便衣警察冒充滞留乘客甚至受伤的人诱使汽车停下来，然后逮捕这些让他们搭车的好心人。这再一次假定了人都是有私心的，任何人停下来让他人搭车都是收费的。被这种圈套逮到的司机坚称——完全无用——他们只是想提供帮助，而警察认为他们想提供黑车服务。他们觉得实在是莫名其妙。对交通警察公平点说，在上海和其他城市，黑车问题是个难以根治的地方病。只是站在火车站外的人行道上都能吸引到一些非法运营拼车服务的人过来招徕生意。我们还可以经常看到在宜家，有一些非法司机希望绕过出租车排队，收取高额费用送你（和你的家具）回家，所以提议你拼车。

一旦可以找到停车位，社区汽车共享服务——类似于美国 Zipcar，一个俱乐部共享一个车队——可能有较高的增长潜力。在大多数大城市中，房产和汽车都被看作是非常贵重的东西。停车点在很多市区是非常稀缺的。

值得高兴的一件事是，科技部连同国家发展和改革委员会 2011 年宣布“新能源”汽车将不受上海、北京和其他 23 个大城市的一些车牌限制。这些“新能源”汽车中的很多是中国制造的电动汽车，如比亚迪（沃伦·巴菲特已进行投资）制造的电动汽车。

面对很多大城市已经加剧的交通堵塞、污染、停车位缺乏及相对人均收入较高的汽车和车牌费用，中国正在为这个国家的公众寻找其他交通工具。它仍然会修建更多的公路和高速公路，创造更高效的交通基础设施。特别需要提高内陆城市和港口之间的经济联系，但中国已经认识到让汽车来代替大众交通工具的局限性。相反，它鼓励更多地使用城市间的高速铁路交通和城市内部的轻轨和地铁。中国还将修建机场，以满足中国这片广阔土地内部及国际上对速度的需要，并进一步促进与全球社会之间的贸易和来往旅行。总之，中国正利用其国家政策工具，来建设一整套独一无二的交通基础设施。

四通八达

由于中国大部分的交通基础设施是在 1978 年后建成，相对较新，因此交通基础设施是中国未来的竞争优势之一。1978 年以前，中国的港口、公路、机场和其他基础设施都远远落后于西方。其铁路网络范围广，但是用共产主义时代的技术和系统所建造，其中一些至今仍在使用。

新的中国常态是不计代价地改善交通基础设施。交通资产本身的财务可行性对于地方和国家领导人来说并不是一个紧迫的问题。他们视 GDP 增长为成功的关键指标，把重点更多地放在公共好的意见上面，以证明即使是很小幅度的效率提高也是合理的。上海在被阻止之前，几乎要花费数百亿美元建造一条通向邻近的城市——杭州——的磁悬浮列车线路，尽管有一条高铁线路（使用传统的铁路技术）在同一年刚刚建成。

在完成国家目标这个愿望的驱使下，国有银行被指示以较低、无竞争力的利率提供货款，支持新的机场、铁路、桥梁、高速公路和公共建筑——不管它们是否赚钱。有时候，项目是作为一种梦想之地在政府官员的授意下建设的，以刺激地区的经济增长：建好了，人们就要来了。为了国家发展的凯恩斯主义经济政策在现代中国如鱼得水。

● 快节奏的基础设施建设

除了国有银行使出资更加容易，中国政府当局也允许基础设施的建设忽视地方所担忧的问题，包括居民所担忧的问题。有争议的拆迁政策已困扰许多中国大型基础设施项目，但中国一直能够比地球上任何国家更快地进行建设。

● 案例研究：比较中国、日本和印度的基础设施建设

谈到大型基础设施项目，很少有像水力发电这样大的。中国已经建立起了巨大的南水北调运河系统，其拦河筑坝的速度远超任何其他国家。一方面来看，这样可以防止洪水，生成清洁电力。另一方面来看，大坝成本昂贵，淹没了以前大面积的居地，迫使数百万人搬迁。尽管有一些项目规模巨大且复杂，但同另外一个关注水力发电的多人口国家，印度相比，中国在水利发电工程方面已经取得了一些成功。

印度的纳玛达河大坝水力发电项目（其中最大的是 163 米高的萨达尔萨诺瓦大坝）涉及潜在共 150 万人的重新安置，自 1979 年以来一直是断断续续。在印度，政治角力、公民诉讼、腐败和其他争议都对项目的延误起到一定影响。

与纳玛达河的萨达尔萨诺瓦大坝大致可比的是中国的三峡大坝，世界上最大的水电工程，高 185 米，要重新安置约 130 万人。三峡工程于 1992 年被批准，1993 年开始建设，2007 年完成，几乎提前了两年，比尚未完成的萨达尔萨诺瓦大坝快了至少 15 年（仍在计时）。[5]

在交通基础设施方面，中国还在以其他国家意想不到的速度建造港口、铁路和机场。

有一件著名的公民反对新机场基础设施的事件。在日本成田机场区域，一群农民和居民使第二条跑道的建设停工了 30 多年。相比之下，当上海在

20世纪90年代决定建设上海浦东国际机场时，它就于1997年开始建设，到1999年完工（对于成田机场的扩建，这颇有些讽刺意味。其扩建资金基本上是来自于日本的发展补助）。到2005年建成了第二条跑道，2008年开通了新的一座航站楼和第三条跑道，到2015将完成第三座航站楼和另外两个跑道，从此，机场可以满足其每年8000万乘客和600万吨货物的目标。

在北京首都国际机场，50000工人一天工作24小时，短短四年就建成了3号航站楼，并于2008年2月开通。这时离奥运会还有很长时间，且没有出现任何像伦敦希思罗机场新建的5号航站楼所遭受的小故障。伦敦希思罗机场经是经过近19年的讨论、规划、设计和建造才在2008年3月开始运营的。北京的航站楼只花了两年不到的时间，成本只有5号航站楼的一半，且比希思罗机场的所有五座航站楼的总和还要大。航站楼的混凝土还没来得及凝固，北京就开始讨论关于建造第四跑道或开始建造北京第二个国际机场，也可能两者都建的计划。

中国政府称民众为百姓。在这些为百姓而建的交通基础设施中，机场并不是最好的选择：机票对于许多人来说太贵。更重要的是，中国有一种铁路文化。这种使用火车的历史赋予了火车情感价值和实用价值：长途旅行，除了铁路，没有其他实用的方式。汽车或巴士会花太多时间，在仍在发展且高收费的公路系统中，费用过贵。这就是为什么中国仍然是，而且可能永远是一个在铁路上奔跑的国家。

中国的铁路雄心

铁路是中国流行的旅行方式。铁路网络每年运送总计约20亿名旅客。相比之下，在中国本土，大约有2.1亿乘客采用航空旅行。这表明铁路是人们真正的选择。在40天春节旅游旺季，有30多亿旅行人次产生于公路、铁路、航空和水路。其中，公路旅行是乘汽车、巴士、甚至超载摩托车，约占总人次的90%。然而，铁路网络，对于数千万要长途跋涉的外来务工者，是唯一负担得起的选择。仅一天就可以看到多达600万的人使用城际列车，而整个假期共有2.3亿乘客乘火车旅行。沿着中国的长江、黄河和其他河流乘船的旅行人次约为4400万次；3500万次是乘飞机。这一年一度的旅行高峰叫作春运。[6]

铁路除了在国内的公用交通中属于优先交通工具之外，中国也将铁路视为城市化关键的驱动因素之一。通过建立连接城市的新铁路和车站，这些城市可以成为经济中心，促进经济的发展。但是，这样做，也会抽走农村地区的发展动力，很可能会加剧贫富差距。不过，总体上，中国认为，通过鼓励城市化和铁路相连城市内的集中化，可以提高社会福利，促进商业发展。中国因此致力于使用铁路加快发展和城市化。目前，在轨道长度方面，它已经拥有世界上最长的高铁系统，并在最高速度（中国火车的运行速度是最快的，比日本的子弹头火车还要快）、设施（有一些车厢被批评过于奢华）和工程（穿越恶劣环境，高海拔和长距离）方面，逐渐拥有最高的科技水平。

中国希望其铁路业将成为经济的支柱，并最终发展出类似庞巴迪或西门子的一个或多个国家冠军企业。中国铁路雄心的实施情况一直在向好的方向发展。它计划向附近的马来西亚兜售一个很大的铁路网络，甚至同意为通用电气合同下的美国网络生产火车。一切都好象很顺利，直到2011年7月底，中国遭受了一起严重的铁路事故。

事故发生在中国制造业中心——浙江温州的郊区，离上海不远。一列火车追尾了同在一条线路上另一列停驶着的列车。此后，局面就混乱不堪。政府显然担心丢脸，试图让这条线路尽快恢复通车。政府如此匆忙地分解残骸惹怒了很多人，受到了广泛的批评。特别是有一位搜救人员似乎不顾官方停止搜救的命令，在撞车24小时后再次进入，发现有一位幼童仍然活着。在这场事故中，40人丧生，包括这个幼童的父母，近200人受伤。

中国远未完成其铁路网络的发展，也未因这场事故而打消念头，在很多方面，中国才刚刚开始。根据第十二个五年规划，从 2011 年到 2015 年，中国在铁路上的支出将翻一番，达到 2.8 万亿元（4380 亿美元）。如果一切按计划进行，从 2010 年到 2020 年，整个网络将从 91000 公里（56500 英里）增加到 120000 公里（74600 英里），增加 30%。

最大的增长将在哪里？自 1978 年以来，最快的城际列车时速为 50 ～ 160 公里（每小时 31 ～ 99 英里）。直到 20 世纪 90 年代末，21 世纪初，中国一些列车的时速才达到 200 公里（每小时 124 英里）。新的中国常态都是关于对速度的需求。

磁悬浮列车

磁悬浮是一种超高速列车。它平衡于电磁铁轨之上，完全浮在轨道的上面。磁悬浮的名字源自于采用的磁悬浮方法。日本和美国也正在发展该项技术，但德国帮助中国建立了世界上第一个商业运营的磁悬浮列车。从上海浦东国际机场到此城市的部分区域，全程仅需要 8 分钟。上海磁悬浮轨道长约 30 公里（18.6 英里），成本总额 12 亿美元或每公里 4000 万美元（每英里 6450 万美元）。尽管它可能通过售票永远收不回投资，但公共关系价值仍是巨大的。许多前往上海的游客在地面上经历了一次时速 432 公里（每小时 268 英里）的旅行。

日本也计划建造磁悬浮列车来取代部分老化的新干线列车群，从东京单线直达日本中部。2025 年完成建设，花费近 450 亿美元建造 290 公里（180 英里）轨道，大约每公里 1.5 亿美元（每英里 2.5 亿美元）。这可能说明日本有着更严格的监管要求，但是两国的价差似乎很大。这说明正如很多人所想的，中国的成本优势似乎不仅适用于劳动密集型产业，也适用于这种先进的技术。

像上海磁悬浮项目只是中国使用轨道交通这个故事的一部分。别忘了中国还采用了市政地铁和轻轨、高速新干线式的长途铁路联络线和先进的工程。只有了解这些，才能完全理解中国使用铁路基础设施的深度，及理解铁路将领导中国经济向前发展的信念。在很多方面，它与美国在“二战”后发展州际高速公路系统的重要性是一致的。只不过中国同时也在发展这些中的一个。

地铁和轻轨

中国对地铁和轻轨的使用已经加快了速度。中国大陆有 8 个城市目前在使用这些交通工具。另外还有 8 个城市计划在未来十年中开始使用。2006 年，整个国家只有 10 条线路在使用，而到 2011 年已经有 37 条线路。全中国有如此多项目正在进行，以致于根据规划文件，到 2015 年中国将有 86 条线路这么多。公平地说，上海比中国其他城市选择地铁更早，也更热情。

上海已经扩建了其地铁系统，从 2004 年的 3 条扩建到 2006 年的 5 条，2008 年初的 8 条，到 2010 年上海主办的世博会开始时，已经扩建到 11 条线路，400 公里（249 英里）。根据交通规划，到 2020 年，上海将有 18 条线路。纽约和伦敦花了一个世纪才达到 400 公里（249 英里），而上海只用了 20 年。仅 2007 年到 2008 年，总的线路距离就从 145 公里（90 英里）增加到 234 公里（135 英里），每天的客流量从 230 万增加到 300 万。世界几乎没有一个地铁网络能像未来 2020 年的上海网络一样有如此多的线路、车站或乘客，但有一个城市除外——北京，它正在努力解决不断扩展的城市被汽车淹没的问题。

北京现在有六条环城公路。道路上的交通拥堵是每天都遇到的问题，因此政府希望地铁可以缓解车辆堵塞。北京将标准的地铁票价设定为到网络上的任何地方都是 2 元，约 25 美分，以进一步鼓励使用地铁而非汽车。

地铁交通对许多习惯于公交车、汽车或自行车的中国人仍是一个新的选择。地铁网络对于增加车站附近区域的宜居性（和房地产价值）很有好处，但站点也许比公交车要更少——车费更高。因此，在中国其它城市的许多线路难以吸引达到计划运力所需的乘客量。在中国，很多公司为员工提供免费班车。还有些商店，如法国的家乐福，可能有车队往返于路上，寻找顾客。

对于其他城市，网络本身的负担能力已经成为取得成功的障碍。城市规划者似乎偏好地下的地铁列车（而非地上的轻轨或有轨电车）。在人均收入低的城市，尽管地铁的成本要每公里 5 亿元（合 7500 万美元）（8 亿元或每英里 1.21 亿美元），但由于渴望拥有最先进的现代化系统，所以有时候不管地铁的财务可行性：可以说，向上海和北京看齐。当然，当地政府从国有银行借款，发行债券都经常是资金短缺的解决方式，但这不会改变以下事实：当还有更便宜的选择方案时，许多这样的系统可能就不应该被建造。

高速铁路

日本和欧洲历来在高速铁路线方面领先世界，但套用艾尔顿·约翰的话说，这列车不再停靠那一站。中国已经把高速铁路放在首要位置。尽管 2011 年发生了严重的碰撞事故，但中国仍在努力，有望到 2020 年实现其拥有世界上最广阔的现代化网络的目标。继 2010 年投资超过 7000 亿元人民币后，2011 年，中国又计划投资 7455 多亿元。碰撞事故和随后的调查（揭起了一件腐败丑闻）使 2010 年的投资缩减到大约 4700 亿元。甚至在 2012 年，即便减少了 4000 亿元的工程预算，但据新的铁道部部长盛光祖所称，仍有 6366 公里（3956 英里）的线路将投入运营。这相当于仅一年之内就建造了欧洲整个高速铁路网一半以上的网络。

日本和欧洲拥有高速铁路已几十年。中国从上个十年的中期才开始高速铁路的计划。在此之前，中国主要是努力于提升现有线路的速度，例如，通过从柴油变为电动，使中国第一批每小时 200 公里（124 英里 / 小时）的列车进入运营。通过自 20 世纪 90 年代以来一系列配合五年计划的“加速”运动，中国一直在稳步推进对速度越来越高的高速铁路的应用。

第一个转折点发生于2010年，当时中国已经安装了8300（5157英里）多公里的轨道，从而拥有了世界最长的高速铁路网络。它也是最快的网络之一。平均时速为250公里（155英里/小时），最快线路的运行时速为350公里（217英里/小时）。

尤其是其中一个线路。它是中国雄心的典型标志。这条线路连接北京和上海，2011年投入使用，21个车站，行程共1318公里（819英里），是世界最长的连续性高速铁路线，造价达2210亿元。它仅花38个月就建造完工，甚至为迎接中国共产党成立90周年提前一年开通。它最高运行时速为380公里（236英里），一般运行时速为350公里（217英里），比日本运行速度最快的子弹头列车或法国的TGV列车（巴黎至里昂间高速列车）还要快约30公里（18.6英里），使其成为世界上最快的长途高速列车。北京至上海的旅行时间从大约11个小时缩短到仅仅5个多小时，堪比乘飞机所需的时间——如果包括机场等待的时间。甚至由于出现了新的竞争对手，北京和上海之间的机票开始下跌，因此这条线路是成功的。

此投资是由铁道部、线路经由的地方政府及几个中国投资基金提供资金，包括逾30亿美元用于补偿沿线需要重新安置的居民。

中国已宣布计划，即到2020年，全国总铁路达120000公里（74565英里），其中高速铁路超过15000公里（9321英里）。

在世界之巅的铁路旅行

中国新的北京——西藏铁路，其长途铁路线采用了最先进的工程技术。北京——西藏铁路被称为青藏铁路，于2006年7月1日开通。此线路长4000公里（2485英里），穿越世界屋脊之上的永久冻土，到达西藏首都拉萨，行程三天。列车经过特殊设计以适应海拔的变化对乘客和引擎的影响。车厢内部还额外供应氧气。当乘客适应海拔变化时，飞机式的氧气管会从车顶悬下，让旅客感觉很舒服。在西藏之行的最后一天，处于最高海拔时，列车将加装通用电气专门设计的机车发动机（世界上唯一能够这么做的发动机），拉列车走完最后一段路程。

青藏铁路的票价相对高些，但考虑到路程，还是很便宜。另外还有一些相当舒适的的座位和铺位，并分配有平板电视等小件奢侈品。但白天的景色非常壮观，所以，电视一般只用在晚上。最近，中国在中国西部的重庆和武汉之间建设了另外一条铁路项目。其工程一定会被视为是世界一流的工程。

冰雪、山川、峡谷甚至成本和投资回报都阻止不了列车线路在中国的建设。似乎随着 2011 年这条新线路的完工，西部重庆和武汉（有望成为国家中心城市）之间的旅行距离将从 22 小时缩短至 5 个小时。它需要 159 条隧道，253 座桥梁，由 50000 名工人完成。单位轨道长度的成本是偏远的、技术上具有挑战性的青藏铁路的两倍，达每公里 6000 万元（每英里 9700 万元）。

对于中国的铁路雄心，成本不成问题，而且在一个每年有数十亿乘客的国家，也不应该是一个问题。无论是变化的步伐还是铁轨上的运行速度，有什么可以降低中国对速度似乎永无休止的需要吗?

中国铁路的大跃进吗

前面所提到的 2011 年 7 月的相撞事故是中国有史以来最严重的铁路事故之一，且仅仅是各地发生的高铁事故中的第二起。这起事故促使中国内部对中国高铁计划的社会和经济成本进行了认真的反思。人们广泛地质疑中国的发展速度是否过快。

调查得出结论说，事故发生的原因是系统存在着设计缺陷，导致一系列人为的错误，其中包括应急响应错误，未归咎于司机自身及列车技术。

事故后，公众和不理会封口令的媒体，质疑铁道部似乎无休止地追求更快、更广的网络。2011 年，当中央政府审查建设标准，停止建设财务上似乎可疑的线路时，这种影响仍然能感受得到。

比如说，事故后不久，一些正在进行的建设项目被推迟了几个月到一年，包括连接南部广州与北部北京的南北线上的一段长度为840公里（522英里）的重要部分，并立即停止了一个规模更大、时间跨度更长的投资项目——连接西南云南省的省会昆明和上海的线路，造价3000亿元，行程2066公里（1284英里）。没有迹象表明会对原定的2015年3月的开通产生何种影响。

这些线路的重新审查，造成的后果之一是公共交通的不便利性，而短期内更大的担忧是，数百万的工人将失业。中铁隧道集团的一名官员确定裁员的人数在300万，并说他担心工作停顿和和欠薪可能会导致社会动荡。[7]

财务上，2011年，铁道部正在触及与国有银行的借贷限额，情况似乎每况愈下。有传言称，铁道部在2011年11月需要超过8000亿元的过桥贷款，以便对债务再次融资和供应新的营运资金。铁道部到目前为止已经发行了超过2万亿元的债务，占中国年GDP的5%左右，是2008年发行的8680亿元债务的2.5倍。其债务和财政状况是作为国有企业由中央政府直接支持，由国有银行间接支持，从而加剧了对高铁将成为金融不良钱坑的担忧。

《上海日报》有一项分析显示，仅京沪线路一条线路，如果按照运力的80%运营，运营亏损将达每年75亿元。较高的能源成本是其唯一最大的费用，但债务偿还金额每年近55亿元，表明债务扼制了潜在的铁路回报。

其他争论也困扰着京沪线路的头一年。比如说，VIP（后来被放弃）区域的豪华躺椅过于奢侈；发生了几起令人瞩目的事件——列车故障，停在轨道好几个小时，延误了整个系统。

最后，铁道部的最高层被揭露出腐败丑闻。2011年2月，铁道部前负责人，铁道部部长，刘志军被逮捕，并被指控挪用公款超过8亿元，接受贿赂及包养10名情妇。

2011年，在温州事故后，似乎中国政府和人民即使最终未考虑财务状况问题，但也考虑了发展和安全之间的均衡问题。一些消费者，担心再发生此类事故，所以停止乘坐高铁线路。航空公司则以提高票价迎接归来的乘客。国内外的社论对中国铁路的大跃进提出质疑，认为这是一项危险的、不必要的的不良投资。

然而，不久之后，中国再一次走上追求更高速度的轨道上。2011 年 12 月，中国公布了最新的高铁计划。列车将被设计成类似于古老的中国剑，其动力是世界上最快的列车（运营在京沪线的 CRH380）的两倍多；根据此列车制造商，中国南车——中国最大的列车制造商所说，理论上，商业运营中的最高时速将超过 500 公里（311 英里）的。看来，世界上只有一个地方，剑比子弹要快。

道路和公路

中国的道路系统可能不比主要工业化国家的道路系统发达，利用程度也不及这些国家，但中国在这方面已经取得一定进展。中国现在已经拥有世界第二大高速公路网络，总长 53000 公里（33000 英里），成本大约是 1220 亿美元，而中国 30 年前才开始此项计划。但是，据一位中国政府的官员所说，中国的公路网络是 340 万公里（210 万英里），约有一半质量水平较低，需要改造。这位官员还强调了中国在 2020 年之前需要另外建造 100 万公里（620000 英里）公路。

中国的道路如果要用于物流，就得加以改善。这也是中国持续投资公路的原因之一。在公路上大力投资的另外一个原因是中国要发展西部地区，通过商业将西部地区连接起来，给中国最贫困的区域带来繁荣。并非巧合的是，这也将可以加强中国偏远和主要是少数民族地区，如新疆和西藏的民族团结。

急于建造新的高速公路、公路、道路和桥梁通常意味着偷工减料，正如云南新三公路的情况——同京沪高铁一样，它为了及时赶上 2011 年 7 月 1 日的中国共产党成立 90 周年，于 2011 年 7 月开通。也许是建造过快，就在道路开放后没几天，部分路段在暴风雨中坍塌，造成两人丧生，于是道路关闭，以至于被中国网民戏称为“历史上最短命的高速公路”。[8]

……

中国的城市化超级趋势主要是有关建造新的城市以接纳奥运十年余下时间中将被城市化的另外数千万人。然而，此城市化的进程是缓慢的。联合国估计，到2050年，中国的城市化率将达75%左右。中国，毫无疑问，希望这发生得更快。为此，中国投资数目惊人的资金在基础建设上——包括机场、道路、铁路——以便让人们来到城市，提供城市内的交通，提高中国成长为以国内消费为导向的经济体的能力。

持续性地做所有这些事情，并拥有足够的能源、水、食物和其他资源，以及防止污染和环境恶化，是中国的下一个挑战及中国可持续性超级趋势的主要主题。

总结：城市化超级趋势

城市化超级趋势的主题是新城市和基础设施的建设：

新城市 中国正在建设数十个每个能容纳一百多万人的新城市，并扩建许多老城，如重庆和深圳，以便它们能成为容纳数千万居民的大城市。

迁移 作为城市化进程的一部分，农村居民有时迁移到城市，城市居民有时从市中心迁移到城市郊区。这个过程有时公平，有时不公平。

新建筑 为了支持城市化进程，中国正在建造许多大型建筑物——包括摩天大楼、大型购物中心和机场——经常是世界上最大的。

交通基础设施 中国正在建设新的基础设施，送人们来往于城市。优先的基础设施类别是铁路，包括地铁、高铁甚至磁悬浮技术铁路。

城市化超级趋势可能会持续到 2050 年，所以它会跨越奥运十年，成为世界上时间最长的超级趋势。

第七章

可持续性超级趋势

节省能源，减少排放

在中国最近几十年进行改革后现化化之前，除了燃烧生物质、动物养殖和稻田的甲烷排放，和部分使用煤炭和矿物燃料取暖对环境造成影响之外，由于毛泽东时代，现代化程度并不完全，因此这个国家对环境的影响是有限的。这并不是说中国对环境的影响很小——其庞大的人口决定了会对资源产生重大影响——但人均能源消耗和废物输出量是较低的。更远些时候，由于清朝的孤立政策，中国很大程度上跳过了19世纪年代的工业革命。除了殖民时代的香港和大陆的通商口岸，如上海，有少许的工厂生产之外，中国避免发展大量的化石燃料碳足迹。在1912年推翻中国最后一个王朝的革命之前，这至少都是真的。

此后，在蒋介石的国民党的改革主义政策下、“二战”日占时期，及最后，1949年中华人民共和国成立后的毛泽东时期，工业化得以展开。在毛泽东时期，中国坚持大规模工业化，导致中国的环境足迹增长，然而至今，它尚未达到西方国家目前的能源使用或人均污染水平。但其污染输出随着工业化和城市化的步伐稳步扩大。

中国和其他发展中国家相信，这是他们千辛万苦争取来的成功，他们的增长不应受到束缚。另外，允许增长继续有增无减可能会造成某种难题。例如，中国是世界上最大的汽车市场，但如果中国拥有与美国相同的人均汽车量，中国的城市将陷入极其严重的交通堵塞。同样，按绝对值计算，中国已经是世界最大的二氧化碳（最常见的温室气体）排放国，但是如果它达到与美国相同的人均排放，其当前的碳足迹将会翻两番，可能使全球变暖毁灭性地加速。

在中国的奥运十年，环境和发展之间的权衡尤其尖锐。这个国家需要大量的电力为其工厂和新城市提供燃料，然而它自己的能源资源有限。它有丰富的煤炭储量，因此，拥有大批的燃煤发电机，供应中国 70% 以上的电力需求（在美国约占到 50%）。

对于中国的空气质量和全球变暖不幸的是，这种形式的能源产生的污染结合了大气（据说，当监管者疏于防范的时候，许多发电厂关掉涤气器以提高利润）中释放的致癌物和大量的造成全球气候变化的二氧化碳，可以说是最严重的污染。对于其余的大部分需求，中国还使用石油和天然气，而水力发电排在非常遥远的第三位。[1]

今天，中美共同面对的挑战之一是，无法供应足够的本国能源，实现自给自足。甚至是中国虽然拥有丰富储量的煤炭，但部分也需要从澳大利亚进口。自 2011 年以来，中国已经同时是世界上最大的煤炭进口国，生产国和消费国。事实上，从海外进口确实比从中国北方和东北用卡车和火车运到需要的地方（东南和东部沿海地区）要便宜。这也说明了中国必须改造城市化超级趋势中所提到的公路和铁路运输基础设施。中国的煤质量并不理想。而且，采煤效率（经常来自于非法矿井，塌方事故频发）较低。最后，中国老龄化的发电机和效率低下的长途输电网意味着中国以煤为动力的基础设施不足以应对中国未来的增长。中国通过从澳大利亚进口优质煤炭来弥补这一差异。

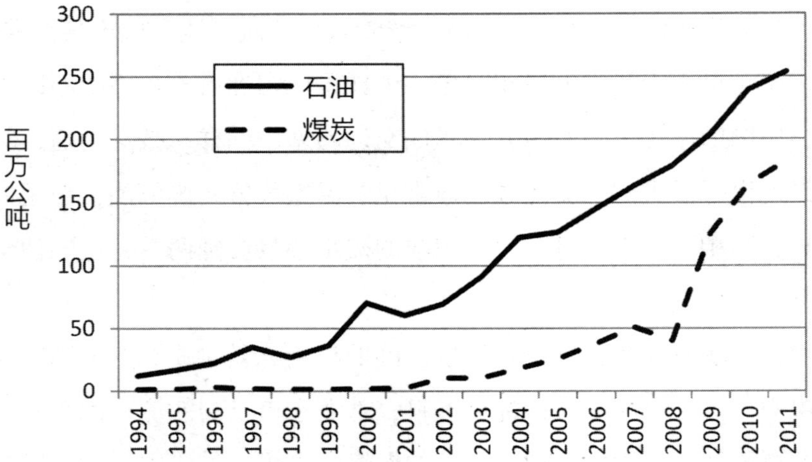

图 14 中国的石油和煤炭进口，1994—2011

中美共同面对的第二个能源短缺是石油。中国是石油净进口国，其需求增长的速度比其他任何主要经济体都要快。这并非总是如此。直到 20 世纪 90 年代初，中国还是一个石油净出口国，而且事实上，在 1978 年后的改革中已经利用石油出口赚取必要的外汇。中国能走到这一步多亏了 1959 年发现一个被称为大庆的重要油田。它的名字，意思是盛大庆祝，代表了油田带给这个国家的欢乐。它终于能够为其向前发展提供动力，而无须依赖于苏联的石油。但快乐并不长久，到 1993 年，中国已开始进口石油以弥补日益增长的需求。今天中国实际上是世界第四大石油生产国，但对中国总需求的满足率不足 50%。其余的都是靠进口，并逐年递增。2010 年，中国的石油进口占需求的比例从 1998 年奥运十年开始时的 51% 上升到 56% 左右。

中国能源资源方面的一个亮点是相对较新类型的天然气开采，被称为水平钻孔。所谓的页岩气被发现大量存在于某些地质层中。早期的勘测（虽然未经证实）似乎表明中国有大量的气体被封在岩石中。相关预测指出，中国的天然气可采储量估计达 25 万亿立方米，可能是美国 13.8 万亿的两倍。这足以使中国在天然气上自给自足。如果它愿意，这可以抵消大量以煤为主的能源发电。事实上，由于西藏、青海这些大面积的区域并未包含在此勘测中，因此中国页岩气的自然储量可能更大。

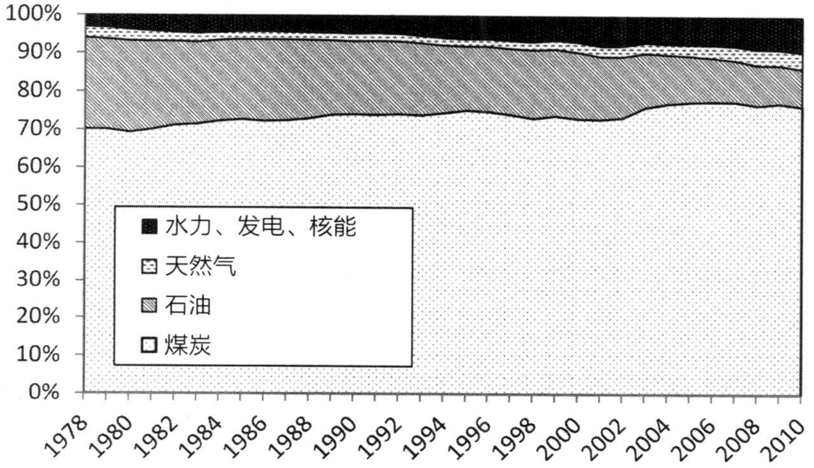

图 15 中国能源使用（按类型），1978—2010

谈到能源，中国最想要的是增加煤炭以外的各种自然资源的储量。陆上资源被陆地所包围，而远离海岸的，对近海石油和天然气的搜寻引发了中国在南海与东海的许多地缘政治活动。在那里，岛屿和领海陷入与菲律宾、越南、韩国和日本的争端之中。中国南海——包括台湾和狭窄的台湾海峡对于确保中东、非洲的石油及澳大利亚矿石的海上航线的安全极其重要。这也是在《中国超级政治》一书中将要进一步探讨的主题。当然，除了台湾，与其说这只是一些岛屿，不如说这是海上边界的的延伸，及在受各国瞩目的海底之下打出新油气田的可能。只要这些区域还处于争端之中，就不可能有大规模的开采。

水力发电或核能呢？这两种构成了中国大部分的剩余电力需求，仅次于煤炭。中国拥有两条世界上最长的河流，黄河和长江，已建成数十个大型水电站坝。最出名的当数世界最大的三峡大坝项目。这个项目到目前为止已经致使100多万人迁移，最终可能会因为受水库边缘侵蚀的意外影响，600万人将被迫城市化。中国拦河筑坝日益增多，可能会使大坝遭受一系列严重问题，如泥沙淤积、水量减少、自然植物群和动物群消失——包括中国传奇的白鳍豚，淡水白海豚。[2]但中国新发展中的区域需要电力，如四川成都及规模庞大的自治市——重庆。因此，中国实际上是要么筑坝，要么完蛋。核能对于中国来说是一个可行的、低污染的替代品，但是，有那么多的煤炭可用，中国短期内不太可能大举投资核能发电。[3]

由于中国许多自然资源的质量较低，数量不多，因此其能源政策必然会特别注意保护海外煤炭、石油和天然气的资源。中国缺乏可行性方法在其境内（天然气水力压裂表明有一些希望，但到2012年仍未大量勘查）发现新的储量。它正在鼓励使用清洁能源，如太阳能和风能。不幸的是，尽管奥运十年中，中国在太阳能和风能方面都将成为世界最大的生产商和用户，但两者的安装速度都赶不上中国能源需求的增长。就像GDP，中国的能源需求每年增长至少5%～10%。为了弥补差额，中国正在建造更多的煤炭和核能发电容量。为了降低这些巨额的投资成本，中国走上唯一剩下的一条其他途径：节省能源，减少排放。这一政策是中国五年规划的一部分，即我们所知的口号：节能，减排。这也是可持续性超级趋势的两大主题。

可持续性的挑战

中国在几乎每一个可想到的方面都面对着比今天任何其他国家都要多的环境和可持续性挑战，包括危害人们健康和形成酸雨的空气污染；土地污染，过度耕种和沙漠化；河流、湖泊和海洋中的水质污染。

风水：风和水

在国内外被广泛称为风水的古代占卜术在中国大陆卷土重来。风水在毛泽东时代，作为“四旧”之一一度被禁止和打击，仅幸存于中国香港、台湾和海外华人之中。在今天的现代中国，它正开始蓬勃发展，中国新富阶层的房主购买符合他们个人家庭成员数量的房产和布置房间。商人和餐馆把水要素——通常是一缸鱼放在大厅里，以便当气通过门流进时，可以被吸收。2012年，所谓的龙鱼是最贵重的：单独长大的标本，有发金黄光或红光的龙鱼可选，可卖数千美元。在龙年，任何人都不太可能愿意卖龙鱼，因为这象征着：在龙年卖自己的龙鱼可能会带来坏运。

风水字面意思是风和水，占卜的两个要素。在可持续性超级趋势的背景下，它们突出了中国两个最紧迫的挑战：空气污染和水污染。

● 空气污染

中国的空气质量是臭名昭著。根据世界银行2007年的数据，中国拥有世界20个污染最严重的城市中的14个。很多人搬到中国工作，但最终又离开，有时，污染是其离开的主要原因，尤其是如果他们的孩子突发哮喘。考虑到北京在环境方面的记录较差，因此北京的一些居民怀疑这座城市是否能够获得奥运会的举办权是可以理解的。

20世纪90年代，当北京申办奥运会举办资格时，奥委会来北京参观，那时，这座城市看起来是如此干净，以致于人们开玩笑说，居民和公司一定关闭了所有的煤炉。事实上，每当有重大活动在中国举行时——例如2001年举办亚太经合组织会议；2008年举办奥运会；2010年举办上海世博会——都会实行临时交通和生产管制，以减少污染。

20世纪80年代和更早时候的空气污染问题经常是由小型煤炉引起的。居民用它们煮食物，在北京等北方城市，用于取暖。今天，污染更有可能是因为路上车辆太多，工厂造成烟雾。北京尤其糟糕，所以为了将污染降低到足以承办奥运会的水平，巨额资金被投入解决这个问题。

1998 ~ 2002年，北京政府花了大约60亿美元，通过控制汽车登记，改造燃煤器和搬迁工厂来清洁空气和减少硫排放。2002年，由于这些变化，颗粒物浓度下降到167毫克/立方米，仅仅是比较有污染意识的日本的1.7倍左右。在北京被授予2001年奥运会举办权后，北京加大了努力，在2008年奥运会之前，花费了190亿美元来清理污染。

为了2008年这一年的空气质量，北京市政府制定了两个特别严格的目标，确保给奥运会创造一个清洁的环境。首先，减少能源发电中产生的二氧化碳。单位GDP能耗将需要下降5%，比第十一个五年规划下每年4%的国家目标高一个百分点。[4] 其次，在体现交通烟雾和工厂污染物组合影响的指标上，北京要求“蓝天数”应该增加到256天，比上一年，2007年多10天。[5]

为了确保这座城市实现这两个目标（以及降低奥运会期间的交通拥堵），市政府启动了一项计划，即只允许单号和双号车牌的汽车轮流上路。[6] 有一些富裕居民只是简单地买了第二辆车，这样，他们就有一辆双号，一辆单号的车子。

这一政策后来被修改成为北京永久的交通管制政策，但是已经不再如此严格——现在，每个工作日，20%的汽车被禁止上路。具体取决于车牌号的最后一个数字。据中国媒体报道，富裕的北京居民买5辆汽车和5个不同数字的车牌，以确保他们想开车就开车。2011年的车牌摇号制度，使获得多种尾数的车牌变得困难，或多或少堵上了这个漏洞。

从全国来看，中国总的污染情况是很难下定论。由于缺乏可靠数据，中国在全球污染的排名甚至都难以确定。这里有很多估计，包括荷兰环境评估局给的2008年的排名，美国能源部的能源信息署、联合国、能源公司英国石油公司和越来越多的机构都将中国列为世界最大的二氧化碳排放国。中国自己的官方统计数字仍将自己列为排在美国之后的世界第二大二氧化碳排放国，排放全球总量的13%左右，美国排放全球总量的23%。但毫无疑问，中国的污染增长是世界最快的。每年，相当于美国一个中型州的总发电量涌上中国的电网——通常来自于燃煤发电机。

从2011年开始的第十二个五年规划将更为严格地控制空气污染。中国正在采用世界常见的指标来衡量它的现状和进展。

衡量空气污染的一个常见方法是检查一个空气样本中有多少可吸入颗粒物（PM）。典型的颗粒物，如灰尘和海盐，随处可见。人造颗粒物可能来自于发动机排气（特别是柴油发动机）、工厂和垃圾焚烧。颗粒物数值用于表示颗粒的尺寸。大一些的颗粒一般不太危险，因为它们可以经黏膜纤毛从人类呼吸系统过滤掉，而小一点的微粒（PM10）可能会渗透到肺部，最小的颗粒（PM 2.5或更小）可以进入血液，伤害身体的其他器官。

2011年和2012年，中国测量和报道了PM10水平。然而，在这段时间，在中国公众开始注意到其他国家正使用PM2.5标准，而中国仍然使用PM10标准后，PM2.5污染标准变得越来越常见。

公众意识转移到PM2.5。这种提高部分原因是美国驻北京大使馆报告其独立监控的污染统计数据，数据有时与中国官方的中国气象局的数据相悖。发在大使馆的空气质量Twitter上的一些帖子曾经开玩笑地将此超标的空气评价为“糟糕透顶”。这种评论既没有帮助到中国公众认识到自己政府的标准，也没有帮助到中美之间的外交关系。

更不用说，只是看看窗外，就能看到阴霾和烟雾，有时候，这种阴霾和烟雾就像雾一样笼罩全城。这就足以告诉大部分人北京的空气质量远比一般承认的要糟。雾，事实上，是被当地气象机构故意使用的一个委婉语，直到公众强烈抗议，才被迫停止这样的称呼。

● 水污染

中国饮用水的质量在许多地区是很差的。原因有两个。首先，由于工厂排放废水不受控制，污染几乎在每一个河流湖泊都是一个长期的问题。其次，即使水表面上经过了处理，但由于中国的处理设备过时，管道陈旧，水的净化可能仍然比不上发达国家饮用水的质量。

全国许多地方如果不是污染问题，那就是硬质水的问题了。锅碗瓢盆在数次使用后，钙和矿物沉积在上面。从旧净化系统出来的氯散发着浓烈的气味，迫使许多居民选择瓶装水。

● 湖泊污染

太湖曾经是中国最风景如画的水域之一，数个世纪的诗歌中都有描写，且现在仍然是受欢迎的旅游胜地。但到了 2007 年，蓝绿藻爆发，使太湖不能通航，不能饮用，更失去了旅游胜地的吸引力，更不用说成为诗歌的主题了。

原因归咎于温暖的天气和水中太多的营养物，但根本原因是未能控制工厂向附近区域倾倒废水。这些废水渗入地下水位甚至直接进入湖本身。这次灾难花费数百万美元方清洁干净。后来，终于有人问：这么大量的污染物是如何进入水中的？为什么没有控制？

直接倾倒有毒化学物质而遭受起诉的例子在中国并不多见；大多数极端污染都被冠以事故之名。这包括了 2005 年在中国北部松花江的苯泄漏，和最近 2012 年龙江河的有毒镉泄漏，影响了中国南部一百多万人的供水。现在，工厂用水（用于清洗、冷却、或其它工业用途）未经处理，直接倾倒的现象仍然是相当普遍。

规避处理成本和政府执行法规不力是今天全国各地发生大量水污染事件的主要原因。由于地方性产能过剩，中国的制造业和其他行业竞争激烈，任何成本的降低都有利于竞争。国家所有权下发展的公司往往缺乏政府监管，因为它实际上是一个政府机构，因此可以逃脱罪责。20 世纪 70 年代或 20 世纪 80 年代初成长的企业家可能把污染控制只是视为削减他们利润空间的麻烦。在中国，成长于短缺经济中的老一辈中的这种态度——在你还有能力的时候，拿走你能拿走的，做你可以不受惩罚的——在中国欠发达地区仍然很普遍。

从政府的角度，官员们被嘉奖是基于发展而非干净的环境。2007 年，当环境 GDP 增长成为他们的一个关键性绩效指标时，情况就发生了变化。在那之前，甚至污染行业都受到了欢迎。回想起来，为了投资而接受这类工厂的地区现在正为此付出了极大的代价。20 世纪 80 年代和 90 年代，许多外国工厂试图逃避本国市场的金融法律和成本，而转移到中国。实际上，他们正在向中国出口他们的污染。这一问题是中国当今经常指出的，例如在 2009 年哥本哈根和 2010 年德班的气候谈判中。

中国纸面上的法律法规确实非常严格，但问题是执行。中国的工厂数量庞大，区域辽阔，使之很难抓住违规者。前国家环保总局能抓住相当数量的污染者，但作为中央机构，没有权利执行省级和地方的指令。它给予的罚款金额经常是如此之小，以至于工厂支付罚款并继续污染的成本比整顿他们行为的成本还要低。

情况在 2007 年发生了变化。国家政府和国家环保总局与各大银行联合行动，创建了一个污染企业黑名单。名单上的公司不得接受额外的融资，申请上市的暂停上市。[7] 国家环保总局后来改制成环境保护部，获得更大的权力。中央政府和地方政府之间的合作也得以加强，在黑龙江、山西省和内蒙古关闭了污染严重的工厂。在遭受太湖绿藻爆发影响的城市无锡，1340 家工厂被立即或短期内关闭。[8]

● 案例研究：苏州河清理

苏州河全长约125公里（78英里），其中53多公里（33英里）蜿蜒穿过上海中北部。它是黄浦江的一个支流，最终流入中国最长的河，长江。从20世纪20年代开始，苏州河是中国污染最严重的河流之一。这有四个原因。第一，在上海发展成为商业和工业城市期间，工业废料的倾倒不受控制；第二，未经处理的生活污水；第三，船舶废水；第四，流动不畅，使淤泥和污染物堆积。到了20世纪90年代，气味和颜色实在是让居民难以忍受。这也是这个城市形象上的一个污点。因此，从1998年开始执行一项清理计划。

这项计划一直执行到2009年，花去了14多亿美元。清理措施包括兴建新的针对垃圾的水处理设施；重建河边的道路和建筑；以及在最后阶段，对大部分河道，从底部清除了厚达3米（9.8英尺）的淤泥，以再次引入鱼类。2012年，上海最热门的一些房产便是在这条河的沿线，包括改装的仓库办公室和艺术空间，可看到河景和风景优美的人行道的住宅单位。这样一个项目可以在十年中以如此巨大的成本成功实施再一次显示了中国政府机构、商界和公众的密切配合。

● 水资源短缺

中国，尽管幅员辽阔，但按绝对值计算，其水资源短缺。如果把人口因素也考虑进去，相对缺水程度更大。根据中国政府的数据，中国有400多个城市或多或少长期缺水，三分之二的中国城市缺乏足够的水来支持增长。这意味着，例如，超过3亿农村居民得不到安全的饮用水。

尽管中国拥有世界21%的人口，但只有世界9%的耕地和6%的淡水供应。就体积而言，中国的水供应大约是2.8万亿立方米，或每个人约2300立方米（81200立方英尺），这是世界人均水平的28%左右。[9]

更重要的是，水的分布是不均匀的。中国南方收到的水量过多，而在北方，人均拥有量只有500立方米（17700立方英尺），仅全球平均水平的5%。北方地理上更大，但它是干燥气候，收到的降雨要少得多。有一些桥梁，如著名的卢沟桥，桥下的永定河一年四季的水流即使不是完全没有，也是极小的，因此大桥严格来说不再需要。[10]

黄河，中国北方主要的淡水资源，是中国第二长的河流，但现在其每年平均流量只有580亿立方——仅是中国最长、位置更中央的长江的六分之一，只有中国总流量的2%。它的名字来自于这样一个事实：它从黄土高原拾取的沉积物全世界最多，达到每立方米35千克（立方英尺2.2磅）。这条河在历史上以洪灾而闻名，被称为这个国家的母亲河，但也是中国的悲哀所在。除了巨量沉积使饮水或工厂生产用水困难，沉积物也不断沉淀，提高了河床。有些地方，河水高于周围的城市，不得不用堤防堤坝支撑。过去，它已发生1500多次水灾。另外，1972 ~ 2012年，它至少20次完全停止流动。[11]鉴于北方与南方之间的这种失衡，中国正想方设法通过水利工程减少南北水源的差异。

中国糟糕的水源情况是水利项目位列中国最大的公共基础设施投资的原因。宏大的南水北调计划是指到2050年使用管道和沟渠每年把440多亿立方米（1.5万亿立方英尺）的水从南方引到到北方。花费超过620亿美元。这只是中国在奥运十年最后几年及之后的主要水利投资项目中的一项。2012年，中国承诺在2020年之前向与水有关的项目投资4万亿元（约6360亿美元）。这同时凸显了中国面临的巨大挑战及国外公司面临的巨大机会。这些公司包括GE水处理、威立雅和提供咨询、过滤器和水处理到海水淡化等方面的小型水行业公司。

● 沙漠化

由于缺乏可靠的数据，中国沙漠化的加剧很难量化。2005年，官方首次估计中国的沙漠区大约是 160 万平方公里（约 610000 平方英里），差不多是阿拉斯加的面积或意大利面积的五倍。在这些地区，缺水非常严重，干旱经常发生，表层土一吹即散。颗粒物跨越上万公里，到达北京等附近的城市。这些城市每年都有几次沙尘暴，给户外一切东西都覆盖上一层厚厚的沙尘。不得不使用眼镜或护目镜防止沙砾进入眼中。

中国对沙漠化的主要防御方法是一种人造的绿色长城。中国沿北部地区重新造林，以阻止向南沙漠化的趋势。中国的绿长城是世界上最伟大的工程成就，如果成功，将可能成为伟大的生态工程之一。

邻避污染

对于中国的环境和健康意识，2011 年是重要的一年。第一批受社交媒体推动，并获得成功的邻避（别建在我家后院）污染抗议中，有一次重大的抗议便是发生在这一年。

以前，邻避抗议活动很少报道在国家媒体中。成功的例子也往往只限于尚未建造或容易拆除的高压、超高压电塔等项目。2007 年，发生了一起以前少有的反对厦门化工厂的邻避污染事件，并成功地让工厂搬迁。由于很少有先例，并且一般政策是不报道任何环保抗议或公众抗议活动的，所以不太可能报道一个由居民推动的运动，更不用说成功的了。因此，当听到大连的居民抗议最新建成的价值超过 15 亿美元的化工厂，并似乎获得成功的消息，吃惊的一定不仅仅是这些大连的居民们。

大连是在中国东海岸的北部城市，是最靠近日本本岛的港口，拥有许多制造商和贸易公司。2011 年，在日本的福岛核设施被地震和海啸压垮之后，一家福佳化工所有的大型工厂在审查日渐严格的情况下来到大连附近的海岸沿线。2011 年 8 月，一场较大的热带风暴导致了一次不太严重的溃堤。附近的人开始担心该工厂的致癌物质，对位二甲苯是否可能会泄露，从而危害自己的健康。于是，成千上万人带着手机和博客，掀起大规模的抗议。政府最终同意支持工厂搬迁。这场抗议在中国主流媒体得以报道，并得到社交媒体平台的帮助。这是一种罕见的胜利，但是居民们注意到工厂在2011年底仍在运营。政府回应说，搬迁这样大的一个企业无法在短期内完成，但工厂会搬走。目前，居民们的期望仍旧是工厂尽快搬走，否则很可能要重新开始抗议活动。

类似的事件发生于2011年12月的广东省海门——一个靠近乌坎村的南部沿海城市。海门的居民可能受到大连行动成功的鼓舞，或可能注意到乌坎村成了媒体的焦点——因为土地纠纷和村民代表被囚禁，愤怒的乌坎人暂时赶走了地方政府和警察。这个事件首先成为西方媒体的焦点，最终也成为中国媒体的焦点。也许是因为海门靠近乌坎，海门的这个事情也引起了香港和国际媒体的关注，但结果对于抗议者有所不同。

海门人参与到邻避抗议活动，反对扩建一家不受欢迎的燃煤发电厂。此前，这家发电厂就因污染为人所熟知。市民们指责其造成了无数的健康问题。不像在大连的情况，海门政府采取了更强硬的立场，使用催泪弹和其他行动对付抗议者。尽管抗议者从来没有达到乌坎公开造反的程度，但海门的抗议者和媒体的关注最终使这个项目暂时停止。

由于每年有成千上万个所谓的群体事件，只有少数事件在受影响地区以外的地方为人所知或报道，更不用说成功实现他们的目标，因此按中国多数标准，这些都是异常成功的邻避抗议活动。随着微博（中国最受欢迎的Twitter克隆品）和其他社交多媒体渠道作为表达关注的论坛变得越来越流行，这种情况正在改变。

……

中国空气和水的问题似乎令人怯步。中国的可持续性超级趋势正受到对化石燃料，特别是煤炭过度依赖的威胁。这似乎意味着未来还将有更多的污染。然而，中国的环境危机也蕴藏着环境机会。这些机会始于考虑了可持续发展并从头开始建造的新城市，终于在现有城市节省能源、减少排放的方式。

中国可持续发展的机会

中国的可持续发展机会是如此庞大而重要，以至于可能已经成为第十二个五年规划的关键主题。中国政府意识到社会需要可持续发展，并且发展中国前沿的一个或多个新兴战略产业可以带来商业机会。或许不公平的是，中国正在补贴许多这样的行业。它促进关键领域的技术转让和国外投资，同时保护其国内能源市场的竞争。就像它对许多其他行业所做的，中国利用其庞大的国内市场发展本土的国家冠军企业。在奥运十年中，受解决能源问题、减少污染等需要的推动，中国将在太阳能、风能和电动车领域成为世界的领导者。这些只是中国可持续性超级趋势内容的一部分，开始于与城市化超级趋势内容重叠的部分。

生态城市

中国正开始着手一项雄心勃勃的绿色城市发展计划，主要因为它必须如此。随着数亿人在城市化剩余进程中进入城市，建设可持续城市是避免中国已有的重大问题，如水短缺和对化石燃料的依赖，继续恶化的唯一方法。第二个原因是，要变绿是因为它能够变绿。中国大部分地区依然落后，因此当政府开始建设一个新的城市，扩建现有城市或者决定完全重建一个区域时，很少有私人利益强大到足以抵御五年规划中必须走向可持续发展模式的要求。最后，生态城市可能是一个平台。通过此平台，中国可以发展具有竞争力的清洁技术产业，比如生产高效的建筑材料、电动车辆和太阳能热水器。中国正利用其路线图来指导这些和其他产业的发展。

2007 年末，国务院为节能、环保技术和社会可持续发展试点项目指定六个实验区。这些区域包括上海浦东新区和湖南省会长沙。

中国还启动了国际合作。新加坡和中国合作创建中新天津生态城。其他国家，如英国（英国环境发展基金投资近 1 亿美元的公共基金）正在参与中国的愿景，希望可以借借生态的光。

在上海，当地政府的重建计划是将在这个城市的普陀区建设一个 6 平方公里（2.3 平方英里）的商业中心区。此中心区将采用绿色城市规划和生态建筑。

最具野心的环保项目之一也许是东滩。东滩生态城 2005 年建在靠近上海的长江三角洲地区的崇明岛，从头开始为 50 万人定制，是测试可持续发展的样本。到 2020 年，东滩将大约是曼哈顿的三分之一大，拥有 50 万人口。最初的发展正由国际工程公司 Arup（英国奥雅纳工程顾问公司）协调进行。第一个阶段到 2010 年世博会在上海举行时完成。

在诸多值得称赞的绿色证书中，将没有汽油动力汽车，只有电动汽车——或氢动力汽车。这个城市将对城市中所制作和销售的产品实施全生态管理，努力成为一个“零排放”的城市。

在现实中，东滩可能只是一个白日梦。2012 年，大多数建筑自全球金融危机开始就保持暂停的状态。它仍旧是一个相对原始的生态区。但该计划还可能会重新启用，更重要的是，东滩生态城明显的失败证明了在任何地方建设这样一个城市都是困难的，更不用说在地球上污染最严重的国家。

东滩生态城原本是位于长江口的崇明岛整体开发的一部分。为了发展和城市化，计划利用大桥和隧道将该岛连至大陆的上海浦东新区。该岛开发的这一部分至少在如期进行，并于 2009 年开通。第二座桥，将该岛的另一边连至长江的远岸，于 2011 年底开通，从而使横越江口的整个长江变为可能。

除了已经建设完成大桥和隧道综合设施，还将建设一条与上海和迅速发展的江苏省相连，直达北部的地铁线路。乍一看，这似乎正在夺取中国未来的标志性生态城之地——更不用说它还拥有一个鸟类环境湿地——再在岛上、岛下、岛间贯通桥梁、隧道和公路。这样的建设并没有多少环境意义，但从区域发展的角度来看，确保此生态城发展成计划中的一体化可持续发展的经济体是很重要的。但如果不与大陆相连，这些就无法实现。

应该说，在否定中国其他新城市创造的巨量环境足迹中，这种发展只是暂时的现象，但它正在尝试做的事情使中国在世界舞台上提到减少污染时，拥有了一个显著的优势及道德制高点。

尽管在北京奥运会和2010年上海世博会的映照之下，中国在从无到有创建可持续性城市的早期实验进行得差强人意，但中国继续在建设低碳足迹建筑物，使用能够使其一些新建筑达到最高LEED标准的材料。中国还在其他地区开发其他与东滩类似的生态城项目以作测试。如果在早期阶段此模式成功，中国计划开发更多的与东滩一样大或更大的城市。在这样一个环境中，对有生态意识的规划者、工程师、建筑师和设计师有着强烈的需求，及此类城市所需要的清洁技术产品和服务，包括清洁能源生产、减排和环保材料。

高效建筑

由于中国在第十一个五年规划中要求将单位GDP总耗电量降低20%，在第十二个五年规划中，要求降低16%，因此中国绿色建筑和建筑材料的市场正迅速增长。节能减排的主题要求很多变化，其中之一便是减少水的浪费。总和所有这些政策就是要求所有从2008年开始的新建筑的能效要提高至少50%。上海走得更远一些，它提出了能源使用量减少65%的目标。

在这个方面最大的机会之一是建筑材料，甚至不一定是绿色建筑材料，质量更好的材料即可。中国爱用混凝土。自从过去十年中期建设热潮开始，中国实际上已成为世界上最大的混凝土使用国。

这意味着中国几乎所有的城市建设都是混凝土：高楼大厦、低层建筑，甚至一般房屋——都用这种材料建造。混凝土耐久而牢固，但绝热性能差。它的生产和运输也产生大量碳足迹。

这方面的机会是采用更有效的施工方法，利用混凝土有利的特性（耐久性、强度和蓄热性——能够蓄热或蓄冷），创造能够带来环保益处，更好的添加剂，再使用和再回收旧建筑，而不像目前的做法——把它们推倒。木材，除了用在特殊建筑，如豪华生态度假村和豪华住房上，不再被广泛使用。

建筑内部中也能大幅改善。中国正朝着这个方向采取行动，但由于现有的旧建筑较多，进展缓慢。

一般来说，写字楼通常都只有一个所有者，因此在能效上表现更好。房东希望降低整体运营成本，例如供热制冷，因此愿意投资于建筑物的能效。虽然这些建筑物可能有中央空调和供暖系统，但它们仍然缺乏绝热性能。写字楼外部的玻璃幕墙一般用廉价的材料所造，很容易在高温下粉碎，就像2010年和2011年上海的写字楼多次发生此类情况——引起了公众的惊慌。

自有住宅，另一方面，可能遭受同样的集体冷遇。这也是中国的环境通常所遭受的待遇。例如，在上海，及至秦岭以南的所有区域，绝热和集中供暖建筑实际上是不存在的。这是20世纪50年代政府政策的遗留物。那时，在北方，供暖是政府提供的一项社会福利，于是政府采用集中供暖的方式以节省成本。在天气较暖的南方的建筑被认为集中供暖。然而，这一政策的遗留物便是中国南方成千上万能效低的建筑。

当住宅被卖给购房者时，通常不包括任何室内装修——可能仅有窗户和前门。从本质上讲就是买家得到一个混凝土箱，然后在总承包商的帮助下完成其他部分。此外，长江以南的住宅往往缺少中央空调或供暖系统。即使在较新的住宅，这些还是有可能不包括在内，而是让居民自己决定空调和供暖如何安排。在这种情况下，居民通常在每个主室放置一台壁挂式设备，在墙壁上钻出较大的孔洞将空调的不绝热管子接到热交换器上。有些地方，如厨房或浴室，往往不是温控的：做饭就像在蒸桑拿，而在冬天洗澡，你一站在冰冷的瓷砖地板上，就绝对清醒过来。

正如一些商业研究案例喜欢说的，在中国的办公和住宅建筑上，有很多"唾手可得的的果实"。能提供绿色照明、绝热门窗、节能家电、简单的家庭自动化、能源监控系统和房屋节能改造等的公司，及那些能够在中国时而晦涩的建筑规范下工作的建筑师和室内设计师都会在中国的奥运十年中发现很多机会。

替代能源发电

第十二个五年规划除了包括短期战略的节能减排，还提出了取代煤和石油作为中国主要能源形式长期的解决方案。如果水电包括在内，中国的清洁能源占总能源需求的比例已经超过 8%，但考虑中国的经济增长和新的能源需求，这还远远不够。中国希望采取措施保证非化石燃料能源的比例到 2015 年第十二个五年规划结束时提高至 11.4%。

推动替代能源代替煤炭和石油发电有三个原因。

首先，中国希望降低对国外供应的煤炭和石油的依赖性。虽然中国有世界第三大的煤炭储量，但其石油储备还没有大到足以供应其燃料和工业使用。由于中国自己的自然储量不高且其战略石油储备设施也远远落后于美国，因此一旦切断石油供应，中国经济就会陷于停顿。中国过去几年的外交政策一直以寻找安全的资源为主，其中石油是最重要的资源。也许可以被称为成功的是，中国已使中东、非洲和其他冲突易发地区的一些国家同意向中国供应石油，但这种依赖仍旧是一件麻烦的事情，因为这些石油必须通过海路或管道长途运输到中国。中国缺乏强大的海军实力。这意味着靠海路供应是很难保证安全。因此，目前最重要的是找到一种能够实现能源独立和自给自足的方法。

第二个原因是，通过快速行动，中国可以成为这些新的清洁技术能源产业的领导者。尽管事实上，原有技术在国外都已经完成开发，但中国在太阳能和风能等方面的国内公司已迅速成为强大的竞争对手。在纽交所上市的无锡尚德电力或深圳上市的新疆金风科技股份有限公司正分别带领中国进入太阳能和风能市场。

政府推动中国更好地利用替代能源最后，但仍然很重要的原因是，这些技术将对环境产生积极的影响。如果中国可以关闭每一台旧式低效燃煤发电机，替换以风电场和太阳能电池阵，像酸雨和空气污染物这些问题，都会略加改善。

甚至是受过高等教育的白领工人都勉强接受和污染生活在一起，认为这是日益繁荣的代价。他们的新房间需要空调和供暖；他们的新汽车需要汽油。每个人都意识到过快地开始绿色革命将阻碍增长而非促进增长。海门抗议燃煤发电厂新的扩建计划只是个例外；现有城市需要煤炭或天然气发电机这种可靠的发电。上海每年在夏季和冬季用电高峰期时都危险地逼近其最高发电能力，必须从附近的浙江和江苏两省取得额外的供应。上海限制更大规模地使用清洁能源是因为上海大量需要只有煤炭、石油或天然气才能提供的能源供应。同样，还有其他一些对风电场或太阳能电池阵有限制的区域，其现有发展尚未使用风力发电场或太阳能电池阵。这也是上海在其新的洋山深水港附近兴建了一个海上风电场的原因之一。

在中国欠发达的农村地区，清洁能源更有可能被广泛采用，因为中国的一些农村和农业区域是如此偏远，以至于它们已经广泛使用太阳能热水器而且可能根本没有电，使他们能够直接跨越到最新的清洁技术。西部偏远的新疆自治区有丰富的风力资源，已经建造了大型的风电场。除了水力发电，中国已经有相当数量的设施，太阳能和风能是中国最大的清洁技术的机会。

十亿屋顶——中国的太阳能计划

中国太阳能产业开始于十多年前，从世纪之交的几乎为零迅速成长为世界上生产太阳能电池板、太阳能电池、太阳能相关技术最大的国家。一路上，中国的太阳能制造商战胜了来自于日本、德国和美国的已有的国际竞争对手。

事实上，中国到2006年时已经大量使用太阳能——超过1亿平方米的装机容量，成为世界上最大的太阳能用户，约占世界总装机容量的一半。但实际上，这并非是光伏太阳能板。全球对太阳能的使用大部分是采用光伏太阳能板，用在路灯到卫星电源的方方面面。而中国使用太阳能主要是用在太阳热热水器。太阳能热水器在中国的小城市和农业社区随处可见，往往是农村社区热水的唯一来源。已经有数千万台在使用中[12]。在中国的一些城市，传统光伏太阳能电池的使用也在快速增长。如山东省日照市，正成为“太阳能城市”，生产并使用他们自己的太阳能产品。

因为太阳能不仅是一个全球3000亿美元的产业，而且也是中国再生能源战略的一部分，因此中国正促使太阳能的生产和使用成为国家关键性的优先领域。

● 中国太阳能产业的挑战

中国太阳能产业目前有三个关键性结构性弱点。第一个是技术——大部分是国外开发的。第二个挑战是对中国产业补贴的批评。这已经开始导致贸易制裁。最后，中国的太阳能产业——很像其风力产业——已受累于国内产能过剩——中国的太阳能制造商生产的面板比中国本身需求的要多。这三个问题每个都有着独特的特点和不同的解决方案。

首先，太阳能所有的主要专利和技术都是由国外开发并控制的，例如制造多晶硅（电脑芯片和太阳能电池中昂贵的关键组件）的技术。此外，正在开发的新技术——薄膜太阳能电池——将威胁中国在传统的玻璃和多晶硅面板光伏电池中的主导地位。有迹象显示，美国的纳米太阳能公司和日本的夏普电子公司已经快完成对两公司分别开发的薄膜技术的商业化。中国是否有能力发展自己有竞争力的版本或技术转让或专利授权是否会出现尚待分晓。

中国在发展太阳能制造业中面临的第二个挑战是来自于世界贸易组织中其他国家的批评。它们认为中国对太阳能产业的国家支持是一种不公平的贸易补贴。

对中国而言，补贴和支持其新兴产业的这个决定并不是一个问题。它无论如何都会支持这些产业，但问题是将如何去做。中国应该补贴整个行业、用户、还是研究人员？行业补贴和支持是日本在 20 世纪下半叶所采取的模式。当时，日本强大的通产省（贸工部）忙于挑选出口赢家。欧洲和美国则通过退税补贴生产或使用绿色产品的公司和消费者。举例来说，加利福尼亚有一个百万太阳能屋顶计划。美国总统巴拉克·奥巴马 2009 年经济刺激计划其中一个特色便是房屋节能改造退税计划。第三种选择是通过大学拨款或贷款担保补贴研发。美国政府担保 Solyndra（于 2011 年破产）的债务就是一个例子。

不只是在太阳能，中国还经常在其他行业，选择以出口补贴的形式直接给予行业支持。出口出去的产品将给予制造商一定退税。这种作法鼓励了外向型经济的发展。尽管中国在 2008 年以前的繁荣时期取消了这类补贴，但在金融危机后的刺激中，许多补贴又卷土重来。中国也采用了第二做法，但不是在太阳能方面，即给予中石化和中石油等国有企业双头垄断地位。它还通过国有银行暗中支持向有资格作为战略性新兴产业的国有和民营企业提供资金。正因为这三个原因，美国和欧盟批评中国政府对太阳能的支持。

破产的事情在美国太阳能制造商的脑海中仍记忆犹新的时候，其中许多制造商 2011 年 10 月联合起来，对中国制造商发起反倾销申诉。美国国际贸易委员会接受了申诉，为反补贴措施打开了大门。中国政府宣布了自己对美国产业的调查，突出一个事实， 即 Solyndra 和其他制造商在相同的世贸组织规则下也在得到补贴，或许是非法补贴。

具有讽刺意味的是，有一些太阳能系统的美国制造商（集成供电装置和控制器，电池板只是其中一部分）实际上反对开征报复性关税，因为这样会增加关键部件的成本，美国公司自己的产品将在市场中受到挤压——或消费者将不得不支付更高的价格。

与此同时，就像在 20 世纪 80 年代和 90 年代，日本汽车业的公司面对同样挑战时所做的，中国公司正在适应这些挑战。中国制造商在美国建造自己的工厂以避免贸易制裁，并绕过美国市场在世界其他地方出售，包括太阳能正快速增长的发展中国家。

第三个问题，国内产能过剩，正在以两种方式进行解决。首先，中国对在中国设立和运营太阳能发电设施的公司提供补贴。第二个解决方法是鼓励中国公司在国外寻找新的出口渠道，“走出去”更积极地争取新的市场份额。2012 年初，太阳能行业有一条重大新闻发布：中国最大的太阳能制造商之一的江西赛维太阳能，宣布有意收购德国的太阳能公司，Sunways AG。如果收购成功，赛维将拥有德国品牌、德国公司的技术，并可以直接进入世界上最大的太阳能设备和系统的市场。考虑到真正被卖的东西，价格应该是天文数字，但中国公司确实打算支付 2420 万欧元购买 Sunways。[13]

这可能被视为整合太阳能产业的第一步。毫无疑问，中国将至少在传统的光伏组件上成为全球领导者。这也许会使其实几十年前就已发明此项技术的公司懊恼不已。

事实上，本来有一个机会之窗，西方公司可以充分利用其先入为主、技术优势，及在多晶硅短缺时较容易获取多晶硅的条件为其增值。德国西门子公司的一个部门为光伏级多晶硅的高效制造发明了一项关键工艺。数十年来，生产商都是非中国公司。一家叫 Q - Cells 的德国公司在光伏生产上一度领先于世界。

尽管西方曾经拥有这些优势，但中国制造商现在的实力要比西方同行更强，中国有自己的多晶硅生产商。中国公司通过收购就可以很容易地买到所需的新技术——同时，获得优惠的市场准入机会。

德国人、美国人和日本人现在可能在唱：徒劳无功，不要让太阳落在我身上。与此同时，太阳照样为中国升起。在太阳能光伏组件领域，中国拥有世界新的头号生产商——尚德电力。

● 案例研究：尚德电力

2011年，中国的光伏太阳能产量一共占全球产量的一半以上。过去，中国制造商依靠价格作为他们最大的竞争优势，尤其是中国投资于自己的多晶硅生产设施后，这一优势仍然是一个决定性因素。但随着薄膜太阳能等新技术变得更便宜、更快、更容易生产，中国的光伏制造商也在学习适应和创新。

尚德电力年收入27亿美元，是金融危机爆发前2007年13.5亿美元的两倍，现在是世界上最大的太阳能电池组件制造商，打败前领导者，日本的夏普和德国的Q－Cells。这个坐落于无锡的公司是首家在纽约证券交易所上市的私营中国公司。

该公司的创始人、董事长施正荣，曾经设想过自己公司的销售收入到2012年会达到1000亿元（138亿美元），超越他的两个竞争对手。尚德没有完成这个营收目标，但仍成绩不菲。

很难想象一个成立于2001年的公司短短十几年在中国一个新的行业中可以飞得如此之高。施正荣在澳大利亚花了10多年攻读博士学位，研究薄膜太阳能技术。之后，他回到了中国，成立了自己的公司——尚德电力，制造硅太阳能电池和组件。尚德得到无锡政府的支持和几个当地企业的投资。成立之初，仅拥有20名员工。

最初几年，太阳能的需求不像现在如此巨大，公司面临着财务困难。施正荣不得不从海外购买二手设备。其成本只有他之前买的新设备的三分之一。尽管最初几年财务困难，光伏市场前景黯淡，但即使在尚德没有钱支付工资的时候他都坚信太阳能的未来。

随着太阳能行业开始起步，尚德的销售额从2004年不足2100万美元（1.5亿元人民币）激增到2005年的1.11亿美元（8亿元人民币）和2006年的1.67亿美元（12亿元人民币）。

尚德大部分产量都用于出口，但随着太阳能成为清洁能源的替代形式，以弥补国内对污染严重的煤炭的过度依赖，中国的工业和消费需求日益增大，因此太阳能的市场潜力是非常巨大的。太阳能与其他形式的电力相比，尤其是煤炭，最主要的障碍是成本。在中国，太阳能的成本大约是每千瓦是5元，是燃煤发电成本的8～10倍。但是，由于中国自己的多晶硅供应商正在上网及薄膜太能等新技术的出现，多晶硅的成本大幅下降，因此太阳能有望对煤炭构成有力的竞争。工业和信息技术部设定的国家目标是到2015年成本降低到0.8元，到2020年降低到0.6元。无论是薄膜太阳能还是传统光伏，国内或国际，尚德电力在这个快速增长的行业中肯定是一个重要的竞争者。[14]

风力发电

中国也是风力发电的坚定支持者。它拥有91个风电场，总发电量超过40000兆瓦。中国是在极短的时间内达到如此水平。从2008年到2012年，它的装机容量增加了六倍，现在已经超过了美国的装机容量。

不幸的是，装机容量并不一定等于风能的高产出或高使用率：虽然中国许多风电场所建的地方风力最强，但碰巧是在中国西北部遥远的新疆自治区。而最需要电力的地方是工业化的东部沿海地区，距新疆很远。中国的长途电网输送过于低效，无法将电力送至实际需要的地方。因此，中国许多风电场的产量至今不高。在中国西北地区发展出自己的可以利用这些电力的大型城市前，情况将保持下去。

因为中国规定了风电场的国内技术含量要达到70%，因此其风力涡轮机和叶片的产量也增长迅速。中国最大的风力涡轮机制造商，新疆金风科技股份有限公司是此政策的受益者。它在深圳证券交易所上市，收购了一家德国的风力涡轮机制造商。这些很大程度上都基于中国国内市场的需求。

就像在太阳能产业中一样，中国大力支持和补贴风能产业的发展。在风力产业成长的初期阶段，采用更优惠的上网电价，使风能竞争与其他能源相比更具有竞争性。在第十一个和第十二个五年规划期间，当装机量远超最初的目标时，中国还经常向上调整风能发电量的国家目标。目前，中国计划到2020年时拥有高达100000兆瓦的装机容量。基于当前的增长速度，中国的装机容量将是其最接近的竞争对手——美国的2倍左右。[15]

其他清洁技术的机会

中国将很快成为全球头号的用电者。它已经承诺要让化石燃料发电的比例低于85%。尽管中国把大部分筹码放在水力、太阳能和风能上，但它也在研究其他方法来减少对煤炭和石油的依赖。这包括对核能，所谓的清洁煤技术和生物燃料的开发。为减少国内对石油、天然气的需求，也鼓励使用新能源汽车。

对于核能，如果考虑从原材料到生产到处理的整个价值链，核能可以说一点也不干净。中国正在使用核能。日本福岛第一核电站熔毁事故发生后，曾经有过短暂的反思，之后，中国的核能计划重回轨道。2012年，中国和加拿大达成了一项协议，允许加拿大的铀大量卖给中国，使中国在中亚和非洲国家（投资成本和政治稳定性分别是负面因素）以外的供应来源多样化。除了13个已有核设施，中国计划再建设20多个新的核设施，到2020年将向中国提供约80亿瓦的电量，占到时总电量的5%左右。随着中国计划2020年之后每隔 10 年使发电量翻番，核能有望在未来扮演更重要的角色。

中国拥有的煤炭储量全球第三。为了尽量利用这些资源，中国最大的煤炭生产商神华能源正在研究被称为煤炭气化的历史性工艺。此工艺在发现石油储备之前被世界各地广泛使用。它将煤炭转化为能燃烧的一种气体，类似于天然气气体。再另外加一种工艺可以将其转化为液体燃料，为车子提供能量。尽管煤气还有许多其他的用途，但它的生产并非是对生态环境无害的，因此中国除了在所谓的清洁煤发电的研究中要求使用以外没有强制在别的方面使用。清洁煤发电是使用煤炭气化工艺进行处理，再燃烧发电，而不是直接燃烧煤炭（一种常见的、更具成本效益的做法）。虽然这只是中国研究计划中很小的一部分，但它也在优先的投资名单中，所以如果成本降低，中国有可能会支持这种技术。

最后，中国还有一个潜在的生物燃料行业。这个行业主要基于南部地区的甘蔗，如地处热带地区的海南岛，及这个国家其他地方的油菜籽。2007 年全球范围内发生的快速食品通胀使得政府限制使用粮食产品作为原料（例如，以玉米为原料的乙醇）的生物燃料项目，以避免增加通胀压力。但中国正鼓励纤维素乙醇的研究，因为中国的农田产成大量的农业废弃生物质，如稻草和玉米壳，有朝一日可能会被转化为生物燃料的来源。

替代能源汽车

据说世界石油供应无法应对每户中国家庭拥有一辆车的情况。就像在城市化超级趋势中所述的，中国政府相信道路也无法应对。有些城市大幅提高车牌费，阻止大规模使用汽车。

正是基于对这些问题的理解，中国政府才把替代能源汽车及其部件列为第十二个五年规划下战略性新兴产业，比喻为新汽车业的路线图。同时，它开始抑制在传统汽车中的投资，显示它希望创建一个可持续性的行业。

在中国的企业，无论是国内企业还是中外合资企业都争相开发运行成本更低的替代燃料汽车。这些汽车还将有助于减少在高峰时间笼罩中国许多城市的烟雾。

汽车合资企业上海通用汽车2008年推出了首款中国制造的混合动力汽车，别克君越油电混合动力车，是君越款式的本地化升级版本。它具有在中国设计的新的内饰和性能。这种改造和品牌再造将君越从美国的一款“老爷车”转变成一款吸引中国富有商人的行政轿车。通用汽车投资2.5亿美元的新研发中心关注于替代燃料汽车，以替代燃料汽车作为主要的研究目标——公司的部分战略是成为中国混合动力汽车技术的领导者。

2012年，总的来说，混合动力车似乎启动缓慢。这包括丰田的普锐斯。普锐斯尽管现在在广东有工厂，但每年销售量未达数百辆——并且在2010年，全中国仅销售一辆。现在还不清楚，哪个制造商会首先在中国销售出数量可观的替代燃料汽车。但中国政府很清楚最终目标应该是什么：它希望在中国开发的全电动汽车成为最终的市场领导者。这可能看起来机会不大，但在中国有一个拥有梦想的商人，他甚至说服沃伦·巴菲特也相信它。

● 案例研究：成就梦想

就像尚德的故事，中国汽车制造商比亚迪开始出身寒微，最近已经在多个行业上升到市场的顶端附近。在比亚迪已进入的每个行业，它花了不到十年就成为行业领导者。一切都开始于深圳经济特区。在那里，1995年，一个企业家王传福开始了生产电池的生意。

很有可能很多消费者已经使用过比亚迪的某个产品，但从未注意到。它是手机电池的世界顶级制造商之一。它的企业家更擅长于逆向工程——拿另外一个工厂现有的电池，将它分解，并弄清楚它是如何工作的。到2005年，比亚迪与中国需要廉价电池的OEM手机制造商一起成长，并成为中国最大的电池制造商——世界五大电池制造商之一。

像许多其他的中国制造商一样，比亚迪获得了它的成功：它用人的蛮力取代了昂贵的设备和技术。人类混合化学品，放置电路，折叠外壳，测试和包装，通过手工就制造了这些电池。他们将住在厂区的宿舍，在比亚迪里吃饭、呼吸和睡觉。如前面所提到的，中国的健康和安全法并不严格——中国有大量的劳动力，所以对于这种模式，要推动比亚迪和成千上万的其他制造商达到它们大肆吹嘘的中国价格并不困难。

王的视野扩展到使用电池的其他产品，在寻找新的机会的时候，比亚迪在2002年收购了一家小型的中国汽车制造商。虽然比亚迪从来没有造过汽车，但工程师们采用了与电池上相同的流程：煞费苦心地逆向工程，学习如何以尽可能最便宜的方式制造汽车。比亚迪再次使用少量的自动化与大量的人力劳动，在2003年推出了第一辆汽车——福莱尔。福莱尔是基于向中国制造商购买的设计和技术。

最初，比亚迪汽车公司专注于气动发动机和一些经济型的迷你轿车款式。就像电池，它们便宜，但可以用。几年后，在2008年，其车型F3的销量开始高于国外和国内的竞争对手，在2009年和2010年，成为中国的销量冠军。它甚至创下中国单月最高销售量的纪录，达3万多辆。对于一个在2003年之前从未造过汽车的公司来说，成绩并不差。然而，故事并未就此结束。

如果比亚迪的口号是“成就梦想”，那么王传福的梦想无疑是建造一种将电池和汽车结合一起的电动汽车。2008年，比亚迪推出第一款中国制造的混合动力汽车，但是有点变化。与领先市场的普锐斯不同，比亚迪F3－DM（双重模式）将会是一个插电式混合动力车。丰田直到2012年都没有卖出一辆插电式款式（在市场上有转换工具后才有卖出）。雪佛兰伏特尚未被发布。换句话说，F3－DM是世界上第一款以电力为主的、燃气发动机为后备的轿车。

这种更新速度和创新使F3基本款跃居销量榜首位，并使F3－DM比其全球竞争对手发布得更早。可能是这些吸引了世界上最著名的投资家，沃伦·巴菲特。巴菲特的伯克希尔·哈撒韦公司在全球金融危机最严重的2008年购买了比亚迪10%的股份。这似乎是一项有先见之明的交易：两年之内，此股票已经升值十倍，从最初的2.3亿美元股份变成价值数十亿美元的股份。

这颗比亚迪之星略有下沉。它未能进入美国；它再次被指控抄袭工业设计；它未能实现中国的销售目标；它裁掉70%的销售人员；它的第一款纯电动汽车E6进入市场较晚。到2011年9月，该公司股价一路跌到巴菲特买的时候的价格。2011年利润同比下降44%。

然而，梦想是不容易被忘记的。2011年10月，E6终于在中国上市。2012年1月，坚挺的F3单月销售仍逾12000辆，在国产车型中排名第一。对于才45岁左右的王传福，他还有充足的时间成就他的梦想。

……

中国的电动汽车市场并不限于比亚迪的E6。事实上，作为第十一个五年规划（2006—2010）的一部分及第十二个五年规划下七个战略性新兴产业中的一个，对发展电动汽车的支持一直通到中国最高领导层。到目前为止，投资额巨大，但进展主要还是些宏伟的宣告上，而未有成功的实际案例：

资金 建立1000亿元人民币的基金支持电动汽车。

公共交通 为2010年的世博会部署了100多辆电动超级电容公交（在公交站充电），但充电会造成乘客不耐烦。

试点项目 2011年，一家电池“热交换”的新公司，Better Place宣布了一项计划：与一家大型中国公用事业公司合作。巨人似的国家电网公司宣布中国到2015年将有2300个交换站。

基础设施 中国效仿底特律，在安亭建设了“汽车城”，拥有中国最大的汽车制造商，上汽集团、各种汽车加工厂、中外汽车合资企业和中国F1赛道。嘉定区政府最终在2012年开始建造电动汽车试点项目的充电站。

似乎中国希望立即做所有事情。它尝试同时制造混合动力汽车、电动汽车，电动汽车零部件供应链、电池交换站和充电站。数十家国外公司和中国国有企业都参与其中。结果是毫无建树，杂乱无章。最糟糕的是，中国进入电动汽车市场的自有款式，比亚迪 E6，晚了好几年才进入市场，到了 2011 年底才向消费者推出。到了 2011 年中期，所有这一切使温家宝对此计划表示怀疑，并要求重新认真审视此计划。

最终的裁决人也许是消费者。2012 年 1 月，全电动 E6 启动缓慢。全国销量不足 100 辆。它的混合动力同类车，F3 – DM 的销量不足几辆。普锐斯，甚至在全中国购买新车庆祝中国新年的那个月，都无法突破 75 辆。2012 年，政府仍旧在考虑向清洁能源汽车提供何种返利。计划包括直接的现金补贴和避开上海昂贵的车牌拍卖的福利。但什么都未确定。高层的评估也随之推迟。这将是中国奥运十年中需要注意观察的关键产业之一。如果中国将其国家战略拉回到原有轨道，中国将成为全球清洁能源汽车市场的主要供应商。

高效的生态产品

除了使用太阳能或者风能生成清洁能源方面的所有这些大规模机会，像使用对环境无害的建筑方式，部署电动公交车队和鼓励购买电动车，减少浪费，节约能源，还有最后一个中国也在走向绿色的前沿阵地：消费者偏好。

中国已经是许多低成本商品的源头。现在，注意力将转向用环保或绿色的方式使现有的产品更好。这可以通过修改制造流程，使其更加高效；改变产品，使其使用的能源或资源更少；或使其更容易被再利用和回收。在节能减排的宗旨下，中国正在尝试所有这三种事情。这是与消费增长引擎有关。中国消费者正成为新的推动力。

具有生态意识的消费者越来越多地寻找价格合理的环保又安全的产品。原因很简单，由于频繁出现产品被召回事件，调查性报道，及从婴儿食品到化妆品的各类产品中发现有毒的化学物质，中国消费者开始更加注重产品质量和耐用性、原材料来源、有机物含量和其他可持续性的因素。

中国的制造商可能尚未视中国消费者为他们的主要目标。要求购买和销售绿色产品的大型跨国采购商，例如沃尔玛和通用电气将在中国走向绿色的过程中发挥越来越大的作用。政府法规也起到一定作用，它要求产品必须有一定比例的可持续生产材料，更高的能源效率，或在产品寿命结束时完全可循环利用。这也是欧盟的规定。欧盟实施的新的有害物质限制（RoHS）和电子电器废弃物（WEEE）规定对该地区在售的中国产品有着广泛的影响。中国制造商将利用这些要求一跃成为这个星球上最具环保意识的生产商。

总结：可持续性超级趋势

目前提到的所有机会中，从社会角度来看，没有什么机会能和节能和减少污染一样重要。中国的发展对世界资源产生了巨大的压力。它是一种解脱，如果中国政府能够积极解决平衡发展和可持续性的困境，将可以减轻这种压力。这些机会有望成为奥运十年中最具社会意识（和最赚钱）的机会：

生态挑战 中国有世界上污染最严重的水、土地和空气——需要新的方法解决这些问题。

水 没有什么比水更宝贵。中国缺乏足够数量的水，正着手大型基础设施项目，比如大坝、引水、重新造林，确保为中国经济持续的增长供应充足的水。

更好的建筑 中国目前是全球最大的建造国。在建设密集度低的建筑方面，中国有着巨大的市场。像东滩这样的生态城可以使用最新的建筑标准和清洁能源。

清洁能源 太阳能和风能在中国被广泛使用。其制造业利用相关技术的产量方面全球领先。

电动汽车 中国将引导替代燃料汽车的使用，如混合动力汽车、电动汽车和氢车。但尚不确定此行业选择哪条道路。

消费者产品 作为世界制造工厂，中国的生产将需要更新为更有可持续性。其驱动力仍然是中国的消费者和海外政府法规。

未来的“红色中国”实际上是绿色的。

第八章

富裕化超级趋势

繁荣化

中国的奥运十年最终是一个富裕化的故事。从2008年末北京奥运会开幕开始的十年是邓小平很久之前的一句话的缩影，“一些人必须先富起来”。一些人已经富起来了。中国政府更加强大，中国企业规模更大，而且中国人民比以前更加富裕。富裕化超级趋势指的是所有这三个群体。政府的力量将在此系列的第三本书——《中国超级政治》中详细叙述——消费者的财富将在后面的一本书——《中国超级人口》中谈到。这一章主要的焦点是中国的公司——国有企业和民营企业是如何富起来的。那些够聪明的非中国公司和投资者，如果在奥运十年中能够参与或坚定对中国的决心，都将获得足够的成功。然而，也存在着风险：中国可能是我们所能看到的世界上最大的泡沫。

今天的中国似乎能够与20世纪80年代的日本相比。房地产市场暴涨，人民币的货币地位上升——就其购买力和购买意愿而言——如果人民币可自由兑换，有潜力成为世界下一个储备货币；而且与历来的净债权国相比，中国积累外汇储备的速度是最快的，规模是最大的。日本公司与中国公司之间，这种比较有多少是真实的呢？

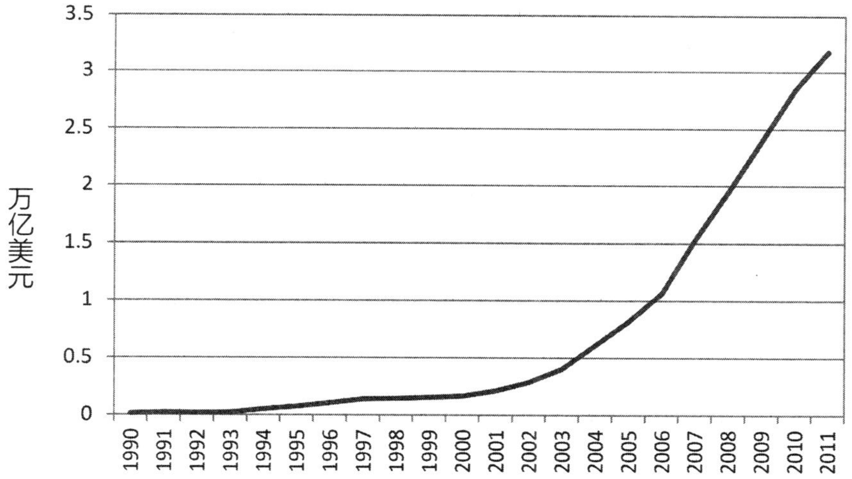

图 16 中国的外汇储备，1990—2011

就像日本 20 世纪 80 年代的经济，今天的中国经济同样有着显而易见的风险——投资泡沫——即将要摧毁这个体系。但不像日本有着庞大的中产阶级，中国的人口贫富分化严重：这个国家即将被巨大的贫富差距所吞噬。中国的企业就像 20 世纪 80 年代的日本公司，正走向海外收购资产和竞争对手。但不同于日本的公司，中国大多数走出国门的公司是国有企业，得到国有银行的支持。带来的猜疑和敌视比日本公司曾经要应付的还要大，从而延缓甚至阻止了中国的收购。

最后，也是最重要的：过去和现在，中国对人民币的管理方式与日本的日元有着本质的不同。从 20 世纪 80 年代日本泡沫经济开始到 20 世纪 90 年代早期泡沫破裂这段时期，日元在国外的购买力几乎增加了一倍，这也就是为何日本拥有这么多的文艺复兴的绘画和国外大公司。中国的货币不允许自由浮动，自 2005 年以来相对美元仅升值约 25%。从而使中国的出口繁荣，购买力较低。人民币可能会进一步升值，但速度完全由中国政府决定，尽管美国等国家要求中国停止利用人民币拉低出口估值的呼声日渐高涨。因此，中国不太可能经历一个“失去的十年”。

如果中国不会成为另外一个垮掉的日本公司，那么经济上将会发生什么？许多关键性问题突出了在中国财富积累和富裕化方面的挑战和机会：

外汇储备 持续贬值的人民币已经导致了贸易顺差——意味着出口比进口多，使外汇储备为净积累——导致中国积累的外汇储备超过了3.2万亿美元。这些钱将如何处置？

人民币自由兑换 尽管中国日益繁荣，大部分财富被国家使用货币控制保留下来。对于中国的人民币，里面人不能大量出售，外面人不能大量卖入，但中国政府正通过贸易和海外直接投资越来越开放人民币在海外的使用。人民币何时将成为真正的全球货币呢？

股票市场的健康 中国自己的股票市场在2011年可能就已经垮掉，但对于新的IPO仍是全球最大的资本市场之一。资金供应是如何影响中国的增长？

国家主导的全球投资 有迹象表明，中国的财富正通过主权财富基金和国有企业溢出边境。中国的富裕对世界会有什么影响？

这些都是中国富裕化超级趋势的决定性问题。在谈论机会之前，了解风险是至关重要的。

中国的富裕化挑战

中国仍是一个新兴市场经济，在发展稳定的世界级金融体系和制度中正面临着一系列的挑战。风险从制度性风险——腐败、政府投资分配不当、坏账和不良贷款到系统性风险，包括通货膨胀风险、金融泡沫和贫富差距。这是中国和世界最需要关注的三种主要风险。

国内价格通胀

鉴于中国一直以来较高的 GDP 增长率和严格的外币管制，可以说，中国正在采取一种新重商主义的贸易政策。

重商主义是一种经济理论。它描述的是从 16 世纪到 19 世纪中叶的国家是如何通过严格控制贸易促进国家经济增长。在重商主义下，西方殖民势力通常会通过高关税壁垒和非关税壁垒阻止具有竞争力的商品的进口，促进自身的出口。这类贸易往往是通过拥有独家特许权和区域并得到国家资助的公司进行。荷兰东印度公司就是这样一个公司，它甚至有自己的战舰。

重商主义下，贸易失衡。它不允许平衡贸易的高价值进口，只允许低价值的原材料或使用贵金属支付，这使许多国家进入贸易战。每个国家设置更高的关税保护国内市场，越来越积极地保护他们的海外利益。最后，重商主义成为一个不可行的系统，并在亚当·斯密等人的自由市场理论下被抛弃。亚当·斯密等人指出，重商主义造成了贸易的失衡。其众多的缺点还包括金和银易于向一个地方积累并失去自身的价值。

现代的重商主义似乎在中国活得很好。尽管它加入了 WTO，表面上开放了很多市场，但它从其他国家进口的要比出口的少得多。中国使用非关税壁垒使国外产品无竞争力。它限制了可以平衡与许多贸易伙伴的贸易的“金”

（即，外币）的反向流动。特别是美国在过去的二十年里长期对华贸易逆差，经常每年超过 2000 亿美元，因此，截至 2012 年 3 月，中国已经积累了 3.2 万亿美元外汇储备。

通货膨胀和货币管理体制进行深入的讨论已超出了本书的范围。但是，简单地说，有这么多钱积累在像中国经济这样一个封闭的系统中，当这个国家富裕的人民想在有限的商品上花他们不断增长的财富，一定会给价格带来上行的压力。以中国为例，这些商品可能意味着太少的公寓或上市公司，甚至没有足够的猪肉等商品。太多的钱追逐太少的商品会导致价格通胀。这种价格通胀通常以 CPI 进行衡量。

有三件事已经阻止了近年来在中国发生无法控制的通货膨胀——恶性通货膨胀。

首先，自 2005 年以来，人民币已经允许渐进升值。这意味着中国的人民币比之前可以购买更多的国外商品。然而，人民币作为世界最大经济体之一的货币，其美元购买力并未达到预期。

其次，中国民众一般没有很多投资机会，而倾向于存钱不消费，造成过去十年的大多数时候国民储蓄率达 50% 左右，而在美国，直到最近，储蓄率才几乎为零。[1] 有这么多钱被存下来，而没有消费或用于更有收益的用途，通货膨胀压力可能并没有本来可以的那么高。

最后，允许购买外币的新机会——例如，兑换用于出国旅游或每人每年购买多达 50000 美元的外汇——减轻了对人民币的压力。

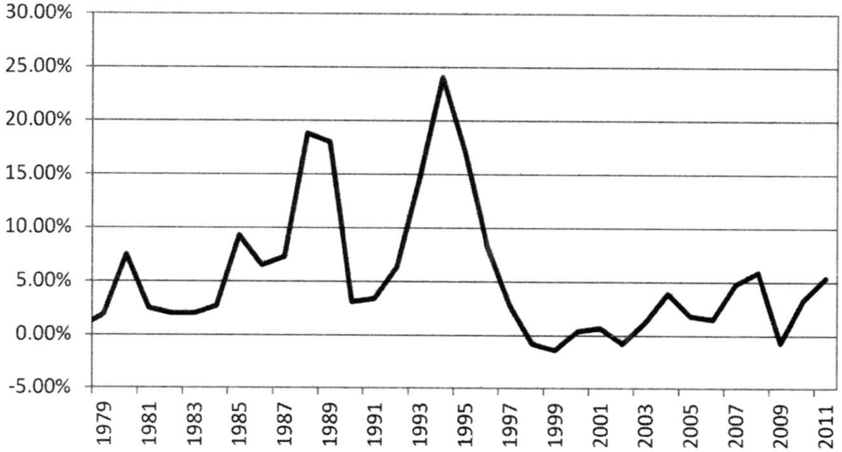

图 17 通胀——中国消费者物价指数，1979—2011

即便如此，这些排压口还不够。中国的通胀率总体上一直大于 4%，高于中国的目标。CPI 的某些权重，如新鲜蔬菜和肉类的价格倾向于上涨得更快。

● 案例研究：猪的周期

中国 CPI 的一篮子商品是中国的统计学家选定的商品，代表消费者经常购买的商品的典型选择组合，几乎三分之一倾向于食品。这远远高于其他国家的标准，反映了国家统计局对中国农村消费者——大部分——如何花钱的理解。然而，这使得中国 CPI 更容易受到商品短期波动的影响，特别是猪肉价格。

2007 年，所有这一切都安静地开始——当地传统市场的猪肉价格上涨，人们转而购买更多的鸡肉。于是发生这种现象：缺乏良好的市场反馈，政府规划者和农民们低估了需求。农民没有屠宰足够的猪，从而引发了一场小规模的短缺，价格作为回应开始上涨。在这个信号下，农民屠宰和饲养更多的猪，价格回落到正常价格，甚至猪被打折出售。猪周期几乎像每年的水稻收割一样成为中国一个不变的生活特色。除了并非完全由错误判断需求引起——

中国也遭受了一系列的问题，导致了所谓的黑天鹅事件——无法预测的事件。

由于全球商品价格暴涨，包括化肥，甚至是基本的玉米和谷物（生物燃料的热潮中正使用这些），农民们现在不得不为动物饲料花费更多。之后，一波蓝耳病又侵袭一些养猪场，整个猪群都被宰杀。

有一段时间，消费者没有猪肉也行，可以购买其他肉类。但是很难描述猪肉对中国人的饮食习惯是多么重要。据说，毛泽东最喜欢的菜是红烧肉。除了中国的北方和西方的穆斯林地区更喜欢羊肉，大多数中国人吃猪肉就像美国人吃牛肉或日本吃鱼。逐渐地，人们开始为猪肉支付更高的价格。

然后，囤积开始了。普通消费者知道了蓝耳病，于是争夺剩余的猪肉库存。一些大学宣布他们将购买足够一学期用的猪肉提供给全体学生，以保持食堂的价格稳定。这一切说完，做完之后，猪肉价格仅一年之内就上涨超过48%。转向鸡肉或牛肉都没有起到多大的帮助，鸡肉和牛肉反倒在这一年那上涨了39%。[2]

……

所有这些通胀对中国消费者的打击很大，因为他们不得不把很多收入花在食品上。用于其他消费上的则寥寥无几。政府刺激消费型经济的计划停滞不前。

近年来，中国在通货膨胀上的问题成为一个长期的问题。而大多数经济学家称2%左右的增长率为促进经济、鼓励人们消费的理想速度。中国2007年的利率是4.8%，2008年的是5.9%。在2009年的通缩期和2010年3.3%的温和通胀后，到了2011年，通胀率又上升，回到5.4%。相比中国在20世纪90年代经历的两位数的通胀率，这些通胀水平或许并不是特别高，但因为以下几个原因而仍然需要加以重视。

首先，所有抑制通货膨胀的努力显然都已失败。尽管政府已经给予很多关注及书面文件，但能做的似乎微乎其微。

在危机发生之前，政府试过了各种方法抑制通胀。例如，中国对银行业进行严格监管，尝试提高官方贷款利率，以抑制借贷，提高官方存款利率来鼓励储蓄，强迫银行持有更多的资金储备，提高中国居民可以买进和持有的外汇数额，以尽量减少经济中流通的货币量。金融上，中国试图对价格串谋施以更严厉的惩罚，对股票市场的交易征收新税，制定房地产政策抑制投机。所有这些尝试的效果要么很小，要么毫无效果。最后，恢复价格管制（让人回忆起 1978 年以前的共产党中国和 1978 年后的双重价格体系）。[3] 政府开始监控主要的日常使用的商品，如谷物、食用油、烟草、盐、肉类、牛奶和人们驾驶摩托车所用的液化石油气、汽车燃气、柴油甚至大多数中国人的食品——方便面。政府暗示将对各类商品实行范围更广的价格控制，从医疗保健到学费，甚至最基本的水和电。所有措施和警告皆告失败。

政府吸取了在国际金融危机后的通货膨胀之战中的教训，集中精力减少货币供应，将银行准备金率提至历史新高。这种方法对通胀的影响不大。由于银行准备金率不能再高了，因此似乎已经失去工具的效力。在 2012 年第一季度，中国开始再次降低存款准备金率。

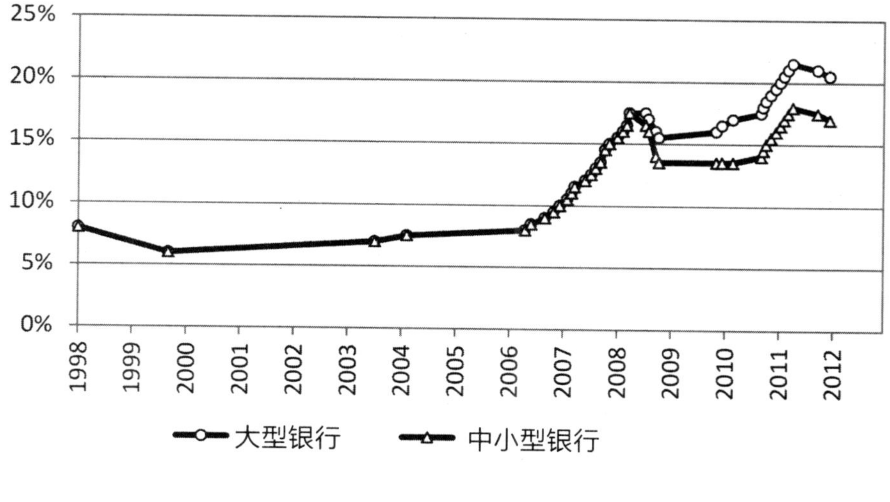

图 18 中国存款准备金率变化，1998—2012

政府在金融危机期间向系统注入流动性的措施可以说是太有效了。它膨胀了股市和房地产市场。或者可以说，政府减少流动性的行为至少缓解了2011年如果没有采取行动可能会发生的更高水平的通货膨胀。无论如何，高水平的通货膨胀看起来是新中国常态的一部分。

其次，由于这种温和的通货膨胀水平，实际利率在大多数的年份已经为负。实际利率是银行存款利率减去通货膨胀率。这意味着在银行标准的存款账户存钱或短期的定期存款会导致存款的实际购买力下降。例如，2011年，中国银行的人民币一年期定期存款率为3.5%。由于当年的通货膨胀率为5.4%，所以实际回报率为负1.9%。

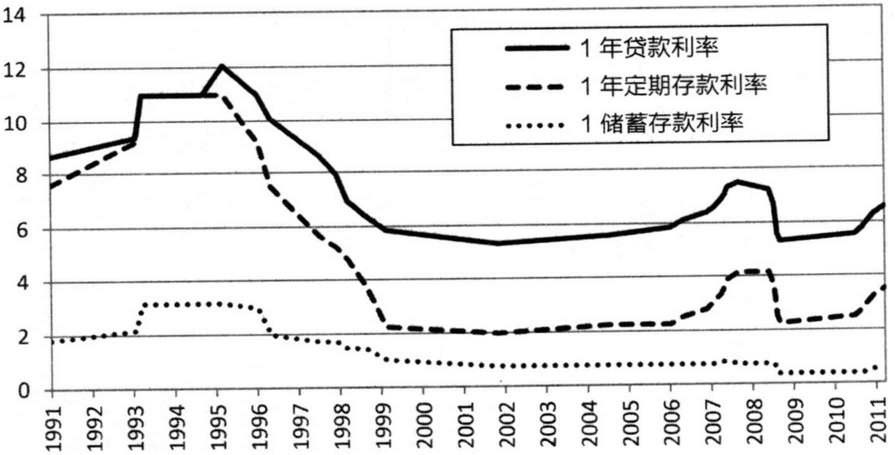

图19 中国贷款利率、定期存款利率和储蓄存款利率，1991—2011

如果中国储户认为这标志着要将所有的钱消费或投资在收益更高的投资项目上，这可能会刺激经济。但许多中国人觉得为了医疗和退休必须存下大量现金。

尽管中国提供基本数额的医疗保健和养老金，但此系统已经不堪重负。对医疗保健的需求和数量有限的医院和医生意味着在一些医院每天早晨当病人（或他们的家庭成员）跑向领号时，确实会发生踩踏事故。为了得到一个好医生或动手术，经常会有暗中给红包的情况发生。养老金制度，虽然覆盖面广，每个付钱的职工都进了国家养老金体系，但远远不够支撑以后在中国高消费城市的老年人。由于最近的人口统计数据显示中国城市居民的寿命比总的平均寿命还要长：上海的平均寿命为 82.5 年，全国平均为 73.5 年，因此城市化超级趋势将加深这个问题的严重性。

结果是，许多中国人不相信他们所有的需求可以依赖于社会保险制度，因此有着很高的储蓄率。所以，这种低利率、高通货膨胀率伤害了储户，私人财富被转回到国有银行系统中。2001 年中国加入 WTO 时，它的许多国有银行由于不良贷款处于崩溃的边缘。政府将所有的不良资产转移到国有资产管理公司，然后，给予银行一个巨大的强制性利差。例如，在 2012 年，银行收取的贷款利率上升到 6.5%，支付的官方活期存款利率为 0.5%。这使得中国的国有银行，如中国工商银行、中国银行和中国农业银行从崩溃的边缘恢复过来，并上市和增长，短短十年成为全球最大的几家银行之一。

不仅仅是个人在经受着通货膨胀带来的痛苦。衡量材料和其他生产投入的批发价格通胀的 PPI（生产价格指数），在 2011 年达到了 6%，而且仍在持续着危机前的趋势。

CPI 和 PPI 是考虑中国经济中系统性风险的方法，而行业风险也同样存在，其体现在股市和房地产市场中。股市和房地产市场已经显示出泡沫的迹象。

中国泡沫

一般来说，现在每当经济学家、学者和新闻媒体谈论中国的经济泡沫时，他们通常指的是住宅、商务楼和全国范围内的高铁网络等巨大的基础设施项目的过度建设。2007 年，股市估值飞涨，中国连续两年被列为世界表现最好的市场。中国的市场，以及世界大多数地方的市场都遭受了大幅回调，说崩溃可能更适合。

今天，仅中国住宅房地产市场似乎有资格被称为目前世界上最大的泡沫。如果它崩溃（按经济用语称为“硬着陆”），对中国将是致命的，并对世界各地从混凝土到厨房的一切事物，产生涟漪效应。不像最近的全球泡沫对其他国家的影响——全球金融危机、美国次贷危机、互联网泡沫、20 世纪 90 年代末亚洲金融危机前的泰国土地和股市泡沫或日本 20 世纪 80 年代的泡沫经济在其他国中的情况，中国国家控制的法律、货币和财政政策可能会恶化影响（如果政府判断错误）或减轻影响（如果政府判断正确）。中国的泡沫是非常危险的。

一些人坚称，“中国模式”本身就是一个巨大的系统性泡沫，注定会坍塌。可能会在 2012 年底（中国鹰派人物持有的观点，如《中国即将崩溃》一书的作者，张戈登）。

● 中国为什么还未崩溃

在多个经济失衡因素中，中国的货币，人民币是一种常见的潜在因素。无论是通货膨胀、热钱、外汇储备，还是房地产和股市的投机行为，某种程度上都与中国对其货币的自由兑换进行限制有关。总之，在中国内部有太多的人民币，且没有足够的能力将之从中国带走。尽管事实是这种失衡可能表明了一种系统性风险，但中国的货币政策确实起到了对泡沫缓解的效果。

中国管理汇率，控制资金的进出，使之能够限制投机和避免（大多数情况下）热钱过快地流入或流出经济，避免了像亚洲金融危机时，热钱进入泰国，随后又逃离所造成的巨大影响。中国的政策防止了最糟糕的联动效应。如果中国的外汇政策更自由，则可能会有更多的资金流出亚洲，危机的时间就会被拉长。除了中国的货币政策，其他政策也帮助中国避免了系统性的崩溃。

例如，中国不仅像美国和其他发达经济体使用了所有相同的货币和财政权力来刺激经济，并使用法规控制，在没有任何讨论的情况下就立即使变化发生。这使得中国在全球金融危机期间为了向系统注入流动性，在四川的地震灾区开始大规模的基础设施建设项目，并在同一时间内令银行放贷给国有企业。中国对所有这三个杠杆——货币、财政和法规的控制——使它能够制定最大的刺激经济方案，并立即开始实施。而同一时间，在其他国家还在讨论该实施多大的刺激，更不用说该如何花和花在哪里了。

最后，中国金融体系中没有多类型的金融杠杆，尤其是没有抵押担保证券等衍生品，意味着股票和土地价格的波动没有那么极端。中国可以避免突然的金融崩溃。

实际上，只有很少的事情可能会阻挠中国到2050年、2030年或2020年（取决于使用谁的预测）荣升为地球上最大的经济体。中国国内和国外的许多经济学家对细节上存在着分歧，但有一个普遍的共识，即最有可能破坏中国上升轨道的因素是通货膨胀。[4]

● 股市和土地泡沫：渴望繁荣

根据中国的占星日历，2007年被称为“金猪”年。对于新出生的婴儿（称为金猪宝宝），这一年被认为预示着他们未来将大富大贵。对于中国的金融市场，这也是一个非常好的年份。尽管对企业管理、可疑性投资、不透明性和会计违规行为的担心从未断过，但中国的股票和主要股指可能会让人怀疑猪是否真的能飞。在中国奥运十年开始前的股指高峰年，2007年，中国证券指数的300指数（一种类似于标准普尔指数的广泛指标，从中国约1600家上市公司中选出300家绘成指数）上涨了162%，领先于全球主要股市，而上海股市当年收盘上涨了97%，达到创纪录的近6000点。[5]总之，当指数增长了一倍多时，对于2006年以后的中国市场，这又是一个辉煌之年。

2008年2月，中国迎来了农历鼠年。有一位中国风水大师预测市场将表现不佳，最终证明他预测得非常正确。[6]确实，甚至在2008年9月雷曼兄弟——全球金融危机下的第一个受害者——倒闭前，中国的股指已经从2007年10月的高点下跌高达50%。到2008年底，中国的市场在全球表现最差，上海股指损失了近 4000 点。从世界表现最好到表现最差仅用了一年多时间，中国的股市从 1990 年问世起就体现出一种过山车式的风格。

事实上，中国股市的快涨快跌并不令人惊讶。中国人的投资选择非常有限。主要有三大投资工具：股票、房地产和银行储蓄。银行储蓄，正如前面提到的，实际回报通常都是负的。最近，当纸黄金 (交易型开放式指数基金，或 ETF) 变得容易购买，黄金焕发出新的光彩，但其它形式的金融投资不常见或不可能参与。

例如，市场上存在着各种类型的债券，但在大多数投资者的投资组合中所占的比例并不很大——甚至在老年人的投资组合——因为考虑到最近几年股市的回报率至少为 100%，因此很多人觉得债券过于保守。货币投机也是可能的，但通过官方渠道每人每年仅限于 50000 美元且没有任何杠杆（更不用说，大多数人意识到人民币升值是最有把握的赌注之一，从而使外币缺乏吸引力）。某些期货和衍生品只开放给专业的高净值投资者和机构，并没有像 2011 年刚刚推出的许多投资种类一样流行起来。中国的两大股票市场，上海和深圳，总共只有约 1600 家上市公司。这意味着投资者，无论是个人或机构都没有很多的选择。由于监管原因，在中国内地股市尽管可以做空指数期货，但无法做空股票，因此很难对冲或成为反向操作投资者。由于可供选择的金融产品只有这么几个，因此下一个最受欢迎的选择是房地产。

早在 1980 年，邓小平就呼吁放宽对私人房地产的限制，但公共土地和住宅的私有化花了十年多的时间才被广泛接受。在 20 世纪 90 年代中期，私人房产改革开始实施，允许个人取得工作单位所分住宅的所有权和以市场价购买公共住房。从那以后，中国的房地产价值就开始攀升。2001 年后，房价上涨得更为迅速。在中国一线城市，这种上涨现像几乎一直持续到 2005 年。那年，由于政府有些举措旨在给呈现泡沫迹象的房地产业降温，房价经历了一次回调。那时，报纸上全是投资者的故事。他们的贷款似乎比他们的房产价值还要高，于是便干脆一走了之。这些投资者现在可能后悔做了这个决定。房价已经强势恢复，有的是2005年价格水平的两倍，甚至达到三倍。

房价在全球金融危机中趋于稳定，甚至略微下降后，受2009年投资刺激的影响，房价再次飙升。那时，很多从政府刺激计划中得到资金的国有企业成为房地产开发商，将地价推高至前所未见的水平。

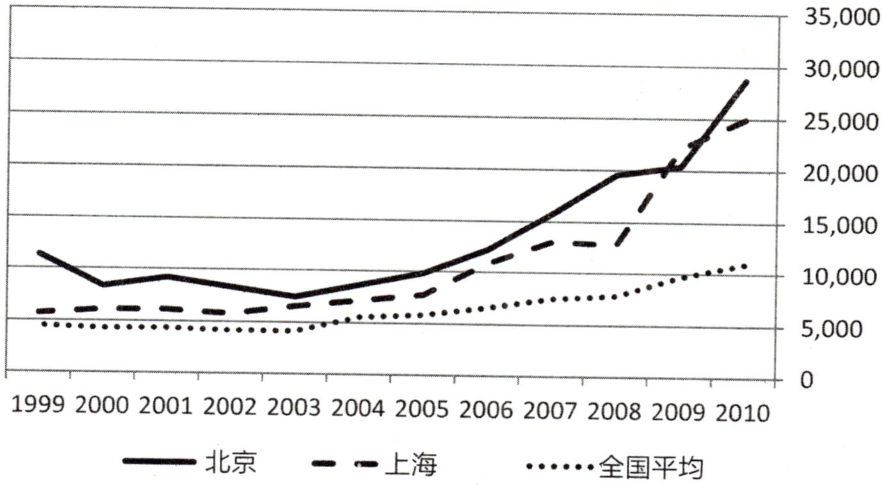

图20 豪华房产每平方米的价格（元）

有一段时间，这似乎表明中国已经重上轨道，但第一个预警信号是，2009年GDP增长几乎都来自于投资。第二个预警信号是，到2011年，许多城市市场的房价几乎已经再次是危机前水平的两倍。

民众的广泛不满促使政府做出一些心猿意马的举措，但价格仍然在上涨。普通消费者买不起房子。男人没有能力向岳母证明他们有财力拥有哪怕一套住房，因此保持未婚。对于现有业主和投机者，似乎繁荣永远不会结束。

到了2012年，它仍未结束。房价再次稳定下来。上海和北京的一些房产甚至以8折或更高的折扣出售（附近的业主或先前单元的买家恼怒房价实际可能会降下来，于是发动了暴力抗议），但二手市场的价格很坚挺。在中国，许多人将房地产作为防通胀的工具，换句话说是把房地产当作黄金资产，而非住宅。很多人可能甚至懒得出租或作内部装修。他们坚信房价将会继续涨下去。

也许情况的确会这样，中国的城市化使数百万人迁入城市，居民的收入每年正在以两位数的百分比增长，购买力可能还能够赶上失控的房地产价格。反之，也许不会再涨下去，整个市场也许会像纸牌屋一样倒塌。

这表示，如果中国房地产价格下降，将不是因为美国式的次贷危机：在中国，贷款不会转售给其他金融机构或被重新打包，固定利率的短期抵押贷款更加常见。中国政府已开始通过规定最低利率和同一个家庭的第二、三套房的首付来限制房地产投资，所以土地泡沫似乎得到了控制，尽管速度缓慢。政府希望房地产价格能够稳步下降，并实现软着陆。

贫富差距

虽然中国通胀的风险、股市的繁荣和萧条及房地产价格的波动始终是影响经济和社会稳定的危险所在，但中国的经济还面对另一个危险，应该在对中国投资之前加以考虑。中国的贫富差距，即富人（经常是城市居民）拥有的金钱数额与穷人（经常是农村居民）拥有的金钱数额之间的差距越来越大。而且，如果按照全世界占领行动的口号，“我们是99%”中的比例，中国13.4亿人口中，有1300万是穷人。

● 瓶子中的基尼系数

为了简化问题，可以这样说，中国政府只有一个国内政策目标：要使人民富裕起来。这里的富裕不仅意味着人民的金钱财富，还意味着他们的健康和生活质量。从邓小平开始改革起，关注点主要是在金钱上面：GDP增长、外商直接投资和公司利润。尤其是在20世纪90年代，随着股市、私人产权和许多大型国有企业重组的出现，情况更是如此。

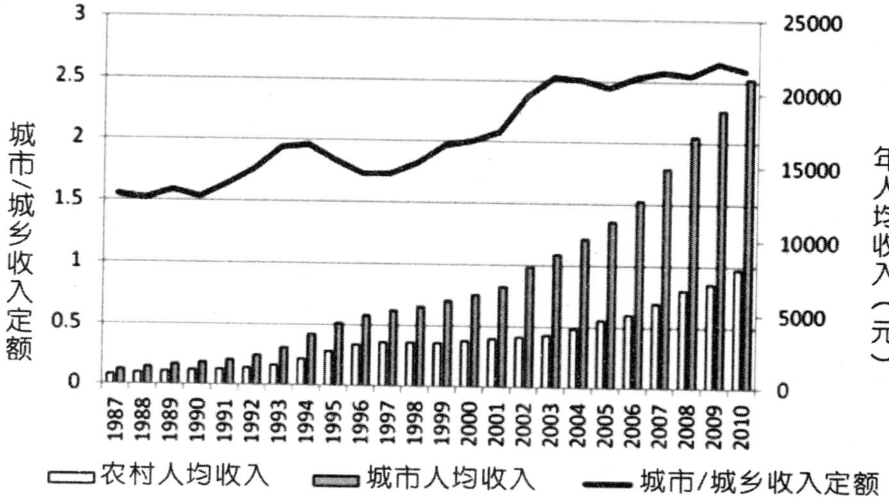

图 21 城市 / 农村收入比和人均收入，1987—2010

千禧年伊始，恰逢胡锦涛和温家宝上台执政及第十一个五年规划开始实施。人们提出一个反思性问题，即这种急于富裕是否太过火了。中国是否太过于专注金钱财富，而忽视了健康、生活质量和均衡发展？

中国采取的模式一直是让东部沿海地区率先发展，获取大部分外商直接投资和利润，做大部分的出口。在 20 世纪 80 年代和 20 世纪 90 年代，内陆农村地区的富裕被放在后面。然而，如果中国继续沿海和内陆地区之间这种不平衡的发展，基尼系数——测定社会中财富分配的指标——可能会上升至被认为显示贫富之间有冲突可能的水平。事实上，这种情况可能已经开始发生。

据中国公安部的资料，过去几年，示威和公众抗议的行为越来越多。[7] 虽然有时针对公司，如土地开发商，或剥削工人和使工人身处险地的煤矿，但也针对被认为是廉价攫取财产或使用手中权力谋私利的官员。而且，关于这些事件——从乌坎的反政府抗议活动到大连的反污染抗议——的报道正在增多。这可能会导致一个恶性循环，即更多报道，更多示威游行。

基尼系数是根据基本数据进行计算得出的。一个现在已被整肃的中国政客——前重庆市委书记薄熙来在2012年3月称中国的总体基尼系数是0.46，类似世界银行估计的0.47。计算和报告自己基尼数字的重庆，其基尼系数是0.42。所有这些数据都高于所谓的0.4危险水平（社会处于可能发生动乱的“危险”状态）。中国统计局不认同这些数字，声称中国在农村地区的基尼系数是0.39，在城市地区是0.33。即使是根据国家统计局自己的数字，中国农村的基尼指数仍更接近于美国的基尼指数，而非更多中产阶级的日本或西方欧洲国家的基尼数字。[8] 换句话说，中国的市镇看起来更像资本主义的美国，而非社会主义的欧洲。

在美国，财富的积累和贫富之间的差距是自由市场经济可以预期到的结果，而在中国，它更多的只是不公平和缺乏财务重新分配机制的结果。例如，仅在2007年，中国才开始积极征收高收入人群的个人所得税。在重庆和其他一些大城市引入房产税的试点前，对房产买卖的征税都远低于美国。资本收益，无论是来自房地产或股票市场，都没有征税。中国面对俱多问题，而其中之一便是缺乏一个健全的法律和税收制度来更公平地重新分配财富，且这个问题一旦乘13亿人，则很难进行解决。

第十二个五年规划最为明确地强调了这种差距，并制定具体措施进行纠正。例如，重庆承诺在第十二个五年规划结束时将重庆的基尼系数降至0.35。在国家的层面上，城市化是另外一个措施，就像鼓励国外公司投资中国的西部地区。另外的措施还包括向农村人口提供更多的社会福利和进行农村土地改革。然而，由于中国的人均收入在全球范围内仍然排名较后，因此有必要继续创造财富。这也是富裕化超级趋势下许多机会的源泉。

富裕化超级趋势的特征

红色好在哪里？在中国，当然，红色代表着好运、吉祥和美好的未来。最大的纸币单位，100 元的钞票，之所以是红色正是这个原因。所以，当股票的报价系统在上海进入红色时，如果人们感到高兴，我们不必感到惊讶。红色箭头和数字代表上涨，而绿色箭头和数字会让股东不安。中国有一位著名的喜剧演员开玩笑说，2008 年，证券公司门口的股市屏幕墙上出现了如此多的绿色，以至于小鸟飞进来寻找树木。富裕化超级趋势的特征与投资及金钱联系在一起。自奥运十年开始，上市的中国公司数量要高于任何一个其他国家。IPO 的平均规模也越来越大。这些公司从中国国内和海外金融市场筹集更多资金进行扩张。

西方金融机构也经常启动新的中国投资基金，通过合格的境外投资者计划（QFII，给予投资者一定投资额度）在中国的市场购买和出售股票。如果没有 QFII，海外投资者个人可能会发现很难参与中国的股票交易，因为中国的规定禁止外国人拥有以人民币上市的最活跃的普通股（称为“A 股”）。国外投资者可以购买一种以美元计价的优先股（称为“B 股”），但 B 股的波动性明显高于以人民币计价的股票。其他一些国外投资者使用香港交易所为代理，购买许多在香港交易所上市的大陆公司的一些股票（“H 股”），从而实现对大陆交易所的直接投资。最后，国外投资者也总是能在纳斯达克、纽约证券交易所或其它国外交易所购买中国股票。然而，对于最后一个选择，自从 2011 年本章第二个案例研究提及的美国研究公司——浑水开始警告投资者注意在北美交易所的中国反向收购上市，许多投资者最近正趋于谨慎。

对于一些风险容忍度更高、资金更多的投资者，成为中国的一名风险资本家或私人股本投资者是一个选择。作为从市场起步阶级就分享中国增长的方法，中国的风险投资业随着外资的涌入正在中国迅速扩张。它遇到当地公司的激烈竞争，然而，在中国也缺少好的投资机会。

最后，在反向全球化推动力的推动下，越来越多的中国公司和投资者走出国门，寻找收购机会、廉价资产和新的市场。甚至中国政府也参与海外购买趋势，它创建自己的主权财富基金，代表中国人进行投资。

中国在发展中国家——尤其是非洲投资的时间要长得多。但是，自 2008 年全球金融危机以来，中国在很短的时间内成为世界上在发达经济体——包括澳大利亚、加拿大、英国和葡萄牙进行投资的最重要的新投资者。投资领域涉及从油田到电力基础设施的一切事物。

葡萄牙是所谓的“金猪”四国（葡萄牙、爱尔兰、希腊和西班牙）之一，在欧盟债务危机中蒙受巨大损失。它欢迎中国的三峡电力公司（三峡大坝工程的运营商）以 27 亿（35 亿美元）欧元购买葡萄牙新近私有化的电力和公共事业公司葡萄牙电力集团 21% 的股份。几个月后， 2012 年初，葡萄牙同意以 3.87 亿欧元（5.08 亿美元）将其国家电网运营商 25% 的股份出售给中国国家电网公司。

这些葡萄牙投资凸显了中国公司和投资基金一种新的趋势，即收购基础设施。且这些基础设施通常使用进口的中国技术和劳动力进行升级，也可能有望带来基于宽松信贷条件上的额外资金。有一个关于一个容易上当受骗的人购买布鲁克林大桥的老笑话可能与现实相距并非如此之远：中国公司已经在为旧金山——奥克兰海湾大桥和纽约的亚历山大·汉密尔顿大桥做加工和翻新工程。如果有任何现金拮据的城市有桥（或其它基础设施）出售，中国就是可能的买家。

这些投资从长期来看是否会成功对中国而言并不比投资于生产性资产而非债券等金融证券来得重要。中国认为这种类型的投资是帮助，例如，是帮助欧盟国家努力重组其经济的最好方式。

到奥运十年结束时，中国毫无疑问将成为世界第二大资本市场，重要性超过欧洲和日本，并将作为全球主要储备货币对美元的主导地位构成巨大挑战。

这些是富裕化超级趋势的本质特征。

中国上市公司的崛起

中国股票市场经历了几个阶段的发展。早期，出现过剧烈的价格波动、内幕交易、哄抬股价丑闻及缺少可以降低波动性的大型机构投资者和大规模资金。而且，众多小投资者无法提供足够的可用资金来支撑中国国有企业谋求的数十亿美元的 IPO。另外还有一种地位问题：大陆市场被视为野蛮的东亚资本主义。结果，许多国有公司和一些私人企业追求海外上市，尤其是在香港上市。在那里他们面对的监管问题更少，可以得到更高的估值、更多的资金，并且更有面子。

如果中国公司仅仅在香港上市，而未在香港注册，他们的股票会被称为 H 股。追溯到 1993 年，青岛啤酒是第一个 H 股。中国工商银行（2012 年世界上市值最大的银行）和中国银行都于 2006 年在香港 H 股市场上市，同一年也在上海证券交易所上市。

如果一家中国公司设立一家在香港或海外注册的子公司，或是大陆中国人（通常是国有企业）至少持有 30% 股份的合资企业，其上市股票被称为红筹股。典型的例子如中国移动。它在中国内地移动通信市场（世界最大的）的市场份额使其成为最成功的一个红筹公司。由于红筹公司技术上是海外上市，因此根据现行规定不能在中国上市，但这种情况很快就会改变。在香港有 30 家这样的公司可能会寻求在中国大陆上市。

● “海龟”回家

这些公司，当它们回来时，被称为“海龟”，因为它们回到自己的原居地。海龟也应用于表示在国外接受教育或工作后回家的海外中国人。当用来描述公司时，它指的是那些此前在中国境外上市，后来回到中国上市（更多的资金）

的公司。不管是红筹股或H股，当这些公司终于回家时，由于国内交易所缺乏质量好的股票，因此它们常常可以筹集到数十亿美元的资金。

中国大陆市场从2006年开始繁荣起来，海外上市（根据一国两制政策，香港被视为海外市场）的需求随之降低。事实上，由于海外上市被看作是质量的标志，因此已经在海外上市的公司甚至可以在中国内地市场以更高的市盈率（P/E）筹集到更多的资金。每个人都知道作为20世纪90年代和21世纪前五年中的国家冠军企业，这些最大、最好的中国公司已经走出国门。当时，中国内地股市资本不足，且由于近乎连续的丑闻而处于持久的低迷状态。这就是为什么投资者最终张开双臂欢迎这些“海龟”回家。

这些公司回家的时间始于2005年之后。当时，大陆的市场开始以双位数——之后以三位数增长。随着市场情况最终开始转好，这些“海龟”公司能够开始返回国内股票市场，进行第二次上市，以利用中国国内对新股票的需求。

中国十大国内市场IPO中的七个是已经在香港上市的海归公司。在内地上市时，它们筹集的新资金总计2860亿元人民币，约占中国内地股票市场筹集的总资金4770亿元人民币的66%。

● 案例研究：万亿美元的公司

沃伦·巴菲特曾经是中国最大的石油公司——中石油较大的一个投资者。中石油在全球都有投资，员工超过400000人。巴菲特通过伯克希尔·哈撒韦公司持有的中石油在香港上市的股票一度超过10%。但是，在2007年的夏天，巴菲特出售部分股权的消息可谓是重大新闻。这种做法看上去像是一个非常短期的决定，与其闻名于世的长期投资战略截然相反。到同年10月，他已经卖掉了所有的中石油股票。

各方面称，这是一个很不错的投资决策。巴菲特称，伯克希尔·哈撒韦公司已经从约5亿美元的初始投资中获得了约35亿美元的回报。然而，许多分析师不理解他出售的时机：中石油计划 2007 年 11 月在上海交易所上市，而他就在上市前廉价卖掉股票。作为中国最有声望的海归公司之一，中石油将胜利归来，其第二次上市将筹集 90 亿美元资金。

中石油 IPO 的时间也几乎接近上海股市 2007 年 10 月达到历史最高的时间。当然，这可能是持有一家顶级中国公司股份的最好时机。它将在地球上表现最好的市场公开上市。

很少有人公开同意这是一个明智的决定——当时看来意义不大——但巴菲特出售的消息使这个最初在香港上市的股票下跌。随后，在内地 IPO 的前夕，该股攀升，IPO 高度超额认购。开盘当天，比发行价大涨了 163%。IPO 后的几天内，让许多人大吃一惊的是，中石油成为世界上首个万亿美元的公司。它成为世界上最大的公司，比艾克森石油公司和荷兰皇家壳牌公司合起来的规模都要大。似乎巴菲特异乎寻常地做了件很糟糕的事情。

事实上，根据大多数的分析，这样的估值几乎毫无道理。中石油是一个被夸大的国有公司，它雇用的员工超过一百万人。尽管其大幅削减其劳动力，关闭不盈利的工厂，并在高油价之前在海外进行可盈利性的投资，但它的利润仍然只有艾克森石油公司的一半。这样一家在收入或利润上都不及两者中的任何一家公司的中国上市公司，市值能达到全球最大的这两家公司之和？

中石油的高估值并没有持续多久。在其闪亮登场的几周后，股票开始了漫长的下滑，短短三个月时间便失去了 50% 的市值。就这样，到了 2008 年 2 月，巴菲特再次看上去像一个投资天才，早前提醒中国股市的泡沫正在形成的警告得以验证，使中国股市的分析师对其产生了新的敬意。

● IPO 热

2007 年，全球表现最好的股票指数（上证综指）就在中国，因此，称中国也是 2007 年的“世界 IPO 之都”便不足为奇。事实上，在中国通过公开发行筹集的资金总量达 663 亿美元，比美国纳斯达克、纽约证交所和美国证交所一起筹集的资金总量还要多。中国的数额略超过美国的646亿美元。[9]这是一个显著的转变，中国的资本市场可能已经达到如此的规模，且重要性日益提高。

之后的几年，随着中国最大的一些银行和国有企业在中国上市，中国迎来了一些超大规模的IPO。这包括迄今为止两个世界最大的IPO，2006年的中国工商银行和2010年的中国农业银行。每家公司筹集大约220亿美元。像中国农业银行这样的重量级IPO帮助中国在2010年再次成为世界上最大的IPO市场。之后，在2011年，中国重复着此类壮举，共筹得2860多亿元人民币（450亿美元）。中国似乎有望在奥运十年的剩余时间里沿着这条路继续创造其资本筹集的记录。

对于国有企业，由于它们可以从国有银行和监管机构获得有保证的支持，因此中国国内市场显然正是筹集资金的好地方。另外，对于私有企业，情况有些不同。在全球金融危机期间，由于担心过于稀释投资者的资金和市场进一步下跌，中国政府在2008年后放慢了新的私有公司上市的步伐，而向国有企业提供优先机会。许多私营企业缺少国有企业得到的权益或甚至银行贷款，于是转向海外上市。

实际上，中国的私营企业大约从2003年开始就已经从海外交易所获得大量收益，但是，在2009年，随着西方投资者渴望分享中国的后金融危机复苏奇迹，对中国股票的需求也逐渐增多。

● 海外上市的中国公司

从奥运十年开始，对于私营企业，新的中国常态一直是避免内地和香港交易所，而青睐在纽约证交所、纳斯达克和其他海外上市。部分原因在于，可能会投资这些公司的外国私募股本和风险投资基金，有一些退出投资策略。国外大型投资者更喜欢在中国境外上市的股票，以便更容易兑现。另外，在中国境外上市更有名誉——相似于十年之前在香港上市。

在奥运十年开始时，越来越多的中国公司跟随尚德电力、百度等其他已经在海外上市的内地公司的步伐，选择在美国而非中国内地或香港上市。能否获得适合反向收购、不活跃的空壳公司是一个因素，因为许多中国企业采用这种方法以较低成本上市，同时避免过度审查。然而，在中国境外公开上市，并满足严格的季度和年度报告要求后，它们吸引了新型投资者的注意。它们是中国公司在国内市场从未打过交道的投资者：空头。

● 案例研究：透视浑水

在所有海外上市的中国公司中（大部分是反向收购，仅在纳斯达克、纽约证交所和美国证交所就有 80 多家），有许多公司在国外交易所上市后表现是一飞冲天，但在经历了互联网泡沫破灭后，一些幸存者心里可能已经有了不适的感觉。看到如此多的新上市的中国公司及如此高的市值规模，一个人可能开始想知道这些公司基本的商业模式是否合理。当互联网公司因为是“网络赌博”而给予估值溢价时，中国上市公司通常会得到肯定，因为它们是“中国赌博”——押注中国经济的增长，而非股票的基本面。2009 年，上海股市再次成为全球表现最好的主要市场，上涨了 80% 左右。这种氛围将延伸至海外上市的中国公司。一个互联网式的泡沫破裂也许就在不远处?

值得一提的是，中国市场的繁荣和互联网的繁荣之间存在着两大差异：

首先，中国的内地市场是由大盘股的国有企业所推动的。通常是与银行、金融、基础设施、能源和重工业相关的行业。它们也许庞大，但它们的规模使其能够保持稳定。中国中央政府给予的支持也似乎是有所保证。而互联网公司的特点一般是资产少，没有利润。

其次，随着中国的发展，中国国内市场的增长将支撑很多这类公司的生存时间，即使达不到数十年，也会有数年。中国的城市化还需要持续数十年。中国消费者的增长在奥运十年中也将是不变的因素。2008 年中国市场出现的回调及国内增长带来的赢利增长使中国市场的市盈率比互联网公司经常虚构的的财务预测更加合理。

也就是说，除了可以发现很多H股和红筹股的香港，中国在海外上市的股票往往是高科技制造业或互联网相关行业。这就是为什么他们可能会经常选择像纳斯达克这样的交易所。这些公司大多数都很年轻，其中很多只有十年或者更年轻。最后，有一些公司似乎是建立在并不总是透明及可能带有内幕的商业结构上（反向收购空壳，英属维京群岛控股公司是一种被称为可变更权益实体的东西）。特别是有一家公司在试图调查这些不可告人的内幕：浑水。

卡森·布洛克是浑水这家研究公司的创始人之一。2011年，海外上市的中国股票被抹去数十亿美元的市值可能就直接归因（或归咎）于这个人。故事开始于一个鲜为人知的公司，嘉汉林业，一家通过反向收购在多伦多证券交易所上市的木材交易商。浑水指控嘉汉林业是一个不透明的公司，参与了“麦道夫”级机构欺诈。市场对此报告的反应非常强烈，嘉汉林业的股票暴跌，一天半内市值丢失近75%。其交易后来在对该指控进行调查期间被暂停。2012年，在为期八个月的内部调查后，嘉汉林业的董事们也不能排除有过欺诈，声称真实情况也许永远无法弄清楚，但这并没有起到多大帮助。该公司解雇了首席执行官，拖欠了债券支付，当然也失去了投资者的信任。他们仍困在暂停交易的困境中。

浑水对嘉汉林业的报告掀起了一波热潮。出现了大量的对中国公司的调查，卖空几乎每家中国股票，并且众多审计师辞职。中国公司一家接着一家（其中大部分使用反向收购方法公开上市）失去市值。纳斯达克和其他交易所收紧了反向收购，中国政府明确表示不再欢迎可变利益实体——中国公司和国外投资者采用的公司结构，可以同时避免国外所有权限制和监管。

……

尽管卖空无疑会影响海外对中国股票的需求，但在中国内部，几乎没有发生什么改变。在中国的投资者仍然缺乏能够提供适当回报率的其他金融产品，所以，在奥运十年的剩余时间里，股票市场将继续受到欢迎，并保持上扬，最终在2018年前将超过2007年10月达到的高度。

专业投资者知道中国市场的增长潜力，希望能参与进来，但是，中国对资金流入的控制阻止了许多类型的直接投资进入其金融市场。解决这个问题的方式之一是，在起步的阶段参与进来：风险资本家通过创业资金在中国投资变得极为流行。

长城上的野蛮人

风险投资（风投）业的历史在中国相当短。实际上，国外拥有中国公司的所有权在中国加入WTO之前甚至是不合法的。甚至是在加入WTO之后，许多行业仍禁止控制股权。

当美国风投仍挣扎在美国2003年互联网泡沫破裂的余震之中时，一些在纳斯达克上市的中国公司——如中国的门户网站和游戏提供商网易和新浪——股价开始两倍、三倍的上涨。后来，中国的搜索引擎和谷歌的未来竞争对手——百度，纽交所上市的尚德电力和迈瑞医疗（一家总部位于深圳的医疗设备制造商）纷纷成为中国公司在纳斯达克上市的早期进入者。中国股市开始转好，激励着风险资本家和私募股权基金更积极地投资于中国。

即便如此，许多投资基金直到2006年或2007年才正式进入中国。当时中国股市开始升温，年回报率已经达到100%。于是，这些基金之间的竞赛便是发现下一个将上市的中国公司。如果上市，风险资金的赞助者将获得数百万的回报。

然而，这种天降之财的机会已经不多了。风投公司似乎已经越过了它们一般的舒适区，大量投资于非标准的商业模式——衬衫工厂、有机农场、餐厅和酒店。当然，也有常规的风投类别——高科技和互联网创业公司，如在线视频网站优酷——但好买卖的竞争非常激烈。同时，协议条款也因为很多原因而变得非常强硬。

首先，是好买卖的竞争非常激烈。太多的钱追逐太少的优质公司。由于股票市场在 2006 年和 2007 年的繁荣，中国公司的市盈率一般都非常高，因此 IPO 之前的估值非常高，且竞争异常激烈。

其次，刚开始时，许多中国公司都不愿意或无法从风投获得额外资金。当时，中国像现在一样，现金充裕，国有银行贷款给国有企业，家庭成员将股票市场的利润投资在亲属新的制造业务，以及中国拥有大量的家庭储蓄，因此以份额较大的所有权股份进行交换的额外投资并不是很有吸引力。与此相反的问题是，许多中国企业太小，尤其是风投喜欢投资的互联网企业。与硅谷的同行相比，年轻的中国企业家可能更多的是以非常少的预算（以几百或几千美元计）开始自己的网上企业，因此并不足以吸引风投给予数百万美元的投资。

再次，是企业家拒绝接受带有如此多附加条件的风投资金。许多中国公司是真正的指挥——控制组织，创始人做所有决定，不喜欢受制于董事会或者外部股东。整个公司处于个人支配之下的管理方式仍旧盛行。为股东创造价值的感觉也许很难在许多较小公司里培养起来。那里，目标很明确，就是让创始人富裕起来。所以，传统的北美风投对增长而非利润的关注；董事会席位或甚至控制董事会；多数股权，收购权利；锁定期；及任何条款清单上的其他条款对一般的中国老板没有吸引力。

最后，在中国做生意的法律体系和企业结构并不如风投们习惯见到的透明。例如，和主要供应商或客户的合同可能是基于“关系”，口头上确定的。公司的法律架构可能很复杂，或几乎不存在，或与创始人拥有的其他公司纠缠在一起。国外律师和审计人员都无法直接接触到中国公司的记录，他们必须通过当地特许的中介法律和审计公司采取行动。如果这还不够，那么还有公司的会计操作未必遵循一般公认会计准则。国外所有权的规定，要求建立一个称为可变利益实体的结构——前面谈到过。可变利益实体基本上是一个合约控股的公司。合约规定了与实际所有者及中国的商业运作之间的关系。因此，对于风投公司，找到合适的投资需要花费更多的精力；透明度、杠杆和安全性都很低；交易成本却很高。

尽管有这些障碍和更长的合约周期，风投们依然在中国竭尽全力。有一些风投通过参与象阿里巴巴（2007 年在香港证券交易所上市）和分众传媒（中国顶级广告网络之一，已在纳斯达克上市。2011 年和 2012 年也是浑水公司的目标）这类的公司，已经取得显著成功。

事实上，风投们投资的资金额和项目数量正在稳步增长。2003 年到 2005，相对平稳增长。2006 年和 2007 年，增长巨大——从 2005 年到 2007 年，投资总额增至三倍，共 440 笔交易，达到 32.5 亿美元。2010 年，投资总额达到 54 亿美元，然后在 2011 年再次翻了一番，逾 1400 笔交易，金额超过 100 亿美元，表明风投们终于在中国动荡的市场中找到了自己的立足点。

当西方投资基金和风险资本涌入中国，希望找到下一个百度时，在奥运十年的开始，一种新型的投资出现了。然而，这一次，并不是外商直接投资或风投资金进入中国，在反向全球化的推动力下，中国资金加速走出国门。中国公司和投资基金入股油田和煤矿，收购竞争对手和国际品牌；寻找比在中国能找到的更好的投资回报。从中国的角度来看，这被称为海外直接投资（ODI）。对于所有其他国家，这是新的中国常态，来自于中国的外商直接投资。

中国的外商直接投资

反向全球化是经济增长引擎推动力的原因是，它放大了本是一个正常情况的影响。就海外直接投资而言，每个发达国家都在做一些海外投资。如果没有特殊情况，一般都会购买其他国家的股票和债券作为自己的组合投资。然而，当这些投资来自中国时，它们会有所不同，原因有两个。

首先，根据中国自己领导人的话来说，中国仍然是一个发展中国家，所以令人吃惊的是，它拥有与最大的发达经济体相同的（或更大的）财政实力。一个本应贫穷的中国投资数十亿美元会引起接受国的怀疑。

其次，中国的投资是经常引起争议的。它们可能是政府资助的。很多时候，专为获取自然资源。它们还似乎常常与中国要在国际货币基金组织等国际机构拥有更大影响力牵扯在一起。中国此前利用其日益增长的金融实力取得在国际货币基金组织更多的投票权。估计，如果欧洲债务危机在2012年继续恶化，中国将坚持以增加在国际货币基金组织里的投票权来作为中国购买更多的欧洲债券的先决条件。由于这些原因，很多中国的投资包含了政治色彩，所以可能会被其他国家以恐惧、不确定性和怀疑的眼光所看待。奥运十年中，不希望看上去像华而无实的“中国龙”是新的中国常态，这意味着西方国家接受的中国投资将越来越多。

● 吞下了大象的龙

2005年，中国电脑制造商联想收购了IBM的个人电脑业务。迄今为止，这仍然是为数不多的中国企业成功收购西方企业中最大的一个。当时，基于一个中国谚语：“一个人的贪婪就像一条蛇要吞下一只大象，这项收购被认为是蛇吞象。”七年来，事实证明这并不是贪婪。联想在2012年成为全球第二大个人电脑制造商，超过竞争对手戴尔。

联想通过IBM个人电脑业务实际得到三件东西：IBM的计算机销售和分销网络、全球性跨国公司的最优秀员工和ThinkPad笔记本品牌（最畅销的笔记本品牌之一）。

作为创建最早的且目前仍是为数不多的成功收购经营中的国外企业的公司之一，联想有点超前于时代。六年多来，没有一家中国公司能达到如此的成功，直到中国汽车制造商吉利以18亿美元的优惠价格收购了福特珍贵的沃尔沃生产线。

事实上，自2005年以来，中国公司一直在非常积极地进行海外收购，但大多数的收购是那些从未成为报纸头条新闻的公司。如果它们成为头条新闻，那就有可能是要面临国家安全问题了。

中国的制造商已开始出于俱多原因投资海外，包括获得品牌名称；获得市场准入和避免关税；获取技术和专利；及简单的商业战略。就像日本公司在20世纪80年代和90年代开始向海外扩张，特别是在汽车业，以接近海外市场、避免贸易不平衡问题。中国公司也紧随其后。

例如，中国家电制造商海尔，大约25年前在港口城市青岛成立，生产冰箱。目前，在伊朗、东欧及美国等地有20多个海外基地，使“啤酒冰箱”无所不在，深受大学生的欢迎。另外一个家电制造商，格力电器（中国最大的空调制造商）正在美国建造厂房，以更好地与领先世界的开利竞争并且能更容易进入北美市场。

这不仅仅发生在电子和清洁技术领域。中国工程机械公司也在向外扩张，建立工厂及购买本地竞争对手以便在国外市场获得立足点。2012年，中国最大的建筑设备制造商，三一重工宣布将收购一家德国泵制造商。事实上，由于中国国内市场的竞争已经非常激烈，中国几乎所有的行业都将开始寻找海外收购机会。中国政府已经表明支持此类公司“走出去”的战略。这也许会带来新的增长。

● 农村包围城市……

海外战略的第二个方面，中国企业正在利用中国人皆知的古老战略，“农村包围城市”。这意味着围绕最有价值的领域，拖延时间积蓄力量，然后长驱直入主要领土。像中国的制造商海尔和电视制造商TCL等公司就正在这样做。这是一个长期战略，但就如所有中国观察家会告诉你的，中国人有一个长远的视角。因为这个原因，许多中国企业选择进入东欧、南美和东南亚的市场，蛰伏着，直到准备好面对北美、西欧和日本最大的市场。中国汽车公司正在南美洲销售车子，学习如何和国外消费者打交道。奥运十年结束前，他们将会围攻真正的目标：美国巨大的汽车市场。

中国公司已经活跃于海外进行并购和收购，要么为了避免进口限制，获得技术或，在许多情况下，仅仅是为了获得一个品牌。例如，TCL 与荷兰的汤普森合并，部分是为了获得欧洲的品牌认可。

这样，全球化对于中国公司将是一件好事。以前它们限于国内市场和 OEM 协议，缺乏品牌力量。但如果说这样的行为很多并非是由市场这只看不见的手引导的，而是由中国政府的手引导的，并没有错。

中国政府的海外采购

从 1978 年到 2001 年加入世贸组织，中国大多数的改革时期，在海外投资的中国公司都是国有企业，并且采用的方式非常有限。中国的海外直接投资只以几十亿美元计，且低调，大多数不为人所知。2005 年，中国国家海洋石油总公司试图收购美国石油公司，优尼科，但未取得成功。优尼科竞标失败是由于美国政治上的强烈反对。主要原因是中海油收购的资金来自于中国政府——在一些美国政治家来看来，这显示了中国的政治动机。美国公司同样被禁止在中国做出类似的收购。但中国政府拥有的各种国有实体、离岸实体、及私营企业仍继续对美国公司做出小小的尝试。

2007 年，中国华为技术（一家私营的电信设备制造商），与贝恩资本一起，向 3Com 发出收购要约。3Com 是网络设备的开创者，在互联网繁荣时期是一位科技领头羊。当 3Com 向美国海外投资委员会主动撤回申请时，此笔交易宣告结束。事实很明显，对国家安全的担忧——美国政府的因特网主干和技术基础设施随处都可以见到 3Com 的设备——将造成难以克服的困难。尽管中海油和华为因为政治上的反对而失败，但这些尝试仍然显示出中国公司的成长有多快。

由于美国媒体对中国投标的极度关注，这两个例子最能显现出中国海外并购和收购的失败结局，其他国家也在以安全为由反对中国收购；例如，澳大利亚两次拒绝了中国国有公司对其矿业资产的投标。中国投资在非洲或东欧受欢迎程度使其投资的接受结果体现出显著的差别。

实际上，在全球金融危机之后，西方国家已经变得更愿意接受中国的投资。中国公司已经悄然购买了西方品牌、技术、甚至整个工厂——被分解运回中国。对路虎和福特沃尔沃品牌的收购－不到福特 1999 年为此支付金额的三分之一——只是汽车业的两个例子。

然而，中国最大的投资来自于一个鲜为人知的投资基金，这个基金成立于奥运十年开始时。

● 案例研究：中国选定投资主权

由于中国公司试图收购国外公司时受到一些国家强烈的反对，中国采用了另外一种方法。2007 年政府建立了中国投资公司（中投公司），一个规模 2000 亿美元的主权财富基金。

中投公司被称为主权财富基金，是因为其所有权与政府联系在一起。因此，它的投资资金由中国政府提供，回报也归于中国政府。中投的资金将来自中国的外汇储备，使这些储备（大多数是低收益的债券和现金）多元化，进入回报较高的证券及投资。主权财富基金最初的规模为 2000 亿美元，金额相当大，但与阿布达比、挪威和新加坡等全球主权财富基金相比并不特别。它将由一群中国金融家进行管理。其中很多都有在西方投资银行工作的经验。中国金融家自己也承认将放慢脚步，边走边学。[10]

这使得中投的第一笔交易更加出人意料。2007 年，在黑石集团上市之前，中投大张旗鼓地宣布入股后来私有化的黑石集团。黑石也许最能体现美国资本主义纯粹和残酷的极端。作为一家私募股权和融资收购的公司，黑石集团专门购买其他公司，再消减负赘（这里的负赘往往指的是工作岗位），提高效率，然后把公司当作是摇钱树一样地经营或重新包装上市或出售。有什么能比这更符合戈登·盖柯资本主义的呢？而入股的中投公司竟然是一个共产主义国家的主权财富基金。

中投公司已投下30亿美元购买9%的股份，但金额远远不够控制股权，甚至买不到投票级股权。中投公司本质上是一个不过问业务的合伙人，但毫无疑问，通过这笔交易可以窥见中国金融行业的蓬勃发展。当黑石上市时，也许只是市场上的时机不对，黑石股票迅速贬值，并且中国公司一度在账面上损失15亿美元。一些中国网民相信阴谋理论——如中国2007年畅销书《货币战争》中提出的理论——即这是由于西方银行家控制世界经济的阴谋，想要中国赔钱。中投公司可能已经在怀疑边走边学究竟是不是一个好主意。

它的第二笔大投资是向摩根士丹利投资50亿美元，大约10%的股份。这笔投资的遭遇也好不到哪里去。这又是被大肆宣传——代表中国共产党政府的基金入股了现代美国资本主义的老牌公司——但在购买大约一年后，全球金融危机发生，导致账面上又一次遭受巨额损失。无论是黑石还是摩根士丹利都尚未接近危机前的估值，但当黑石股价降低时，中投的确又追加了在黑石的股份，可能是用了数十亿美元来平均成本。

即便在中国收购3Com和优尼科失败的事情仍记忆犹新之时并且对黑石和（随后）摩根士丹利的投资突然贬值的情况下，中投在2008年最终还是成为世界上业绩最好的基金之一。它以现金方式保留了几乎全部的2000亿美元，因而避开了历史上最大的一次股市崩盘。也许这个生命攸关的结果更多的是由于其优柔寡断，而非其它原因，但中投公司将很快极大地受益于其资金充裕的状态。

2009年，它最终再一次成为世界上业绩最好的基金之一。这一次，它购买了大量的价值被低估的股票，甚至有一些是中国国有企业的股票。这些公司在2009年和2010年强劲复苏。到2012年，中投实际上已经学到了很多经验和教训。现在，由于中国政府给予了额外的资金注入（2012年最近的一笔是 300 亿美元，用于追加价值被低估的美国和欧洲的金融资产），中投已经是一家规模超过 4400 亿美元的投资基金，成为世界第二大基金，仅次于阿布达比的基金。

中投公司拥有中国国有银行的大量股份。这部分是行政命令（一些公司拥有银行的国有股份，政府授予中投这些控制公司的所有权），部分是蓄意为之：在 2011 年的市场低迷时期，中投公开宣布将购买更多的银行股票，支撑银行萎靡不振的股价。

到 2012 年，中投公司的投资策略已经变得清晰：能源、公用事业和基础设施。在一些高调的投资中，中投公司购买了石油公司、能源信托，乃至伦敦供水公司的部分股票，入股了公用事业公司泰晤士水务。同时，它毫无顾忌地排除了参与欧洲银行政府救助的可能性。中国报纸将此描述为“冷落”了德国总理安吉拉·默克尔。当时是 2012 年 2 月，安吉拉·默克尔访华请求中国支持其一揽子救助计划。

尽管中投表面上称自己只是一个“长期投资者”，及难以投资欧洲政府债券，但其在中国自己的国有企业进行投资的做法将无助于消除这个想法，即中投仅仅是中国政府的一个部门。西方民主资本主义社会将继续对其持怀疑的态度，猜测中国一定别有企图。然而，中投购买大量的能源和基础设施的股份说明它将在海外进行大规模投资。

如果中投只是唯一一家投资海外的中国政府或半政府实体，中国的投资也许看起来没那么可疑。毕竟，许多国家都在使用主权财富基金来管理他们的外汇储备以及石油美元（通过出售石油和其他自然资源募集资金）。中国有如此多的过剩财富，因此除了主权财富基金还必须使用其他渠道，以分散其外汇储备。虽然中投在外国证券中主要是一个沉默的投资者，但中国将后金融危机和欧盟债务危机视为一个助中国公司走出中国的绝佳机会。

由于这个原因，在奥运十年余下的时间，可能会有更多的中国公司在国外进行收购——遍及所有行业。中国政府已经选定两家最大的非商业银行－中国国家开发银行和中国进出口银行，注入32亿美元的外汇储备，以帮助中国企业进行融资。要看出这些收购是政府资助或拨款并不困难，这也将使此类收购在任何国家的审查过程中都面对着艰难的决定。然而，正如日本的投资先是被反对，最终被欢迎一样，中国的投资也将经历同样的过程，特别是当国外的工作岗位极度缺乏的时候。

迄今为止，西方经济体无须像当初恐慌太多的日本投资一样恐慌中国的投资。从1978年到2011年底，中国非金融性对外投资总额累计达3220亿美元左右，而同一时期，接受的对中海外投资达1.2万亿美元左右。这意味着国外持有的中国的公司和资产是中国持有的国外的公司和资产的四倍左右。

虽然一些中国银行在纽约积极于房地产贷款，但它们并没有像日本1989年购买洛克菲勒中心和无线电城音乐厅一样买断建筑地标。中国的海外投资主要还是去香港（返回中国大陆的条件更好），或去附近的亚洲国家（为了生意）和非洲（为了资源）。中国对北美和欧洲市场的直接投资都相对较小，但一些主要西方经济体已经开始接受中国的直接投资。

英国已经明确表态欢迎中国的投资。它允许了中国对泰晤士水务的投资，并向中国发出俱多声明和派出贸易代表团来吸引投资，特别是对其老化的基础设施的投资。

加拿大是最近另外一个接受中国资金的国家。在首相斯蒂芬·哈珀的政府多年来拒绝与中国加深关系后，加拿大，在2011年和2012年，已表现出其接受中国在其油砂和其他自然资源领域投资的意愿正在增强。

……

超级趋势最后这一章总结的趋势说明了中国在国际金融中的地缘政治角色将如何发展。这些主题中有一些将在本系列的第三卷，《中国超级政治》中再次进行论述。

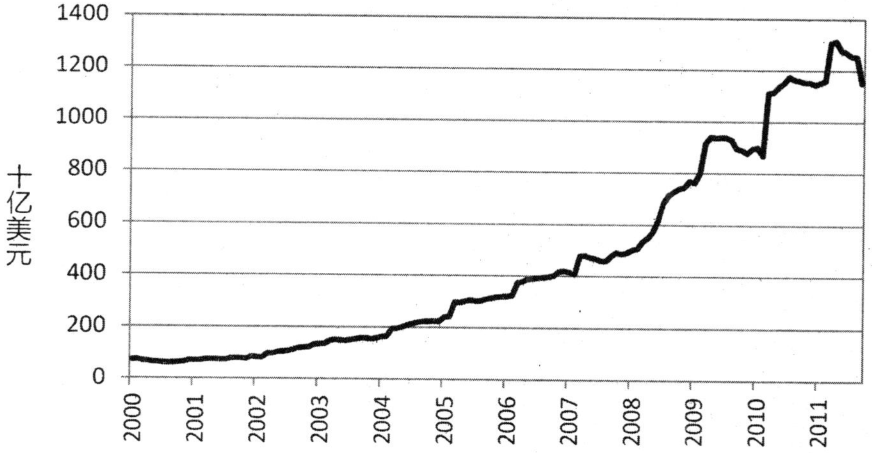

图 22 中国的美国国债持有量，2000—2011

首先，中国以国家债券的形式持有的外汇储备数额正在不断增加。它已经成为美国国债最大的国外持有者——取代了日本长期占据的最大债权国的地位——并将在未来多年继续保持下去 。2012 年初，在通过自然缩减的方式连续六个月减持已到期的短期债券后，中国再次开始买入。当时，中国有 3.2 万亿美元的外汇储备，其中 1.16 万亿美元是美国国债。德国和其他欧盟国家希望中国能使其外汇储备多元化，期望甚至是期待中国参与债券购买和救助——可以说是帮助其最大的一个客户摆脱困境。

与此同时，中国反对以美元计价的全球储备体系的呼声日益高涨。中国在将语言转化为行动，从 2008 年以来，它已经同许多贸易伙伴建立了双边货币互换协议，使人民币对贸易更有用，扩大了国际影响力。

像许多其他趋势一样，这一趋势开始于奥运十年之初的 2008 年。到 2012 年，中国已签订了 17 份协议，每份协议相当于数百亿美元。签订协议的国家包括亚洲的阿根廷（第一批中的一个）、泰国、马来西亚、新加坡、印度尼西亚、新西兰、中国香港、韩国、日本以及最近的澳大利亚；中东和亚洲西部的阿拉伯联合酋长国、巴基斯坦、哈萨克斯坦、白俄罗斯和乌兹别克斯坦；

欧洲国家的冰岛以及土耳其。

通过与许多贸易伙伴（通常是自然资源）签订货币互换协议，中国省去了对美元等中间货币的需要，以平衡国家账户。这对协议的双方是一个双赢的结果：中国提高了人民币的国际地位，伙伴国家的储备账户得到了升值的货币。然而，这仅仅是取代美元的第一步。目前总计只有数千亿美元——与每年的货币交换中动辄数万亿美元的交易相比，只是很小的金额。

其次，规模更大，目的是降低贸易结算中美元作为优先货币的地位。为此，2012年3月，中国开始允许其大部分的出口公司接受直接以人民币计价的贸易结算，也就是中国公司可以对此条件进行协商。美元和其他主要贸易货币将被人民币所替代。美元作为国际储备货币的地位将被降低。

最后，中国正在顶住全球的压力——特别是来自于美国和欧盟的压力——即允许人民币升值。中国全球崛起的传奇将继续是以21世纪货币战的形式让美元对决人民币，就像美元曾经暗暗地与英磅较量，以赢得20世纪的霸权地位。哪种货币将赢得这场新货币战争还远未确定，但是已经发生了一些冲突，到中国奥运十年结束时两种货币之间将有更激烈的交锋。

总结：富裕化——新超级趋势

中国日益增长的财富和增强的影响力在当前全球不确定的金融氛围中变得举足轻重。中国正在变得越来越富有，外汇储备积升，人民币升值，从房地产及股票市场获得的消费者财富也不断增长。

风险 中国最大的风险——是那些可能会阻碍甚至扭转其迅速崛起的事情——像通货膨胀、土地和金融泡沫、贫富差距。注意这些事情对于分析中国金融和社会稳定是极其重要的。

中国公司正在崛起 由于香港和纽约证券交易所，许多中国最大的国有企业在海外上市。随后，当它们回到国内上市时，引领了中国股市的繁荣。

在中国的投资 许多西方投资者想要分享中国的增长，从而带来了风投公司、投资基金，及像沃伦·巴菲特一样投资入股中国国内企业的人们。

中国的海外直接投资 新的中国常态不是流入中国的外商直接投资，而是中国的海外直接投资。中国公司正在海外进行收购；中国政府通过中投公司进行投资。

中国的影响力和最新建立的自信，如果再加上其富裕，将真正使中国在奥运十年结束时成为全球超级大国。

第三部分

结论

第九章

如何使用增长引擎、推动力、路线图和超级趋势

繁荣化

在中国唯一不变的就是变化。这句话，尽管现在已经是陈词滥调，但仍旧是真理。

我和苑广宁博士在 2007 年初创建了超级趋势这个概念。当时，我们写到，尽管中国多年来保持高速增长——自 1978 年以来的 30 多年辉煌使其达到发展的顶峰——但在中国奥运十年到来之际仍有无数更多的机会。我们创造了 “中国的奥运十年” (从 2008 年 8 月 8 日到 2018 年 8 月 7 日) 这个词，浓缩了我们对中国未来十年的展望。

当时，我在中国已经工作、生活了 5 年。看到中国在很短的时间内发生了如此多的积极变化，因此，对于它的未来，我十分乐观。自 20 世纪 90 年代初，我就一直在研究中国，为它如此快的发展速度而感叹不已。虽然全球金融危机使我这种乐观有所动摇，但最终这种坚定并没有落空。奥运十年的余下时间中，中国的增长将会持续下去，使这种可持续性成为所有趋势中最可信的趋势之一。

当我有机会与读者互动时，经常有人问我是否认为在中国最好的机会已经过去了。人们问，现在仍然是一个在中国做生意、投资或者工作的好时候吗？就像我的合作者和我当时在《未来中国的超级趋势》

中所写的，我将再次这样写，这里的机会就像地上的一堆100元钞票：它们到处都有，然而会很快被人捡起。中国经济可以说是钞票被分散在每个城镇和城市的每条街上。但是，虽然观念上大家都知道这样的机会存在，不同的是你是否能抢在别人前面捡起来。

第二个最常问的问题是，怎样使用本书中的观点做出商业、投资或职业生涯方面的决定？我想就这个问题分享一些我的想法，给出一些重要的提醒。每个读者的情况不一样，所以我不打算对这些答案挖得太深。最后，读者最好是基于个人的背景、环境和需求理解本书对增长引擎、推动力、路线图和超级趋势的分析。

在中国从商、投资或工作最佳的时期是什么时候？

答案仍然且总是：现在。

本书提出了推动中国前进的增长引擎、推动力、路线图和超级趋势；它们不是短期的趋势；它们是中国奥运十年的根本特征，也许是成为中国世纪的决定性因素。全球重心正在向亚洲转移，或早或晚，将汇聚于中国。这本书已经表明了为什么及怎样来到中国，但是哪些及何时取决于你。

对于高管和商人

中国的增长引擎是出口、外商直接投资和消费。商人最感兴趣的增长引擎应该是新消费增长引擎。

虽然出口方面仍有很多机会，但随着中国劳动力成本的增加及中国国内的竞争对手更加成熟，出口将变得更加困难。外商直接投资在某些行业仍然受欢迎，但中国现在是有选择性的。资金可能需要投资在科研方面，或投向中国欠发达地区。此外，许多行业仍然受高度管制，不对某些类型的国外投资开放，例如，能源和金融。在这些行业，即使允许跨国公司，也必须同中国的合作伙伴成立合资企业。即便如此，根据普华永道的一份调查报告，全球 30% 的 CEO 将中国列为 2012 年最大的增长市场。

使用消费增长引擎意味着下一波增长的目标是中国消费者，而不是简单地在中国生产，公司也应该在那里销售产品。一个日益增长的趋势是，当中国的人民币变得更强势时，国外企业也许能够进口本国国内市场生产的产品，在中国销售。

推动力是反向全球化、蛙跳式发展和中国人的决心。推动力对商人有所影响。

反向全球化意味着找到将震撼世界的下一批中国产品、服务或思想。想一想在 20 世纪 60 年代成为丰田在美国的经销商意味着什么：车子的质量差得没有人想要。快进到 70 年代，石油价格冲击；突然每个人都想要更节能的汽车。比亚迪、吉利和奇瑞是今天的丰田、本田、铃木。在出口中国的服务方面也存着机会：对说中文的员工的需求非常巨大，无论他们是保姆、翻译人员、教师还是律师。参与中国不断增长的服务业出口和外包业就像参与 90 年代印度的软件外包业。

蛙跳式发展意味着在中国寻找跳过西方模式的技术、文化和思想。从新的移动电话通讯硬件到微博（中国版的 Twitter）的快速应用，在中国可以找到无数的例子。与世界其他国家相比，中国的互联网更是一个移动网络。中国跃过拨号甚至高速 ADSL，现在提供了全市的无线网络，完全覆盖整个国家。中国甚至可能会跳过传统内燃发动机汽车的制造，而青睐混合动力车和电动车。它的快速跳跃已经使其拥有了比日本和欧洲覆盖更广的（及更快的）高铁网络。

如果你幸运，可能在你的中国竞争对手和员工身上发现了中国人的决心。这种感觉是一种强大的、不可预知的力量，一种情感的推动力。例如，必须注意使用中国化设计产品和服务，使其更适合在中国销售及承认中国对你公司的重要性，但这样的本地化不应过度。中国消费者不愿意看到自己的国家象征物像许多广告商无意中做的一样被蔑视。同时，对质量和服务多加注意也尤为重要，因为中国消费者比以往更苛刻。

至于超级趋势，这将取决于你的行业而有所不同。但中国在奥运十年及以后一些最大的机会可以在这些超级趋势中被找到。使用一种称为超级趋势战略管理的方法，在竞争缓慢或不发达的市场，可以开发出新思想、新产品和新服务。

在融合一个或多个驱动力、路线图和一种超级趋势的一些行业，你可以找到有望实现最高增长的商业机会。

例如，如五年计划和优先投资路线图中所述的，可持续性超级趋势是生产环保的科技产品，中国政府已经为此超级趋势下的外商投资扫清了道路。此外，反向全球化推动了可持续性超级趋势：中国太阳能产业在产量上已经是首屈一指。由于消费增长引擎，中国将开始定义世界其它国家使用的标准。中国的公司和消费者已经意识到需要一个更健康、更安全、更清洁的环境。再考虑到中国能源自给自足的国家战略，这个机会是不可低估的。

对于投资者

这里，我将投资者定义为渴望通过金融市场在中国投资的个人或机构。换句话说，是那些打算从中国的崛起中获利但不需要在中国经营某种业务的个人或基金。一个人可以购买海外上市的中国公司股票，在特别投资配额下购买西方金融机构提供的许多中国基金中的一种，甚至购买在中国开展业务的西方公司的股票，等待更大的增长。

在本节开始之前，容我说明一下通常的限制条件，即我并不是正在提供投资意见或提倡购买或出售个股或金融票据。做这些决定之前，当然，你必须要全面了解风险和回报，并根据自己的投资取向作出决定。投资中国内地股市与投资香港的 H 股或红筹股、海外上市的中国公司有很大的不同。对中国和中国公司的投资大部分是不对国外投资者开放的，且人民币不能兑换的特性也使问题复杂化。

也就是说，增长引擎、推动力、路线图和超级趋势为制定适合中国未来增长潜力的投资战略提供了许多想法。

至于增长引擎，尤其是消费增长引擎，是一笔好投资的指示器。将中国消费者视为目标的公司可能会受益于中国中产和富裕阶层的不断增长和发展。同样，西方公司，如果对中国进行高质量的外商直接投资，可能会被视为更积极，或更遵从于中国战略。它们从中国增长中获得的受益将大于未做到这些的公司。对于用自己的品牌在海外扩张的中国公司，出口增长引擎则是一个积极的指示器。

正如前面“对于商人”的一节，推动力是更强大的增长引擎或超级趋势效应的指示器。反向全球化推动力可能意味着寻找始于中国而正开始在国外受欢迎的公司和思潮。小肥羊火锅对百胜很有吸引力，不仅因为其根植于中国，还因为其在海外的不断成功。

一家蛙跳式超越竞争对手的公司可能会破坏一家规模更大的现有公司的商业模式。例如，中国移动是中国最新的移动通信技术的试验平台。虽然 TD - SCDMA 没有流行起来的，但 TD - LTE（一种所谓的 4G 高速技术）也许会。

中国人的决心推动力也是一个有趣的指标器。许多中国公司成立于过去十年或二十年，都很年轻。执掌它们的人往往是个性很强的人。他们当中许多人经历了艰难困苦，在极具风险的条件下成立了自己的公司。他们下定决心一定要成功。尚德的施正荣、华为的任正非，或比亚迪的王传福等企业家就是这样的例子。他们的领导之手鼓舞着他们的员工，但他们的公司有时会过于依赖他们。

最后，这些超级趋势可以指出哪些地方可以找到中国最快的增长，特别是当它们与路线图或推动力重合在一起的时候。一种超级趋势可能是行业性投资战略的基础——例如可持续超级趋势下的中国太阳能产业，或城市化超级趋势下中国的重型机械行业。

例如，在《未来中国的超级趋势》中，2008 年十分耀眼的一家公司是中国的搜索引擎——百度。与行业领导者谷歌相比，它努力利用自己的服务赚钱，但也深受版权侵权诉讼的困扰。自 2005 年登陆纳斯达克以来，百度的股票表现不错，但仍远逊于谷歌。百度，事实上，在中国的定位要比谷歌好得多。它更好地利用了中国的消费增长引擎。中国的互联网用户当时开始以每年至少7000万人的速度增长。百度创始人李彦宏是一个海归回来的中国人，一个典型的中国新企业家：聪明，年轻，接受过国外教育。换句话说，李能够给家乡带回新的商业模式，并使用中国化使其受到中国用户的喜爱。百度有更多的中国用户想要的功能。百度在跨网络社交(结合了网络和中国的“关系”这一概念)的超级趋势下以社会媒体先锋的角度进行运作（中国超级趋势系列的第二卷《中国超级人口》将给予说明）。到2012年，其股票已升值至2008年水平的5倍左右。

我所说的超级趋势投资的关键是如何进行设计，使本书中的观点整合在一起，形成基于中国增长的投资战略。

对于个人

我在中国境内境外做演讲时，个体听众经常问到的一个问题是，我应该在中国工作吗？这个问题，年轻人和老年人，中国国籍和外国国籍，学生和经验丰富的专业人员都有问到。我也经常就这一主题写些文章，并与成千上万寻求知识的读者交谈，告诉他们如何将自己的职业生涯与中国的增长结合起来。中国超级趋势系列提供了一个答案。

再一次，这里有一个附带条件。只有你知道什么最适合你的职业生涯，什么会使你快乐。对我来说，我在中国的职业生涯的各方面都得到了回报。对与我交谈的大多数人，我强烈推荐在中国工作。要使你的职业生涯与本书的观点结合在一起涉及以下一系列步骤。

首先，你必须认识到中国与国外惯常持有的观念和固有印象截然不同。在2012年共和党总统初选期间，一些政治广告利用了反华情绪。有一则反对前美国驻华大使洪博培的广告。广告显示他正在讲汉语，质疑他是否有“美国价值观”，甚至将他描绘成毛泽东。密歇根的一个美国参议员候选人的一则广告显示一个美籍华人女演员操着蹩脚的英语在农民的背景下骑自行车穿过稻田。

最好的方法是你亲自来到中国，亲眼看看，以了解中国与这些常见的误解是多么不同。在作出重大的职业转型前，关键是对中国有正确的心态和期望。

其次，在21世纪第一个十年，中国欢迎外籍经理，尤其不挑剔讲普通话等能力。今天，许多跨国公司正本地化它们的雇员。甚至经理们通常都是本地招聘的。这给了我们几个启示：从中国以外的地方找工作是困难的；能讲普通话和了解当地文化，尽管并非至关重要的条件，但能使你得到优先考虑；对于管理职位，由于合格的中国申请者增多及对中国职位渴望度的增强，因此，这些职位较难得到。

最后，将一个人的教育和职业路径贴合超级趋势时必须小心进行。奥运十年将会在2018年结束，但教育或职业的决定将影响一生。只有经过大量的研究和规划，你才可以深刻理解你的目标及这些目标如何符合中国的发展。

所以，什么才是中国超级趋势的职业？这些增长引擎显示了中国经济中不断变化的优先事项，但它们对于特定的职业生涯规划而言，范围太宽。相反，这些增长引擎可能只是一般性的指示器。例如，一个人可以围绕消费增长引擎规划自己的职业，比如说，学习如何用普通话交流，这将帮助一个营销者更有效地理解中国消费者的需求，或者一个服务提供者更有效地向数百万在奥运十年结束前出国旅行的中国游客提供更好的服务。

推动力同样是职业选择的发展速度的指示器，但可能在决定哪种职业选择是好的时候不是很有用。例如，反向全球化告诉你前面一段提到的游客在奥运十年余下的时间里将快速增长。这意味着，如果你想学习普通话，在中国参加一个六个月的强化课程，每天6小时专心学习将带给你最好的成功机会。

路线图和超级趋势本身已提供职业发展方面的一些最好的脉络。尤其是优先行业名单，它显示了中国希望发展哪些领域。如果您现有的技能适用于优先类别中的某个行业，中国可能会邀请你成为“国外专家”。如果你同意在中国工作和生活，将会获得补贴和奖金。中国的战略性新兴产业是长期的，所以，在此方面的教育很有可能成为被追捧的就业因素。虽然不是确信无疑，但鉴于已经投数十亿美元，中国的战略产业仍将持续5年，甚至10年左右。

超级趋势本身已提供最丰富的就业机会。例如，在城市化超级趋势下，城市规划师、工程师和建筑师可能会找到从事许多生态城市项目中某个项目的工作。新型制造业超级趋势需要健康、安全与环境、六西格玛管理方法、综合品质管理等领域的专业知识。可持续性超级趋势需要精通清洁技术的技术人员、科学家和工程师。中国清洁技术制造商需要国外的销售人员覆盖所有的正在购买中国太阳能和风能设备的海外市场。富裕化超级趋势需要更多的非华裔的高管和经理来管理走出国门的中国公司。这些高管，如果能够说中文，了解中国文化，将能够与中国总部进行有效的沟通。对于那些不打算在公司工作的人，也有在中国工作的其它选择。

虽然在中国的创业通常是竞争激烈的，但中国是企业家的热土。它秉承了一种态度，即，有志者事竟成。许多中国海归（如百度的李彦宏）从未回头去看养育他们的海外之家，但在他们的家乡取得了非凡的成就。非华裔企业家也几乎在开放外资所有权的每个行业取得了成功。有一些企业家经营很受欢迎的餐厅；还有一些企业家开创了互联网公司，有一些甚至在纳斯达克上市。

对于新毕业的大学生，也有很多合适的工作，包括在一些世界顶尖的公司实习，这些工作现在备受追捧。其他典型的入门级工作在中国也比较充足，包括在第二语言行业中担任英语教师。越来越多的中国孩子们从很小的时候就开始学习英语。关于这一方面，将在《中国超级人口》中加以说明。然而，跨国公司和中国公司中入门级的工作正越来越多地提供给每年数以百万计的中国新毕业生。它们的工作薪酬水平（每月300 ~ 500美元）远低于西方大学毕业生在他们本国所期望的。

我仍旧乐观地认为，拥有梦想、激情和能力的任何人都将能在中国不断增长的经济中找到自己的位置。

注释

关于这些注释的文章和研究，我们已经尽可能提供在线参考，以方便读者检索。尽管我们在出版前已经努力验证这些链接的有效性，但一些链接可能会发生变化。

如果本书中使用的某些内容是媒体中已经报道的广为人知的事情，则通常不提供来源。如有任何意见，欢迎指正，可通过本书的网站提供。

本书引用了来自于中国国内和国外机构的大量资源和数据。

例如，当涉及学术论文，本书使用了中国籍研究人员（设在中国和海外）及非中国籍研究人员的研究。机构资源覆盖的数据来自内部的中国机构，如中国国家发展和改革委员会，及外部机构，如世界银行、国际货币基金组织、《CIA 各国基本国情收集》、世贸组织和其他机构。也引用了私营公司的数据，包括智囊团和咨询公司，例如，彼得森国际经济研究所、麦肯锡、波士顿咨询公司。对于一般的统计数据，比如 GDP、贸易和外商直接投资，使用了中国自己发布的数据，通常来自于国家统计局、财政部和商务部。在可能的情况下，本书引用了原始数据组的来源。对于原本为汉语的数据，研究或其他信息，使用了原数据或引用了英文媒体报告或翻译中的数据。

由于数据上往往存在着某些问题，如可靠性、低估、高估、重述和缺乏透明度，谨提醒读者：本书里的数据仅供参考。在使用之前，应予以证实。

序言部分

1.与詹姆斯·金奇2006年出版的《中国震撼世界：一个巨人的崛起和未来困境》一样，最早的参考文献可能翻译有误。其原因归因于拿破仑。据称，是拿破仑将中国比作一个沉睡的巨人，一旦被唤醒，将震撼整个世界。

2.中国国家媒体更关注总金牌数而非金牌、银牌和铜牌的总奖牌数，以显示其是奥运会的非官方赢家，在各个方面都堪称杰出。

3.英语原文中对于一般的中国词汇、作品和专用名称都采用了标准的、最公认的译法(例如，孙子兵法译为Sun Tzu's Art of War而非sunzi bingfa，蒋介石译为Chiang Kai-shek而非Jiang Jieshi)。但根据目前的做法，有一些表述性名称和其他专有名称则采用标准化的拼音字母(例如，Beijing <北京>或Mao Zedong <毛泽东>而不是Peking或Mao Tse-tung)。除了专有名称，用拼音写的汉字文字将用斜体表示。使用拼音是在中国和全球媒体上越来越常见的做法。

4.在《关于中国》中，基辛格也将中国围棋游戏中的战略同施正荣2004年的一篇文章——《向石头学习：掌握中国战略理念的围棋方法——势》中的战略进行了有趣的比较。

5.据称，温家宝在《华盛顿邮报》2003年11月的采访中首次说了这句话，“任何小的问题，乘13亿，都会最终成为一个很大的问题；一个很大的总量除以13亿就会变成一个非常小的数字……”此后，这句话成为了一个常见的的谈论点，在许多地方都有提及。其中之一就是在这里：http://english.people.com.cn/200403/04/eng20040304_136505.shtml

6.元实际上是货币的单位名称（例如,6元人民币)。其他单位还包括亿（一亿元），万（一万元），千（一千元）、百（一百元），元（一元），毛(0.1元)和分(0.01元）。Renminbi (RMB)是人民币，所以正确用法应说“3000万元人民币”即，3000万个人民币的单位。在外汇市场，中国货币被称为中国元(CNY)，如“CNY 3000万元”。为了可读性和一致性，这里的元将用于代表人民币和中国元。原始数字以人民币表示的任何金额都将与以美元换算的金额列在一起，如3000万元(480万美元)。除非特别指明和历史数据，所有货币金额都将按照2012年1月6.3元/美元的现行汇率进行换算。所有其他数字及以美元报告的统计信息都采用美元的形式，如GDP。

总论部分

1. 亨利 · 基辛格，2011 年，《关于中国》，第 9 章。

2. 由于日本后泡沫经济 “失去的十年”，最近的这个称呼授予了日本。

3. 中国社会科学院所做的这份报告，《2006 年中国人才的发展》称，1978 年到 2006 年，出国学生的数量已达一百万。

4. “一些人必须先富起来”这个口号出自邓小平之口。自 1978 年第一次经济改革以来，多次被提起，有时指地方，有时指人。其英文翻译基于不同的翻译者而有所不同。邓小平另外一句经常被提到的口号是，“致富光荣”。

5. 在 20 世纪 70 年代，实行计划生育政策之前，一对中国夫妇平均有 6 个孩子。目前已经降至平均 1.8 个孩子。在中国有很多情况是允许有多个孩子的：农村家庭的第一个孩子是女孩，或残疾，或支付罚款则可以生第二胎。城市居民如果支付罚款或像最近，如果父母双方自己都来自独生子女家庭，则可以有多个孩子。也许是多方因素的影响，随着符合条件的儿童达到适婚年龄及人们同时都想要生个奥运宝宝（孩子出生于 2008 年），从 2007 年开始形成了一个婴儿生育高峰。

6. 中国的仿冒零件已经是无处不在，甚至包括了美国国防工业。仅举 2011 年的一个例子来说，波音飞机上发现了仿冒零件。请见 2011 年 11 月 8

日彭博托尼·卡帕乔的报道："美国军事波音L3飞机发现中国仿冒零件"：
http://www.businessweek.com/news/2011-11-18/china-counterfeit-parts-in-u-s-military-boeing-l3-aircraft.html

7.在2009年行动开始前，许多高层的贿赂只在政治上有利的时候才会被揭露出来。就像上海的前市长陈广宇。胡锦涛最近发起的反腐行动更具有重要的现实意义，影响更加深远。请见2012年1月18日《亚洲华尔街日报》布莱恩·史比格尔的报道，"中国在针对'小金库'的行动中揭开数十亿元金额的案件"：
http://blogs.wsj.com/chinarealtime/2012/01/18/billions-uncovered-in-campaign-against-covert-coffers/?mod=WSJBlog

8.世界银行首席经济学家林毅夫是在中国受人尊敬的一位学者。他曾经计算出，最早到2030年，中国GDP的规模可能是美国GDP的2.5倍，人均收入是美国的一半，而现在大约是二十分之一。2008年5月《哈佛商业评论》的中国版提到"到2030年，GDP可能是美国的2.5倍"。2008年5月3日的《人民日报》也对此进行了引用：http://www.chinadaily.com.cn/china/2008-05/03/content_6657813.htm

9.根据2008年5月1日《经济学家》的一篇文章，"诡异的算盘"印刷版。

10.关于中国GDP、人均GDP和其他经济统计数据更多的信息，请见国家统计局网站 http://www.stats.gov.cn/english/和中国国家统计局发布的中国统计年鉴。

11. 在过去30年,除了其中有三年GDP增长为5.2%或更低,中国一直保持7%或更高的增长(有时高达15%)。

12. 根据2007年2月10日中国国土资源部通过新华社报道的“中国城市遭受地面沉降”,上海据称是中国受地面沉降影响最大的城市:http://china.org.cn/english/news/199613.htm

第一章

1.所谓的“中国价格”写于亚历山德拉·哈尼同名的一本书(2009年的《中国价格：中国竞争优势的真实成本》。“廉价中国”也是雷小山一本书的名字(2012年的《廉价中国的终结》)。

2.数据来自于中国海关和《中央情报局世界概况》：

http://www.e-to-china.com/2012/0207/99876.html

及

https://www.cia.gov/library/publications/the-world-factbook/rankorder/2078rank.html

3.部分是为了安抚美国贸易谈判代表和减少大量的贸易不平衡，中国在2007年削减或取消一些出口退税计划，通过出口限制减少销往美国的低技术含量、劳动密集型产品的数量。2007年7月25日彭博的文章：“中国限制劳动密集型产品的出口”总结了一些变化：http://www.bloomberg.com/apps/news?pid=20601080&refer=Asia&sid=a9c64IDUkhpo

4.北美自由贸易协定曾一度被认为是美国、加拿大和墨西哥之间一个强大的三方伙伴关系。墨西哥扮演的是工厂角色。这三个国家曾经是相互之间最大的贸易伙伴。现在，相对中国，墨西哥已经失去了它的成本优势。中国已经超过墨西哥，成为美国的第二大贸易伙伴。2008年，民主党总统候选人奥巴马和希拉里·克林顿公开批评北美自由贸易协定造成就业岗位的丢失。

5. 尼尔·弗格森，《货币崛起：世界金融历史》(Kindle 位置：4576——4577)。企鹅出版社 Kindle 版。

6. 普华永道的中国网站总结了本书写作之时的中国税收激励和缓和政策的最新信息：
http://www.pwccn.com/home/eng/chinatax_news_mar2008_2.html
2007 年 12 月 30 日《中国日报》的文章，“缓解新企业所得税法影响的政策”总结了中国从 2008 年生效的新的统一公司税及以减轻对过去受低税率吸引的国外公司的冲击的相关政策。
http://www.chinadaily.com.cn/china/2007-12/30/content_6360500.htm

7. 2011 年 1 月 11 日彭博，“2010 年在中国的外商直接投资上升到创纪录的 1 057 亿美元”：
http://www.bloomberg.com/news/2011-01-18/foreign-direct-investment-in-china-in-2010-rises-to-record-105-7-billion.html

8. 改革和开放政策实际上并不是一个包罗万象的政策，但一系列的相关步骤结合在一起，则可称为是包罗万象的政策。事实上，许多政策并非是邓小平个人的行动，而是基于早期对改革的呼吁，尤其是周恩来在1976年去世之前的呼吁。邓小平支持改革的总体思路，原因之一是他已经遭到了毛泽东的清洗。当邓小平在1978年重新当权时，他再一次支持了改革开放的思路。这一次，他成功了。

9.无论是否是非关税壁垒，或报复某些国家或公司真有质量问题，中国实际上已经截获了数百种不符合其严格质量标准的国外进口产品。纯净矿泉水也许是会被这样的规定截获的最反直观的产品。化妆品是另外一种经常性的目标：甚至一些顶级豪华化妆品品牌也被中国质量监管机构所截获。

10.如中国国家发展和改革委员会所报告的，指的是中国开放的1978年到2007年这段时间。见政府官方网站，2008年5月6日的文章，“官方：世界顶级企业大多数在中国投资”：http://english.gov.cn/2008-05/06/content_962250.htm

11.或如果包括房地产、股票等的金融证券投资，总额达830亿美元。其中，证券投券的金额相对较低，是因为中国仍然限制对内地股市和房地产许多类型的国外投资。因此，不像许多发达国家允许进入它们的资本市场，在中国的大多数国外投资都是非证券性投资，用于建厂等方面，或向合资或独资的企业提供运营资金。

12.WOFE（外商独资企业）是wholly owned foreign enterprises的缩写。

虽然可能是因为”woofy”听起来不庄重，所以中国政府的官方用语是WFOE（意思是外商独资企业），但普遍被发音为“woofy”。不管怎样，很少有人知道如何发WFOE这个音。或许不是完全无意，WFOE包含了”foe”（敌人）这个词。

13.再看一看同一个故事。潘考夫斯基的一位前雇员祈立天（Tim Clissold）写了《中国通》。

14.世界银行2006年10月8日的报告，题为“中国治理、投资环境及和谐社会：中国120个城市竞争力的增强”。详见：
http://siteresources.worldbank.org/INTCHINA/Resources/318862-1121421293578/120cities_en.pdf
另外，请见也是来自于2012年2月27日世界银行的相关报告，“中国2030：建设一个现代、和谐、有创造力的高收入社会”：
http://www-wds.worldbank.org/external/default/WDSContentServer/WDSP/IB/2012/02/28/000356161_20120228001303/Rendered/PDF/671790WP0P127500China020300complete.pdf

15. 2009年11月《大西洋》在线，“中国九色”：
http://www.theatlantic.com/magazine/archive/2009/11/the-nine-nations-of-china/7769/

16. 见中国经济研究中心林毅夫 2004 年 2 月的研究文章，“中国的增长是否真实和可持续？”：

http://www.asianperspective.org/articles/v28n3-a.pdf

也请看，“(中国)1990—2002 耐用消费品的所有权”：

http://www.chinability.com/Durables.htm

17. 可以肯定的是，罗维奥不是唯一一家制作的视频游戏在中国受欢迎的公司。还有许多其他应用程序，如水果忍者，获得了巨量的下载。但罗维奥公司在两个方面是独一无二的，它向中国提供本地化的产品，并打算部署一个多渠道策略的伙伴关系，开展营销活动和零售。请见 2011 年 11 月 5 日 TechCrunch.com 亚莉克希亚·索席斯的文章：“愤怒的小鸟”的彼特·韦斯特贝卡说，如果迪斯尼今天还活着的话，他将会为 iPhone 制作游戏”。http://techcrunch.com/2011/11/05/angry-birds-creator-if-disney-were-alive-today-he-would-be-making-games-for-the-iphone/

另外，2011 年 6 月 27 日 MICGadget.com 常星的文章，《罗维奥公司计划在中国开设 200 家愤怒的小鸟专卖店》：http://micgadget.com/13323/rovio-plans-to-open-200-angry-birds-merchandise-stores-in-china/

18. 数据来源：中国国家统计局。关于中国的二线、三线、四线城市商业扩张的更多信息可以见以下的文章：2007年6月29日《中国日报》通过新华网发布的文章，“房地产焦点转向中国二线城市”：

http://news.xinhuanet.com/english/2007-06/29/content_6306920.htm

第二章

1. 更多信息，请见 2012 年 2 月 17 日《中国日报》的文章，“文化将成为支柱性产业”：
http://www.chinaipr.gov.cn/newsarticle/news/government/201202/1279682_1.html

2. 在“文化大革命”期间 (1966—1976)，毛泽东试图消除旧文化、旧习俗、旧习惯、和旧思想——造成灾难性的结果。学者被放逐，年轻人被送到乡下接受再教育，以了解工人阶级。破坏了很多具有历史意义的标志物、建筑和物品。

3. 也请看全球调研项目：
http://business.nmsu.edu/programs-centers/globe/

4. 更多信息，请见孔子学院网站：http://english.chinese.cn

5. 《中国超级政治》将讨论天命——上天赐给皇帝统治的权力，可能会因为新统治者的更迭或朝代的兴衰可能会丢失或获得。天命的深度讨论，请见亨利 · 基辛格的《关于中国》。

6. “大跃进”是一项加速工业化、赶上西方的政策，造成了灾难性的后果。它实施于 1958 年左右，要求农民更高效工作——实际上是超出他们的能力——带来非常怪异的行为，如建造后院工厂生产钢铁；将肥料倒入有成堆种子的大坑；敲打炊具，吓到麻雀精疲力竭而死。就是用这种方法杀死麻雀，以增加粮食产量。这一政策的后果是大规模的饥荒。本章中的尾注5评述了“文化大革命”(1966—1976)。《中国超级人口》和《中国超级政治》中讨论了这两个事件。好奇的读者可以看理查德·麦格雷戈的的《党》，了解关于“大跃进”最近一次的讨论。关于“文化大革命”期间环境的改编电影，像陈凯歌的《霸王别姬》和张艺谋的《活着》对这段时期都有描述。

第三章

1. 炼铁业显示出惊人的支持力度及政府和行业之间的协调力量。它减产了 2900 万吨，高于目标 700 万吨。但钢铁业未能达到目标，仍减产了 1 500 万吨。国家规划局和财政部给予了协助；向受影响的省份提供激励和扶持，以弥补损失的税收和雇佣失业工人。

2. 2007 年，国家媒体报道中国关闭了 553 家燃煤电厂。见 2008 年 1 月 2 日新华社报道，“中国关闭了 43% 的小型燃煤电厂，超过目标”：
http://www.ccchina.gov.cn/en/NewsInfo.asp?NewsId=10367
2008 年，该国继续其行动。第一季度关闭了 83 家更小型燃煤电厂。见 2008 年 4 月 25 日中国国家媒体的报道，“政府关闭 83 家小型燃煤电厂”：http://www.china.org.cn/environment/policies_announcements/2008-04/25/content_15015693.htm

3. 在一个像中国这样大的国家，上网电价比较复杂。有时中国媒体的报道自相矛盾。在 2012 年，有一点是所有媒体赞同的，即降低了太阳能的上网电价，以鼓励建设更多的太阳能设施。同时，因为过去五年的过度建设，风力已经被排除在外。因此，已经降低或取消其先前优惠的上网电价。

第四章

1. 超级趋势的概念，与增长引擎和推动力都将再次出现在本系列的后两卷，《中国超级人口》和《中国超级政治》中。选用超级趋势这个词是参考了约翰·奈斯比特创造的大趋势这个词。他在1982年出版的《大趋势》一书，为人广泛阅读。2008年，他出版了《未来中国的超级趋势》。一年后，即2009年，与妻子多丽丝合著出版了《中国的大趋势》。

2. 行业专家、记者和学者已进行了众多此类研究。我们使用的是加州大学欧文分校的格雷格·林登、肯尼斯·L·克拉莫和杰森·德瑞克所做的研究，《谁能把握全球创新体系中的价值？》：Apple的iPod。具体信息请见下面链接：
http://escholarship.org/uc/item/1770046n
2011年，同一作者出版了与iPhone及iPad有关的最新研究，得出相似的结论：大多数价值和利益归于美国经济，而非中国经济。请见：
http://pcic.merage.uci.edu/papers/2011/Value_iPad_iPhone.pdf

3. 中国国家知识产权局的统计数据：
http://english.sipo.gov.cn/statistics/2011/12/

4. 缺乏信息或一些其他问题，没有赔偿金额的计算依据，则每个案件可最高酌情赔偿至50万元（79000美金）（美国则经常是基于每次侵权）。

5. 没有需要创造的新的就业岗位数量的官方数据，但过去几年，中国政府宣称所需城市就业岗位一般是在每年 800 万～1 000 万，农村居民所需的新增就业岗位每年是 1 000 万～1 400 万。这些预估数量都是基于大学和高校新毕业生数量、低效国有企业可能会裁员的数量、人口的适度增长及迁移到城市的人口数量（如城市化速度），等等。见 2007 年 11 月 23 日中国驻英大使傅莹对英国皇家艺术学会所作的的演讲：
http://www.fmprc.gov.cn/ce/ceuk/eng/sghd/t383809.htm
另外，见傅莹在 2008 年 3 月对肯特大学的演讲中所引用的胡锦涛与美国总统布什会谈时的记录： http://www.fmprc.gov.cn/ce/ceuk/eng/sghd/t416383.htm

6. 外来工的准确信息当然难以得到，因为他们中的许多人都没有登记，也不希望被找到。广东省，包括主要的制造业城市，如广州、深圳、东莞。根据广东省劳动和社会保障部门的数据，估计有 2600 多万外来工人。

7. 这里有一个有趣的人口统计学趋势，即如果过去的十年里，所有这些更年轻的移居者未搬到上海，未在上海生孩子，可能服务业就没有了足够的劳动力，因为本地的上海人倾向于年纪更大。中国城市人口的老龄化问题将在《中国超级人口》中进一步的讨论。

8. 2008 年 3 月美国国家航空和宇宙航行局发布的一项研究通过卫星图像清楚显示出微粒污染物在短短的 10 天是如何通过气流从中国散播到世

界其他地区的。请见 2008 年 3 月 Geology.com，“卫星测量东亚的污染传至北美”：

http://geology.com/nasa/monitoring-pollution-by-satellite.shtml

第五章

1. 上海美国商会 2010—2011 年《中国商业报告》

2. 2005 年一项对中国家庭的盖洛普民意调查称：”一半的 [中国大约有 4 亿] 家庭拥有一台 VCD 播放机”。此数字包括了传统的 VCD 和较新的 SVCD。见 2005 年 1 月 12 日《中国日报》的报道：“中国家庭的收入在十年内翻一倍”：
http://www.chinadaily.com.cn/english/doc/2005-01/12/content_408150.htm

3. 此案例的研究部分改编自 2003 年 9 月格雷格·林登的“中国的光储存：一项对战略产业政策的研究”
关于 VCD、SVCD 标准及在亚洲的应用的更多信息请见维基百科“视频光盘”：
http://en.wikipedia.org/wiki/Video_CD
和维基百科“超级视频光盘”：
http://en.wikipedia.org/wiki/Super_Video_CD

4. 许多中国 DVD 制造商认为索尼、飞利浦和其他版权所有者最初要求的专利使用费过高 (15 ～ 20 美元)。许多制造商根本不付钱。他们只在中国和其它一些不太可能被版权所有者起诉的地方销售他们的硬件。然而，随着 DVD 硬件的价格下降到 100 美元以下，协商的价格也下降到中国制造商同意支付的水平，即每台 5 美元。

5. 见 2009 年 8 月科技博客 Ars Technica 的文章，“在中国，国产的中国蓝光光盘的销售数量是蓝光的 3 倍”：
http://arstechnica.com/business/news/2009/08/homegrown-cbhd-discs-outsell-blu-ray-by-3-1-margin-in-china.ars

6. 见 2009 年 8 月科技博客 Ars Technica 的文章，“在中国，国产的中国蓝光光盘的销售数量是蓝光的 3 倍”：
http://arstechnica.com/business/news/2009/08/homegrown-cbhd-discs-outsell-blu-ray-by-3-1-margin-in-china.ars

7. 关于 CH-DVD 的更多信息，请见维基百科条目：
http://en.wikipedia.org/wiki/China_Blue_High-definition_Disc
请见 ZDNet China 上清华大学光学记忆国家工程研究中心（普通话版本）的新闻稿：
http://stor-age.zdnet.com.cn/stor-age/2007/0907/495410.shtml
另外，基于其翻译的文章：http://www.tech2.com/india/news/optical-drives/china-develops-new-hddvd-format/15671/0

8. 见 2012 年 1 月 21 日中国发展门户网的文章，“中国推出低成本的磁悬浮列车”：

http://en.chinagate.cn/2012-01/21/content_24459000.htm

9. 见2011年4月2日Gourmet Coffee Lovers丹·哈林顿的文章:“2011年新兴市场推涨大宗商品价格”:

http://www.gourmetcoffeelovers.com/emerging-markets-driving-commodity-prices-increase-in-2011/

10. 关于中国在2011年是否是世界上最大的或第二大奢侈品市场的报道,各媒体众说纷纭。虽然有些报道并没有将中国列为第一大市场,但它们都一致认为,中国最多在二三年内将成为第一大市场。见2011年5月26日《人民日报》网络版的文章,“中国成为世界第二大奢侈品市场”:

http://english.peopledaily.com.cn/90001/90776/90882/7372293.html

中国将成长为世界第一大市场的报道,请见:

http://www.clsa.com/about-clsa/media-centre/2011-media-releases/china-to-become-the-worlds-largest-market-for-luxury-goods.php

及

http://www.wantchinatimes.com/news-subclass-cnt.aspx?id=20110403000004&cid=1102

2012年,中国已经成为世界第一大奢侈品市场:

http://news.xinhuanet.com/english/china/2012-01/21/c_131372046.htm

11.BIOS——基本输入/输出系统——可以在CPU芯片上找到。它是计算机主板硬件的一部分。为了做一个完全兼容的（以便所有软件可以在计算机上运行及第三方硬件可以连接到上面）IBM 个人计算机的克隆体，硬件和BIOS必须同IBM PC的配置相同（如果没有授权而以此种方式制造，则侵犯了知识产权）。通过从头重新设计BIOS，使其拥有与IBM 个人计算机的BIOS相同的功能（虽然为了避免侵犯知识产权，而采用不同方式），其他制造商的计算机可以在各种硬件上运行所有相同的软件，避免了向IBM支付专利费。IBM错误地相信计算机所有的价值是在硬件上，慷慨地允许微软将MS-DOS授权给所有想要的人，从而带来了WINTEL-Windows / Intel- 的组合。它定义的计算机与IBM 个人计算机几乎不容易区分，即克隆品。

12.此案例研究部分来自下面的来源：
有关M3和M6 MP3播放器：
http://en.wikipedia.org/wiki/Meizu_M3_Music_Card
及：
http://en.wikipedia.org/wiki/Meizu_M6_miniPlayer
关于魅族的智能手机，第一款最初被称为Mini One。《大众科学》2007年8月7日文章，“中国的iClone（我克隆）”对此进行了描述。

http://www.popsci.com/iclone

其他来源:

http://www.electronista.com/articles/10/10/09/apple.stops.meizu.over.m8.cloning.dispute/

http://www.electronista.com/articles/10/10/10/apples.jobs.explains.meizu.shut.down/

http://www.meizume.com/general-meizu-m8/12293-steve-jobs-own-words.html

http://www.electronista.com/articles/10/11/14/firm.wants.apples.chinese.iphone.patents.invalid/

http://en.meizu.com/products/mx-specifications.html

13. 企业怎样称得上是高新技术产业和研发中心是一个复杂的过程。许多公司在世界其他的地方本不会被视为是高科技或研发中心，但为了获得税收抵免，操纵了此体系。它们也许会雇佣研究人员，但不在研发上做适当的努力。对税收抵免感兴趣的读者可以在《中国简报》上看到概要及更多信息:

http://www.china-briefing.com/news/2011/12/12/china-to-offer-incentives-to-its-high-tech-cultural-industries.html

14. 这个故事很长，有点令人费解，因为它出现在一个虚拟的世界，但是却吸引了很多现实世界的宣传。钟安社工作室发布了一份新闻稿，宣布格拉芙成为百万富翁：

http://www.anshechung.com/include/press/press_release251106.html

《商业周刊》对该公司和企业家进行了描述：

http://www.businessweek.com/magazine/content/06_18/b3982001.htm

更早的时候，CNN 的文章“虚拟的洛克菲勒”对其也进行了描述：

http://money.cnn.com/magazines/business2/business2_archive/2005/12/01/8364581/index.htm?cnn=yes

15. 根据 2007 年 5 月 29 日天津保税区网站的文章，“天津空客 A320 系列飞机总装线 2007 年 5 月 29 日投入开工”，该工厂已经被讨论了许多年，于 2007 年 5 月 15 日破土动工：

http://www2.tjftz.gov.cn/system/2007/05/29/010011906.shtml

第六章

1.吴和杨结婚。妻子和丈夫在中国可能有不同的姓氏。根据一般风俗，妻子一般会保留她自己的娘家姓。

2.关于“钉子户”更多的信息可以在众多的媒体网站找到。在以前的事件中，它都是中国许多出版物的头条新闻。请见《亚洲时报》的文章：
http://www.atimes.com/atimes/China_Business/IC31Cb01.html

3.请见2012年2月2日“北京计划新的居住证”：
http://english.sina.com/china/2012/0201/436559.html

4.这是一个相当复杂的制度。完整的规定列在下面的文章中：
2011年1月5日《中国日报》罗玉洁报道，“北京新的交通规定令一些司机吃惊”
http://www.chinadaily.com.cn/bizchina/2011-01/05/content_11798638.htm

5.三峡工程更多信息请见官方网站：http://www.ctgpc.com/
或维基百科的三峡大坝条目：
http://en.wikipedia.org/wiki/Three_Gorges_Dam

6.大多数旅行是由于中国2.4亿农民工都想节假日回家而发生的。旅行的过程往往漫长而艰难。纪录片，《最后一班回家的列车》透过一个想要过更好日子的家庭的眼睛，描述了中国农民工回家的故事。恶劣的天气，如2008年发生的重大暴风雪扰乱了列车网络和电力网络，给数百万人带来灾难。黄牛是不断给旅客带来麻烦的另外一个源头，尽管2012年铁道部推出了火车票实名制，努力减少黄牛的影响。数据来自于中国国务院新闻办公室。

7. 2011年10月27日《环球时报》，“中国的高速黑洞”。

8. 2011年7月11日《每日电讯报》马尔科姆·摩尔，“中国的高速公路仅仅两天后就崩溃”：
http://www.telegraph.co.uk/news/worldnews/asia/china/8629905/Chinese-motorway-collapses-after-just-two-days.html

第七章

1. 中国在 2006 年和 2007 年加速使用煤炭发电，甚至当关闭一些老旧、低效的发电厂时也引入数十个新的燃煤发电厂。

中国根据来源的发电量和其他统计数据，请见美国能源部的中国页面：http://www.eia.gov/countries/country-data.cfm?fips=CH

2. 长江白暨豚的更多信息，请见其维基百科页面：http://en.wikipedia.org/wiki/Baiji

3. 中国拥有世界上第三大的煤炭储量，仅次于美国和俄罗斯。由于煤炭密集型发电政策，它是世界上最大的生产国和消费国。更多信息，请见维基百科页面，“主要煤炭生产地区”：http://en.wikipedia.org/wiki/Major_coal_producing_regions#China

全球煤炭储量页面：

http://en.wikipedia.org/wiki/Coal#World_coal_reserves

4. 根据 2007 年 1 月 27 日北京奥运会官方网站文章，“北京争取减少能耗”：http://en.beijing2008.cn/35/33/article214013335.shtml

5. 关于蓝天数的增加，请看 2008 年 5 月 2 日新华社的报道，“北京报道前 4 个月有更多的‘蓝天’数”：

http://news.xinhuanet.com/english/2008-05/02/content_8090524.htm

6. 有关奥运期间计划使用的污染控制措施，请参阅 2008 年 1 月 24 日《纽约时报》的报道，“文件称：烟雾弥漫的北京计划为了奥运会减少一半交通量”：

http://www.nytimes.com/2008/01/24/world/asia/24beijing.html

及 2008 年 3 月 6 日新华社的报道 “中国政府仍在考虑实行车辆削减措施的时间”

http://english.cri.cn/3100/2008/03/06/189@330744.htm

7. 名单上的公司包括水泥公司、矿业公司、化工生产商。这份名单 2008 年 2 月 26 日通过 Sina.com.cn(汉语)公开在中国 21 世纪经济报道中：

http://news.sina.com.cn/c/2008-02-26/092015020772.shtml

上述文章的英语翻译可见《中国数字时代》：

http://chinadigitaltimes.net/2008/02/green-securities-act-blocks-10-polluting-public-companies/

8. 至于政府是否已变得强硬，无锡和太湖的事件只是例外而非规定，但这是一个非常具体的例子，证明情况可以改变。多年来，无锡接纳污染工厂，从这些工厂吸取经济动力，但污染实在太重了。更多细节，可见中国官方媒体：

http://www.china.org.cn/english/environment/227180.htm

详细的污染黑名单可见：

http://www.china.org.cn/archive/2007-07/31/content_1219199.htm

9.信息来自于各个政府消息来源，包括环境保护部。

及维基百科，“中华人民共和国的水资源”：

http://en.wikipedia.org/wiki/Water_resources_of_China

10.关于中国北水/南水不平衡的更多信息，请见2001年3月10日《人民日报》的报道，“中国北方是世界上最缺水的地区”：

http://english.people.com.cn/english/200103/10/eng20010310_64651.html

关于中国正在干涸的河流的信息，可见2007年4月15日《新闻周刊》的文章，“中国哪里的河流正在干涸”：

http://www.thedailybeast.com/newsweek/2007/04/15/where-china-s-rivers-run-dry.html

11.两篇最近的报道指出，黄河当前的困境是可怕的：2008年5月《国家地理》，“苦水，中国能拯救这条黄色的母亲河吗？”：

http://ngm.nationalgeographic.com/2008/05/china/yellow-river/larmer-text

另外，请见2006年11月19日《纽约时报》，“一条陷入困境的河反映出中国的现代化之路”：http://www.nytimes.com/2006/11/19/world/

asia/19yellowriver.html?_r=1&oref=slogin

12. 实际上，根据中国官方网站，中国发改委称国家目标是到2010年为1.5亿平方米，到2020年应达到3亿平方米，向数亿人供应热水。

13. 2012年1月3日博彭斯蒂芬·尼古拉，“江西赛维进入德国市场”
http://www.bloomberg.com/news/2012-01-02/ldk-solar-enters-german-market-adds-technology-with-sunways-bid.html

14. 尚德电力的信息可见其官方网站：
http://am.suntech-power.com/en/about.html

15. 关于将国家目标风力发电目标增至2020年100000兆瓦，请见2008年4月28日上海日报通过Xinhuanet.com发布的报道，“扩大风力发电量”：
http://news.xinhuanet.com/english/2008-04/28/content_8065702.htm

第八章

1. 因为进口大于生产，美国的储蓄率基本为零或低于零。中国消费者的储蓄率广泛报道。其数字基于来源而有所不同，但通常总是大于 50%。

2. 数字基于来源而有所不同。中国国家统计局 2007 年的猪肉价格上涨高达 48.3%，而其它信息来源显示较低。有一件事是肯定的，中国的整体通胀增长很大程度上归因于食品和农业商品价格的上涨。
来自新华社：
http://news.xinhuanet.com/english/2008-01/30/content_7527600.htm

3. 20 世纪 80 年代，为了帮助从单一的固定政府价格过渡到自由市场定价， 许多大宗商品采用了双重定价体系。在这个体系下，政府对强制性配额下将购买的商品有一个官方价格。另外还有一个浮动的市场价，可用于配额以上的超额生产。例如，一个农民可以选择以固定价格将他所有的生产卖给政府或只卖给政府配额量，然后把其余的以市场价（通常更高）出售，因为在 20 世纪 80 年代，许多大宗商品仍然短缺。

4. 对于目前中国最大的威胁是什么，经济学家和中国观察家可能观点不同，但政府内部的意见是一致的：温家宝在宣布中国 2008 年第一季度的经济表现后的一则声明中说，通胀是中国最大的威胁。王岐山称通胀是中国最大的经济问题，并重申政府将继续紧缩的货币政策。请见 2008 年 5 月 9 日《国际先驱论坛报》的一篇文章，“生产价格正在上涨”：

http://www.nytimes.com/2008/05/09/business/worldbusiness/09iht-yuan.1.12728237.html

经济学家对通胀本质上是货币还是供应方面的出现了分歧。食品价格迅速上涨，而控制货币供应的努力自 2008 年就一直不足。

ews/idUSSHA20340620071228

5. 尽管上证综合指数跌落了 2007 年 10 月达到的高点，但当年仍以上涨 97% 结束。请见路透社 2007 年 12 月 28 日的报道，”中国股市 2007 年最终上涨 97%，上升趋势减缓”：

http://www.reuters.com/article/rbssFinancialServicesAndRealEstateNews/idUSSHA20340620071228

6. 前经纪人陈庆炎变成了风水大师，准确预测到 2007 年的牛市，并预测中国股市的糟糕表现至少要持续到 2008 年的 4 月。巧合的是，中国的市场在 4 月末复苏，脱离了其低位。其原因是政府干预还是鼠年的风水力量，没人能够说清。但到了 2008 年 11 月，所有市场都陷入了混乱。

7. 见 2005 年 11 月 7 日《金融时报》裴敏欣的文章所谈到的，”中国正付出不断上升的社会动荡的代价”：

http://www.carnegieendowment.org/publications/index.cfm?fa=view&id=17677&prog=zch

8. 根据联合国人类发展计划署对收入或支出的不平等的报告，中国的基尼指数为 0.469，而美国的是 0.408。这些值相对较近。在日本，一个中产阶级（即财富差距较小）更大的国家，基尼指数只有 0.249。更多的信息可见联合国网站：

http://hdrstats.undp.org/indicators/147.html

9. 本段和前面一段的数据都是以 2007 年的汇率计算的。当时，人民币的汇率小幅走软，所以用 7.2 元 /美元的汇率将本段的数据转换成美元以便于同当年在美国筹集的资金相比较。同时，在计算分析师提供的港元使用的数据时，进行了一些复杂处理。然而， 在公开募股方面，中国接近或超过美国的这一说法仍然是成立的。例如，《亚洲时报》报道“普华永道提供的数据显示， 2007 年，在上海和深圳 IPO 的规模达到 4960 亿港元 (635 亿美元)，而美国市场筹资总额达 4920 亿港元。伦敦证券交易所排第三，筹集 3870 亿港元；香港去年排第四，2950 亿港元”。这意味着中国 IPO 筹集的资金超过了美国。

10. 关于主权财富基金的全球活动和规模的更多信息，请见主权财富基金协会：

http://swfinstitute.org/

另外，中投的更多信息，可见 2008 年 4 月 6 日《分钟时事》的报告，“中国投资是一本一目了然的账目吗？”：

http://www.cbsnews.com/stories/2008/04/04/60minutes/main3993933.shtml

结束语

在这本书中，你看到中国如何通过出口和外商直接投资增长引擎已经成为一个经济上富裕的国家。现在,通过消费增长引擎,它将变得更加富裕。前两个增长引擎在奥运十年中并不会消失。正如CNN在2012年2月宣称的，“这也不意味着‘廉价中国’的终结”，这只是中国经济的转型和传统经营模式的结束。着眼于中国增长的企业，甚至是那些成本正在增加的企业会找到方法继续经营下去。

这本书介绍了前面四大超级趋势——经济超级趋势。这些超级趋势对中国经济乃至全球经济产生最大的影响。中国目前在许多方面已经成为“世界最多或最大的”国家：它有最多的劳动力，最多的出口，它甚至在汽车等消费品的年购买量及手机和互联网用户的数量上领先于世界。在所有这些领域，它的增长速度远超大多数西方国家，且中国已经成为世界上最重要的经济体。

本系列的第二本书将介绍人口超级趋势、三大文化和社会力量。这些要改变的不仅是中国，还有整个世界。中国庞大的13亿人口对一切事物都会造成很大的影响。从全球原材料的供应，到世界观看哪些媒体，到国外大学的中国学生的数量，到旅游及医疗保健。就像经济超级趋势，人口超级趋势将带来许多挑战和机会。

本系列最后一卷是《中国超级政治》。这本书将于2012年底中国高层政治领导人（及政策）更替后出版。这本书将覆盖最后三个超级趋势，展示中国的新权力是如何影响地缘政治的。中国超级政治将震撼世界。

奥运十年始于2008年8月8日，终于2018年8月7日，正给中国经济、社会和政治环境带来更多的变化。

如果你希望我们通知你此系列的第二、第三本书何时发行，请访问如下的本书官方网站，并注册。

同时，特殊的网络资料仅放在该网站上，包括：

中国超级趋势的摄影项目——共同努力用文件记录中国的经济、人口和政治局势的变化。

用视频、音频和幻灯片展示本书的内容。

图表数据，便于你看到这些图表后面的数字，及使用这些可下载的数据组制作你自己的图表。

后面两卷《中国超级人口》和《中国超级政治》的免费试读章节。

一个答疑论坛，供读者相互交流，及和我讨论与这些超级趋势有关的新闻热点，关于这些书的问题，及中国相关话题的一般讨论。

你所在区域的未来演讲计划的清单。

尾注条目清单，本书引用的PDF文档。

中国超级趋势博客中发布的文章，其中包括感兴趣的链接，新图表及与主题相关的中国社交媒体内容的翻译。

所有这些及更多内容请访问官方网站：

www.ChinaSupertrends.com

现邀请你和我一起把握中国的超级趋势。

[加] JASON INCH <殷敬棠>

2013年10月